디지털고고학 개론

Introduction to Digital Archaeology

최인화 지음

디지털고고학 개론

Introduction to Digital Archaeology

최인화 지음

IGITAL

ARCHAEOLOGY

주류성

일러두기

'디지털고고학'을 띄어쓰기 없이 표기한 것은 한글 맞춤법 제49항에 의거, 고유명사를 단위별(서로 밀접한 관련이 있는 구성 요소의 묶음)로 띄어 쓸 수 있는 규칙에 따라 디지털고고학을 '대중고고학', '신고고학'과 같이 고고학의 고유한 분야로 지칭하기 위함이다.

본 책자는 필자가 2018년 8월부터 2020년 7월까지 약 2년간 영국 옥스퍼드 대학에 방문학자로 머물며 디지털고고학과 관련한 사례 조사와 연구 내용을 기반으로 발표한 박사학위논문(「디지털고고학 활성화 방안 연구-유럽 사례를 중심으로-」 2022.2)을 재편집하였음을 밝힌다.

차 례

VI

244

맺음말

표 목차

그림 목차

I

머리말

다양한 최신 기술이 개발, 소개되면서 우리 삶과 사회에 많은 변화를 불러오고 있다. 4차 산업 혁명의 도래로, 인공지능(AI, Artificial Intelligence), 로봇, 클라우드 컴퓨팅, 빅데이터, 3D, 메타버스(Metaverse), 사물인터넷(IoT, Internet of things) 등 여러 가지 기술이 급속도로 발전하고 있다. 이제 인공지능 기능을 탑재하고 IoT로 연결된 전자 기기들을 쉽게 접할 수 있게 되었고, 로봇이 배달하고 서빙하는 음식을 먹고, 메타버스(Metaverse) 가상공간 속에서 친구들을 만나고 각종 행사에 참여는 일상을 살고 있다.

고고학 분야도 예외는 아니다. 3D 레이저 스캐닝, GIS(Geographic Information System) 등 다양한 디지털 기술이 도입되면서, 유적과 유물에 대한 정확하고 빠른 기록과 보존, 새로운 분석과 복원이 가능해 졌다. 아울러 사회 전반적으로 최신 기술과 문화유산 향유에 대한 기대가 높아짐과 동시에 코로나 19로 인한 비대면 문화의 확산에 따라 대중을 위한 다양한 고고학 관련 콘텐츠들이 양산되고 있다. 여러 디지털 기술은 발굴 조사와 기록의 편의성을 더 해 줬고, GIS 등 다양한 컴퓨터 기반 분석은 그동안 진행되지 못한 새로운 조사와 연구의 가능성을 열어 주었다. 또한 디지털 기록은 개발로 인해 사라지는 유적과 유구를 영구적으로 보존할 수 있는 유일한 방법이기도 하다. 이처럼 여러 가지 디지털 기술을 고고학 조사, 연구, 기록, 보존, 복원, 활용 등에 적용하는 것을 국외에서는 '디지털고고학(Digital Archaeology)'이라고 한다.

하지만 이러한 디지털 기술은 동전의 양면과 같아 부작용과 문제점이 항상 공존한다. 디지털 데이터는 장기간 보관되는 영구적인 존재라고는 하지만 하드웨어와 소프트웨어는 빠르게 노후화되고 데이터도 한순간에 쉽게 유실될 수 있는 취약함을 함께 가지고 있다. 또한 이를 체계적으로 통합, 보존·관리하는 플랫폼이 부재하여 데이터의 접근과 공유가 어려운 문제점이 있다. 고고학 관련 데이터 중 온라인으로 쉽게 찾을 수 있는 자료는 발굴조사보고서와 연구논문 등이 있으나, 그 밖에 여러 기술을 적용하여 생산한 이미지, 동영상, 3D 스캔, 도면, 가상현실 등의 원천 자료는 조사기관 등에서 개별적으로 보관하는 경우가 많아 유실 가능성이 높고, 접근도 제한적이다.

한편 3D 기술은 고고학 조사에 도입된 지 20년이 지났지만, 장비의 해상도와 속도의 발전 외에 고고학적 해석이나 세부 표현의 진보는 크게 보고되지 않았다. 이처럼 기술은 계속 발전 해 가지만 고고학 분야에서는 이를 고고학 조사와 연구에 제대로 적용하지 못하고, 많은 연구자들이 디지털 기술을 단순 기록 보조 수단으로만 여기고 있는 것이 현실이다. 최근 몇 년 사이에는 GIS 등을 활용하여 유적의 공간과 지형을 분석하는 등 고고학적 연구가 진행되기 시작하였지만, 실제 사용되는 기술과 연구 주제는 유럽 등 국외에 비해 매우 단편적이다. 전시에 활용되는 가상현실(VR, Virtual Reality)이나 증강현실(AR, Augmented Reality) 등 고고학 시각화 기술들은 과거에 비해 많이 발전하였지만, 아직까지 대중에게는 어색하거나 문화재를 제대로 표현하지 못해 외면 받는 경우도 있다.

그러나 고고학 연구자나 관계 기관은 이에 대한 문제의식이 부족하고, 관련 연구도 턱없이 부족한 실정이다. 최신기술의 발달과 코로나 19로 인한 비대면 문화의 확산으로 다양한 기술을 고고학에 적용하려는 시도가 활발해지고 있는 지금, 생산되는 데이터를 제대로 보존하고, 디지털 기술을 문화유산에 적절하게 활용하기 위한 고민과 방향 설정이 필요하다. 고고학자나 관련 기관은 이러한 문제 인식과 이를 개선하기 위한 정책과 제도 등 현실적인 목적과 중요성을 우선적으로 인지해야 하는 작업이 요구된다.

디지털 기술의 힘과 가능성은 우리가 연구하고 있는 전통 고고학에 혁명을 일으킬 수 있다. 디지털고고학은 데이터 수집, 분석, 해석 및 기록 등에 있어 전통 고고학을 지원할 수 있으며, 이를 통해 과거에 비해 신속·정확한 고고학 조사와 기록이 가능하고, 시간이 지남에 따라 유실될 수 있는 유적과 유물들을 보존하거나 복원할 수 있다. 또한 아날로그적인 방식으로 하기 어려웠던 방대한 데이터의 분석과 처리가 가능함에 따라 더욱 넓은 범위의 연구와 많은 양의 정보를 해석할 수 있다.

영국과 유럽은 컴퓨터가 등장한 1960년대부터 '디지털고고학'이 시작되어 현재는 고고학의 한 분야가 되었다. 유럽도 2000년대 초반부터 현재 우리가 직면한 이러한 문제점을 경험하고 이를 해결하기 위한 다양한 정책과 프로젝트를 추진하였다. 유럽연합은 유로피아나 전략(Europeana Strategy, 2015~2020) 등의 정책을 발표하며 데이터의 통합과 관리, 플랫폼 구축 등 미래를 대비한 중장기적 정책과 제도 개선을 시행하였다. 영국은 2018년 '문화는 디지털이다(Culture is Digital)' 등의 국가 정책을 발표하여, '몰입형 체험', '인공지능', '3D 터치 기술' 등 디지털 기술 혁신을 중점적으로 장려하고 이에 대한 예산을 투자하였다. 현재 유럽은 이러한 과정을 거쳐 다양한 디지털 기술을 고고학 조사와 연구에 활발하게 적용하고 있다.

디지털 기술의 무한한 잠재력은 우리 문화유산 조사, 연구, 보존, 활용 등에 새로운 기회를 열어 줄 것이다. 본 책자는 유럽 등 국외에서 활발하게 연구되고 있는 '디지털고고학'의 개념을 정립하고, 유럽의 관련 정책과 제도, 연구, 교육 현황 등 최신 경향을 소개하기 위해 작성되었다. 아울러 이를 토대로 국내 고고학 조사와 연구, 활용 분야에 더욱 효과적으로 적용할 수 있는 구체적인 방안을 제시하고자 하였다.

본 연구를 위하여 필자는 영국과 유럽 등지의 100여 개 박물관과 미술관, 유적, 그리고 옥스퍼드 디지털 고고학 연구소, 오스트리아 루드윅 볼츠만 연구소 등 관련 기관을 조사하였다. 또한 세계적인 디지털고고학회인 CAA(Computer Applications and Quantitative Methods in Archaeology) 컨퍼런스(2019. 4. 26, 폴란드 크라코우)와 영국 최대 문화유산 박람회인 뮤지엄 헤리티지쇼(Museum Heritage show, 영국 런던) 등에 참석(2019.05.15.~2019.05.16.)하여 디지털고고학과 관련된 새로운 전시기법과 최신 장비, 기술 등에 대한 조사를 실시하였다. 이를 바탕으로 유럽의 다양한 사례들을 소개하였으며, 그 중 영국, 독일, 스페인, 프랑스 등 국내 문화유산에 적합한 사례들을 선별하여 수록하였다.

현지 조사 대상은 영국, 독일, 폴란드, 스페인, 아이슬란드, 노르웨이, 프랑스 등 7개 국가 20개 기관이다. 영국은 스톤헨지 유적, 카디프 박물관, 런던 박물관, 로만 바쓰 유적, 런던 육군 박물관, 코벤트리 교통 박물관, 국립 해양 박물관, 런던 전쟁 박물관, 요르빅 바이킹 센터, 런던 로마 신전 미쓰라움 뮤지엄, 메리로즈 박물관, D-day story 박물관 등 12곳이 있다. 독일은 페르가몬 박물관 다스 파노라마, 베를린 자연사 박물관, 스파이 박물관 등 3곳이다. 그 밖에 폴란드 크라코우 포드지미아 린쿠 박물관, 스페인 가우디 건축물 중 하나인 카사 바트요, 아이슬란드 레이캬비크시 바이킹 정착 박물관, 노르웨이 스타방거 시티 뮤지엄, 프랑스 로만 박물관이 있다.

II

디지털고고학의
분야와 역사

1. 개념과 분야 정의

'디지털고고학'은 다양한 디지털 기술을 고고학 조사, 연구, 기록, 보존, 복원, 활용 등에 적용하는 고고학의 한 분야를 말한다. 옥스퍼드 대학 고고학 연구소의 토마스 에반스(Thomas L.Evanse)는 디지털고고학을 "고고학과 컴퓨터의 결혼(marriage between the two, archaeology and computing)[1]"이라고 표현하였다. '디지털고고학'은 현재 미국과 유럽의 연구자들에 의해 널리 통용되는 용어로, "과거를 이해하기 위한 미래의 기술(future technology to understand past behaviour[2])"로 해석되며, 고고학자가 디지털 데이터를 수집, 생성, 분석, 변환, 기록화, 관리, 조사연구, 시각화하기 위해 사용되는 모든 기술적 방법을 포괄하는 것으로 정의된다.[3] 디지털고고학은 또한 computational archaeology, archaeological computing, archaeological informatics, cyber archaeology, e-archaeology, virtual archaeology 등으로 불리기도 한다.[4]

국외에서 연구되는 디지털고고학은 크게 5가지 분야로 나눌 수 있다. 야외조사(Field Survey), 데이터 수집과 기록(Data Collection), 데이터 구축과 분석(Data Analysis), 디지털 복원과 시각화(Modelling & Visualisation), 전시 및 교육 등 대중을 위한 활용과 참여 확대(Outreach)가 그것이다. 각 분야별로 사용되는 대표적인 기술을 살펴보면, 먼저 1) '야외 조사'를 위한 물리탐사(Geophysical

---

1) Daly, P. T., and T.L. Evans, 2006, Introduction: Archaeological Theory and Digital Pasts. In, edited by TL Evans and PT Daly, 2-7. New York: Routledge.

2) E.B.W. Zubrow, 2006, Digital Archaeology. A Historical Context. In Digital Archaeology. Bridging Method and Theory, edited by T.L. Evans, and P.T. Daly, 8-26. London et al. Routledge.

3) Marc N. Levine and Alex E Badilo, 2021, Why Digital Archaeology? A Case Study from Monte Alban Oaxaca, SAA Archaeological Record.

4) E.B.W. Zubrow, 2006, 앞의 논문.

Exploration), 라이더(Lidar), 원격 탐사(Remote Sensing), 수중 발굴을 위한 수중 음향학(Hydroacoustics) 등이 있고, 2) '데이터 수집과 기록'을 위한 3D 스캔, 사진 측량(Photogrammetry), GPS, 3) 데이터 구축과 분석'을 위한 GIS 공간 분석, 시멘틱 웹, 데이터 베이스, 데이터 마이닝, 텍스트 마이닝, 4) '디지털 복원과 시각화'를 위한 3D 모델링 및 시뮬레이션, 3D 프린팅, 가상현실(Virtual Reality) 등 시각화 기술이 있다.[5] 또한 5) 전시·교육 등 대중을 위한 활용 부분도 디지털고고학의 큰 축을 차지하는데, 다양한 멀티미디어, 가상현실, 증강현실, 몰입형 실감 콘텐츠 등의 기술이 적용된다. 특히 디지털고고학 분야 중 '시각화'는 '가상 고고학(Virtual Archaeology)'으로, '전시·교육' 분야는 '디지털대중고고학(Digital Public Archaeology, DPA)'으로 불리며, 활발한 연구가 진행되고 있다.

그 밖에 아날로그 데이터를 디지털화하고 아카이빙하는 것, CAD 및 통계 프로그램(R) 등 각종 소프트웨어의 사용과 개발, 영상화(Video Presentations, Short Documentary) 등도 디지털고고학의 하위 분야로 간주된다. 다시 말해 '디지털고고학'은 '디지털 기술이 사용되는 모든 고고학 활동'으로, 다양한 디지털 장비와 기술, 컴퓨터 기반 분석 방법을 고고학에 응용한 것으로 해석할 수 있다. 현재 유럽 등 국외에서 통용되는 '디지털고고학'의 분야와 대표 기술을 정리하면 다음 <표 1>과 같다.

---

5) Nevio Danelon (Department of Classical Studies, Duke University, USA) and Maurizio Forte (Department of Classical Studies, Duke University, USA). 2021, Teaching Archaeology in VR: An Academic Perspective.

표 1. 디지털고고학의 분야와 대표 기술

야외조사 Field Survey	• 물리탐사 • 라이더	• 원격탐사 • 인공지능(머신러닝, 딥러닝)	
데이터 수집·기록 Data Collection	• 3D 스캔 • 사진측량	• GPS&GIS • 애플리케이션	
데이터 구축과 분석 Data Analysis	• GIS분석 • 데이터베이스(아카이브)	• 시멘틱 웹 • 데이터&텍스트 마이닝	
디지털 복원과 시각화 Modeling&Visualisation	• 3D 모델링 • 3D 프린팅	• 시뮬레이션 • 가상현실	
전시·교육 Outreach	• 가상현실 • 증강현실	• 프로젝션 맵핑 • 몰입형 인터랙티브 미디어	• 혼합현실

현재 유럽의 주요 대학 고고학과 등 관련 학과에서는 이러한 기술을 고고학 전공자들에게 훈련시키기 위해 다양한 강의와 학위 과정을 개설하고 있다. 석·박사 학생 등 관련 연구자들은 이를 위한 연구 논문을 발표하고, 고고유산에 적합한 장비와 기술, 프로그램 개발을 진행하고 있다. 2021년 현재 유럽 디지털고고학 교육 과정에서 다루어지는 주요 기술은 3D 모델링(3D modelling), 공간 분석(spatial analysis), 원격 감지(remote sensing), 지구 물리학(geophysics), 현장 기록 기술(field recording techniques), 데이터베이스(databases), 시멘틱 웹(semantic web), 통계(statistics), 데이터 마이닝(data mining), 시뮬레이션 모델링(simulation modelling), 네트워크 분석(network analysis) 및 디지털 복원(digital reconstructions of the past), 프로그래밍(programming), 머신러닝(machine learning), 딥러닝(deep learning) 등이 있다. 이는 현재 유럽 고고유산 조사·연구·복원·활용 등을 위해 가장 많이 적용하는 기술들이다.

2. 디지털고고학의 역사

'디지털고고학'은 현재 유럽과 미국 등 국외에서 일반적으로 통용되는 용어이다. 디지털고고학이란 용어는 컴퓨터의 등장과 함께 등장하였는데, 이에 디지털고고학을 컴퓨터 고고학(Computational Archaeology)이라고도 한다. 최초의 디지털고고학 관련 연구는 1960년대 미국 메사추세츠 공과대학교(MIT)의 제임스 디츠(James Deetz) 박사가 아리카라(Arikara)[6] 도자기 양식을 컴퓨터로 분석

6) 북미 인디언으로 Pawnee 인디언의 한 일족

한 것을 들 수 있다.[7]

한편 1960년대 영국 케임브리지대학의 데이비드 레너드 클라크(David Leonard Clarke) 교수는 과정주의(신고고학) 고고학자로써, 정량적, 통계적, 과학적 방법론을 고고학에 적용하는 것을 주장하였다. 당시 케임브리지대학 등 영국의 고고학계에는 전통 고고학이 뿌리 깊게 자리 잡고 있어 이를 받아들이지는 않았지만, 이후 이와 같은 시도는 과학적 방법을 고고학 해석에 활용하는 오늘날의 디지털고고학과 같은 다양한 방법론을 발전시킨 계기가 되었다.

미국 등 국외에서는 1970년대 비교적 이른 시기에 컴퓨터의 발달과 함께 늘어나는 고고학적 데이터에 대한 논의가 진행되었다. 1971년 미국 아칸소(Arkansas) 대학 박물관에서는 '고고학 데이터 은행에 대한 컨퍼런스(the Archaeological Data Bank Conference)'를 개최하여, 고고학 데이터의 수집과 저장, 보존에 대한 문제를 처음으로 논의하였다. 그 후 1973년 다양한 컴퓨터 기반 분석들이 고고학 분야에 활발하게 적용되자 세계적인 디지털고고학회인 '고고학 분야 컴퓨터 응용 및 정량적 방법 학회(CAA, the Computer Applications and Quantitative Methods in Archaeology)'가 창립되었고, 1984년 이와 관련한 잡지인 '고고학 컴퓨팅 뉴스레터(the Archaeological Computing Newsletter)'가 창간되었다.

실질적으로 디지털고고학에 대한 연구가 본격화된 것은 1980년대 개인용 컴퓨터 데이터베이스 프로그램인 디베이스(dBase)의 도입 등 고고학자들이 많은 양의 데이터를 처리하고, 관리할 수 있게 되면서부터이다.[8] 이는 컴퓨터 하드웨어와

---

7) Ethan Watrall, 2017, Archaeology, the Digital Humanities, and the 'Big Tent'. In Debates in the Digital Humanities, 2016th ed. Accessed February 23.

8) Anna S. Agbe-Davies, Jillian E. Galle, Mark W. Hauser & Fraser D. Neiman, 2014, Teaching with Digital Archaeological Data: A Research Archive in the University Classroom, Journal of Archaeological Method and Theory 21.

소프트웨어가 진화하고 다량의 데이터 저장과 여러 가지 분석이 가능해 졌기 때문이다. 또한 1980년대에는 GIS와 CAD, 각종 통계 프로그램 등이 개발되어 과거에 비해 다양하고 복잡한 분석이 가능해졌고, 이러한 소프트웨어를 이용해 고고학 지도와 도면을 만들기 시작하였다.

한편, 유럽에서의 디지털고고학의 성장은 물리탐사 등 과학 기술을 이용한 조사를 정식 고고학 조사로 인정한 '유럽의 고고학적 유산 보호를 위한 협약(일명 발레타 협약, Valletta treaty, 1992)'에 의해 가속화되었다.[9] 이 협약은 1969년 과학적 정보를 통한 유적이나 문명의 발견 혹은 발굴을 고고 자료로 간주하는 것에 대해 규정한 '고고 문화유산 보호를 위한 유럽 협약'을 한층 구체화 시킨 것으로, 고고 유적 조사와 연구에 여러 가지 과학적 방법과 디지털 장비 및 기술의 도입을 가속화시킨 계기가 되었다.

1990년대에는 GPS와 휴대용 컴퓨터, 디지털카메라 등 다양한 장비와 기술이 개발되어 고고학 조사에 활발하게 적용되었다. 또한 산업 분야에서 주로 사용되던 3D 레이저 스캔 기술이 고고학 분야에 본격적으로 적용되었는데, 이는 3D 모델링을 만드는 원천자료가 되어 컴퓨터를 기반으로 한 유적과 유물 복원 연구를 활성화시켰다.

1990년대 후반 고고학자 제임스 파커(James Packer)와 건축학자이자 일러스트레이터인 길 골스키(Gil Gorski)는 로마의 트라잔 포럼(Forum of Trajan)을 디지털 그래픽으로 복원하였다. 1997~1999년에는 이탈리아의 문화재청과 미국 스탠포드 대학 등은 공동으로 '미켈란젤로 프로젝트'를 진행하였는데, 이는 이탈리아 피렌체 아카데미아 미술관에 소장되어 있는 다비드상을 비롯한 10여 점의 미

---

9) Ronald Visser, Wilko van Zijverden,, Pim Alders, 2016, Teaching digital archaeology digitally, 43rd annual Conference on CAA.

켈란젤로 조각상을 3차원 입체 영상으로 스캔하는 것이었다. 다비드상의 높이는 5.18m로 당시 장비와 기술로는 상당히 도전적인 과제였는데, 3D 스캔을 위해 조명, 장비, 스캔, 모델링 등 여러 방식을 실험적으로 적용하였다. 이 프로젝트는 이후 3D 스캔 등 디지털 기술의 적용이 문화재에 얼마나 효용성이 있는지 세계적으로 널리 알려준 중대한 전환점이 되었다. 1996년에는 이탈리아 밀라노 공대와 미국 UCLA 등이 '다시 태어난 로마(Rome Reborn) 프로젝트'를 통해 고대 로마를 3차원 그래픽으로 재현하는 등 디지털 기술을 활용해 고고학 자료를 시각화(Visualisation)하는 프로젝트가 다수 시도되었다.

2000년대에는 가상현실(VR) 등 최신 기술이 발전함에 따라 고고학의 다양한 분야에 디지털 기술을 적용하게 되었다. 그 중에서도 유적과 유물의 시각화 기술은 더욱 고도화되었으며, 이를 지칭하는 '가상 고고학(Virtual Archaeology)'이 라는 용어가 등장하게 되었다. 가상 고고학은 1990년 영국의 고고학자이자 컴퓨터 공학자인 폴 라일리(Paul Reilly)가 컴퓨터 기반 발굴 시뮬레이션을 설명하기 위해 처음 사용하였는데[10], 이는 고고학적 정보를 컴퓨터를 기반으로 시각화하여 효율적인 조사와 연구에 활용하고, 역사의 해석과 재건, 복원 등에 적용하는 것을 말한다. 현재까지 이는 디지털고고학 여러 분야 중에서 가장 활발하게 연구되는 분야라 할 수 있다.

2009년에는 이러한 문화재 가상 고고학 등과 관련하여 '문화유산의 컴퓨터 기반 시각화를 위한 런던 헌장(London Charter for the computer-based visualisation of cultural heritage)'이 제정되었다. 이는 문화유산 시각화의 구현 방법과 장기적 보존 관리 방안 등에 대한 기본 원칙을 제시하고, 이를 문화유산 연구와 대중 참여 확

---

10) Reilly,P., 1990, Towards a virtual archaeology. Computer Applications in Archaeology 1990, Edited by K. Lockyear and S. Rahtz. oxford: British Archaeological reports (Int. Series 565), 133-139.

대를 위해 활용하여야 함을 강조하였다. 이 헌장은 향후 유럽 고고유산 아카이브 플랫폼과 디지털 표준을 마련하는 계기가 되는 등 현대 디지털고고학 성장에 중요한 역할을 하였다.

이후 런던 헌장을 바탕으로, 고고학계에서는 보다 상세한 연구 분야별, 기술별 시각화 구현 지침의 필요성이 제기되었다. 이에 2011년, 국제 가상 고고학 포럼(The International Forum of Virtual Archaeology)에서는 '가상 고고학에 관한 국제 원칙 : 세비야 원칙(INTERNATIONAL PRINCIPLES OF VIRTUAL ARCHAEOLOGY: The Principles of Seville[11])'을 발표하였다. 이 원칙에 따르면 가상 고고학은 '컴퓨터 기반의 시각화를 바탕으로 한 고고유산의 조사, 보존, 해석 등의 프로젝트'를 말한다. 포럼은 가상고고학을 '빛과 그림자'로 표현하며 놀라운 잠재력이 있음과 동시에 많은 약점과 불일치성이 있음을 강조하고 이를 더욱 효과적으로 활용하기 위한 목표와 방향 그리고 7가지 원칙을 제시하였다.

세비야 원칙은 가상고고학이 컴퓨터 전문가, 고고학자, 건축가, 엔지니어 등 관련 분야 전문가 모두가 이해할 수 있는 실제 적용 가능한 기준을 세우고, 모든 분야의 전문가가 공동의 노력을 기울여 대중에게 현재 진행 중인 고고학 프로젝트에 대해 더욱 나은 이해를 제공하는 것을 목표로 한다. 이를 위해 1) 학제 간 협업을 장려하고, 2) 가상 고고학을 구현하기 위한 구체적인 목표와 목적을 수립하여야 하며, 3) 기술적 보완성에 근거하여 4) 역사적 사실과 고고학적 근거를 철저히 반영하여야 하고, 5) 경제적 효율성, 6) 과학적 투명성, 7) 교육과 평가 프로그램이 필요하다는 원칙을 구체적으로 명시하고 있다. 이는 기술에만 의존하는 것이 아니라 유럽의 고고학자들이 명백한 고고학적 근거를 바탕으로 고고유산 연

---

11) The International Forum of Virtual Archaeology, 2011, INTERNATIONAL PRINCIPLES OF VIRTUAL ARCHAEOLOGY: The Principles of Seville.

구, 보존, 복원을 위해 도움이 되는 기술을 학제 간 연구를 통해 적용하고 있음을
알 수 있다.

이후 2015년 유럽고고학위원회(European Archaeological Council[12])는 '아메르스
포르트 아젠더(Amersfoort Agenda)'를 통해 '유럽 고고유산 관리의 미래'에 대한
의제를 발표하였다. 이는 고고학에 있어 디지털 기술이 필요하고 고고학이 사회
에 자연스럽게 스며들게 하려면 대중의 참여와 교육이 중요하다고 강조하였다.
이를 위해 유럽고고학위원회에서 디지털고고학 관련 부문에 다음 세 가지 원칙
을 제시하였다.[13]

1. 새로운 디지털 기술을 사용하여 고고학 정보를 공유, 연결, 제공한다. 이를
   위해서 연구자들 간 협력을 도모하고 유럽 네트워크의 개발과 참여가 필요
   하다.
2. 공동의 이익을 창출하기 위해 다른 분야와의 협력을 장려하고 데이터를 공
   유한다.
3. 디지털고고학 자원에 대한 다양한 사용자의 접근을 목표로 하고, 더 많은
   대중이 사용할 수 있도록 디지털 데이터베이스를 최대한 활용한다.

아메르스포르트 아젠더에서 확인할 수 있는 것처럼 유럽 고고학계는 고고유
산과 관련 정보는 고고학자만의 전유물이 아니라 대중과 공동의 이익을 위해 널
리 활용되어야 하며, 이를 위해 디지털 기술을 효과적으로 사용하고 관련 분야와

---

12) 유럽고고학위원회는 유럽 전역의 고고학 유산 관리를 지원하고, 공동 표준 및 전략 등을 제공하며, 발레타 협약
   의 이행을 모니터링하는 비영리 단체이다.
13) May, K. 2017, Digital Archaeological Heritage: an introduction, Internet Archaeology 43.

의 협업 체계를 장려하였다.

2016년 영국 브라이튼에서 제17회 유럽고고학위원회(EAC)의 심포지엄이 개최되었다. 이 심포지엄에서는 디지털 기술이 전례 없는 속도로 발전하고 있는 디지털고고학의 현주소와 새로운 가능성, 앞으로 나아갈 방향이 논의되었다. 2일간 개최된 심포지엄에서는 '측정과 감지', '데이터를 지식으로', '과거의 시각화' 등 총 3개의 프리젠테이션 세션이 진행되었다. 각 세션에서는 최첨단 레이저 스캐닝 기술과 고고학적 지형의 맵핑과 분석을 위한 고해상도 원격 감지 기술, GIS와 물리탐사 등을 활용한 고고학적 분석, 증강현실과 4D 몰입형 체험, 3D 프린팅 등 인터랙티브 기술에 이르기까지 다양한 주제들이 논의되었다.[14]

아울러 유럽고고학위원회는 이 심포지엄을 통해 다음 '디지털 고고유산의 7가지 중대한 도전과제(Grand Challenges for Digital Archaeological Heritage)'에 대한 의제를 발제하고, 관련 내용에 대한 유럽 전역의 고고학자들의 행동을 촉구하였다.

1. 가장 적절한 디지털 기술을 사용하도록 유산 프로세스를 재설계
2. 디지털 기술을 적용한 최상의 결과물 도출
3. 디지털 데이터 표준 및 관련 기술의 모범사례 마련
4. 디지털 기술의 유산 사용을 위한 인프라 구축
5. 고고 유산 정보와 데이터의 빅데이터 분석
6. 고고 정보의 시멘틱웹 등 온라인 접근성 증대
7. 대중에 대한 고고 데이터 공유 및 재사용 확대

---

14) May, K, 2017, 앞의 논문.

브라이튼 심포지엄에서는 가장 적합한 디지털 기술을 문화유산 조사, 연구, 보존, 복원 등에 적용하여 최상의 결과물을 도출하기 위한 노력을 기울여야 하며, 이를 위해 데이터 표준과 인프라 구축, 대중의 접근성을 높이기 위한 방안 등을 마련하여야 한다고 강조하였다.

이처럼 유럽에서는 디지털고고학과 관련한 고고학자와 학회를 중심으로, 디지털고고학의 현황과 문제점, 선결되어야 하는 과제를 제시하며 앞으로 나아갈 방향을 지속적으로 고민하고 있음을 알 수 있다. 현재까지도 이러한 원칙과 기준은 유럽을 비롯한 국외 여러 고고학 관련 기관과 대학, 연구자들의 조사와 연구의 표준이 되고 있다. 또한 이러한 고고학자들의 노력에 힘입어 유럽연합 등에서는 정부 차원의 정책과 여러 프로젝트들을 시행하게 되었다.

대표적으로 고고유산 데이터 인프라 구축을 위한 유럽 고고 정보통합 사이트, '아리아드네(ARIADNE)'가 개발되었으며, 디지털 데이터 표준과 기술 모범 사례 지침을 마련하기 위해 '미네르바(MINERVA)' 프로젝트가 진행되었다. 2004년 ~2008년에는 유럽연합(EU)의 FP6(Sixth Framework Programme)의 일환으로, '에포크(EPOCH, Excellence in Procession Open Cultural Heritage) 프로젝트'가 진행되었다. 이는 영국 브라이튼대 등 100여 개 연구기관이 참여한 범 유럽 차원의 프로젝트로, 이를 통해 디지털 기술을 활용해 문화유산을 복원하고(NEW Tools Needed), 가상현실(VR), 증강현실(AR) 등을 적용한 문화재 가상 복원, 휴대폰을 이용한 유적 안내 서비스(아가멤논 프로젝트) 등 문화재 활용과 접근성 제고를 위해 다양한 기술이 개발되었다.[15]

1990년대 후반 미켈란젤로 프로젝트를 통해 다비드상을 3D 스캔한 뒤 20

---

15) 박민서, 최연화, 임순범, 2008, 「국내외 디지털 문화유산 프로젝트의 활용 사례」, 『한국콘텐츠학회』 6권 2호.

년이 지난 현재의 기술은 한층 더 발전하여 이를 3D 프린팅으로 복원하기에 이르렀다. 약 5m 높이 실물크기로 복원된 다비드상은 2020년 두바이엑스포(2021.10.01.) 이탈리아 관에 선보였으며, 진보된 디지털 기술의 무한한 가능성에 대해 높은 평가를 받았다. 그 밖에 유럽은 2020년대에 접어들어 디지털고고학 연구의 일환으로 인공지능, 머신러닝, 딥러닝 등 고도화된 기술들을 적용하고 있으며, 이를 통해 다양한 분석과 새로운 연구 결과들이 도출되고 있다.

　이상 유럽의 디지털고고학사를 검토해 본 결과, 우리보다 일찍 그 역사가 시작되어 다양한 문제점과 시행착오를 겪으며, 이를 개선·발전시키려는 노력을 기울였음을 확인할 수 있다. 요약하면 1970년대 유럽에서는 이미 디지털고고학과 관련한 학회가 창설되었고, 1980년대 물리탐사, 원격탐사, GIS 등이 고고학적 조사와 연구에 적용되기 시작하였다. 특히 1992년 유럽 대다수 국가가 참여한 '발레타 협약'을 통해 다양한 과학적 방법을 고고학 조사로 인정함에 따라 디지털고고학의 발전은 더욱 가속화되었다.

　1990년대는 우리와 마찬가지로 3D 레이져 스캔, 가상현실, 증강현실 등 새로운 장비와 기술 등이 소개되면서 다양한 기술을 유적과 유물의 조사, 기록, 보존, 복원 등에 적용하는 여러 프로젝트들이 진행되었다. 특히 유럽은 여러 디지털고고학 분야 중 유적과 유물의 '시각화(Visualisation)'를 중요시 여기는데, 1990년에는 영국의 고고학자에 의해 '가상 고고학(Virtual Archaeology)'이라고 하는 용어도 등장하게 된다. 유럽에서는 이를 통해 더욱 많은 대중이 고고학 정보를 쉽게 이해하고, 접할 수 있도록 하는 것을 고고학자의 의무로 생각하고 있다.

　이러한 유럽 고고학자들의 노력은 '문화유산의 컴퓨터 기반 시각화를 위한 런던 헌장(2009년)', '가상 고고학에 관한 국제 원칙 : 세비야 원칙(2011년)' 등을 통해 확인할 수 있다. 유럽고고학위원회(EAC)는 아메르스포르트 아젠더(2015년)와 브라이튼 심포지엄((2016년) 등을 통해서 급속도로 증가하는 데이터에 대한 관리와 이를 위한 데이터 표준과 인프라 구축, 대중에 대한 접근성 증대와 활용을 위한 방안 등에 대해 유럽의 고고학자와 관련 기관들이 함께 해결 방안을 논의하였다. 이를 위해 고고 및 기술 분야 등 서로 다른 분야와의 학제 간 협업을 장려하고, 가장 적절한 기술이 문화유산에 적용될 수 있도록 공동의 노력과 합의를 이끌어 내었다. 이를 통해 유럽은 현재 인공지능 등 다양한 디지털 기술들을 문화재에 적용하여 더욱 수준 높고 의미 있는 연구 결과물들이 도출되고, 유럽 디지털고고학 기술별 데이터 표준과 고고정보 통합 아카이브를 구축, 대중을 위한 다양한 프로그램 개발 등 괄목할 만한 성과를 이루어냈다.

이처럼 영국과 유럽의 디지털고고학은 관련 정책과 규정, 예산 지원 등이 중장기적 계획 하에 이루어지고 있으며, 아카이브 플랫폼 구축, 표준 지침 마련 등 이를 위한 환경을 함께 조성하고 있다. 기술적으로 부족한 부분은 관련 분야와 협력을 통해 추진하는데, 이는 자연스럽게 일자리 창출로 이어진다. 구글, 마이크로소프트, IBM 등 IT 기업들도 인공지능(AI) 등 디지털 기술을 이용하여 더욱 발전된 문화재 조사, 연구, 활용을 위해 노력하고 있다. 이 모든 과정들은 결과적으로 대중의 문화 향유권 증진과 관광산업 등 관련 분야에 기여하여, 경제 효과 창출로 선순환되는 긍정적인 결과로 이어지는 것으로 분석된다.

III

유럽의
디지털고고학

이번 장에서는 유럽의 디지털고고학의 구체적인 현황을 살펴보고자 한다. 디지털고고학과 관련한 영국 등 유럽의 정책과 제도, 그리고 여러 국가에서 현재 진행되고 있는 디지털고고학의 분야별 기술 적용 현황을 검토한다. 또한 대학의 고고학과 등 교육기관에서 디지털고고학에 대해 접근하는 방식과 교육 현황, 그리고 학계의 동향에 대해 함께 알아보도록 한다.

1. 정책과 제도

1) 디지털고고학 관련 정책

유럽은 영국 등 약 48개의 국가들로 구성되어 있으며, 유럽연합을 구성하는 등 범유럽 통합과 경제 발전을 위한 다양한 노력을 기울이고 있다. 문화유산 또한 전 유럽 국가가 함께 가꾸고 보존해야 할 공동의 역사이자 자산이라는 인식을 가지고, 이를 널리 활용하고 후손들에게 전달하기 위한 여러 정책을 펼치고 있다. 유럽 평의회(Council of Europe)는 1954년 '유럽 문화 협약(European Cultural Convention, the Paris Convention[16])'을 통해 '문화는 다른 사람들을 서로 이해하고, 통합시킬 수 있는 힘'이라 표현하며, 유럽 문화의 보편적 가치와 다양성에 대한 상호 이해를 촉구하였다. 유럽 평의회는 언어, 역사, 문명 등에 대한 연구를 장려하는 한편, 문화(재)를 유럽의 공동 이익을 위한 범 유럽 차원의 공동 유산으로써 국가적 발전에 기여할 수 있음을 강조하였다.

---

16) Council of European, 1954, European Cultural Convention, the Paris Convention, European Treaty Series no.18. [https://rm.coe.int/168006457e]

1969년, 유럽 평의회는 런던 '고고 문화유산 보호를 위한 유럽 협약(European Convention on the Protection of the Archaeological Heritage, the London Convention[17])' 을 통해 고고유산이 역사를 알기 위한 필수 요소이며, 이에 대한 보호와 보존을 촉구하였다. 이 협약의 목적은 과학적 정보를 통한 유적이나 문명의 발견 혹은 발굴을 고고자료로 간주하는 것을 명시하기 위한 것이다. 이 협약은 고고학적 발굴과 유물에 대한 과학적 조사와 문화, 교육 활동을 장려하고, 불법 발굴로부터 유적을 보호하기 위한 유럽 공동의 합의를 이끌어 냈다.

1992년에는 발레타에서 이 협약을 대체하는 '유럽의 고고학적 유산 보호를 위한 협약(Convention for the Protection of the Archaeological Heritage of Europe, Valletta[18])'이 발표되었다. 소위 '발레타 협약'이라 불리는 이 협약은 고고학을 '유럽 집단 기억의 원천이자 역사 및 과학적 연구를 위한 도구라 명명하였다.[19] 이 협약은 유럽 고고 유산 보호를 궁극적인 목적으로 하고, 이를 위해 유적을 발굴 없이도 조사할 수 있는 비파괴 조사 방법 즉, 물리탐사 등 과학적 조사를 고고학 조사로 인정하는 조항을 비준하게 된다. 이는 국제 협약으로써 법적 구속력을 가지며, 지난 1696년 런던 협약보다 한층 진화되고 구체화되었다. 발레타 협약은 향후 유럽 고고학 조사와 연구에 다양한 과학적 방법과 디지털 장비 및 기술의 도입을 가속화시킨 결정적인 계기가 되었다.

이 후 유럽연합과 관련 국가들은 문화유산과 디지털 기술을 접목한 디지털고

17) Council of European, 1969, European Convention on the Protection of the Archaeological Heritage, the London Convention, European Treaty Series no.66. [https://rm.coe.int/1680072318]

18) Council of European, 1992, Convention for the Protection of the Archaeological Heritage of Europe, Valetta, European Treaty Series no.143. [https://rm.coe.int/168007bd25]

19) Sloane, B. 2021, Making the Case for the Public Benefits of Development-led Archaeology, Internet Archaeology 57.

고학과 관련한 다양한 정책을 지속적으로 추진하고 있다. 유럽 각국은 최신 기술을 통해 문화유산을 보존, 조사, 또 연구하며, 이를 대중에게 공유하고자 하는 노력을 기울이고 있다. 이번 장에서는 이러한 정책의 배경과 목적, 구체적인 정책 실행 프로세스와 대표 프로젝트를 살펴보고자 한다.

(1) 정책 배경

① 범 유럽 통합을 위한 문화유산, 디지털과 만나다

유럽은 오래전부터 다양한 정책을 통해 경제, 사회, 문화, 환경, 안보, 교육 등 여러 분야의 통합과 화합을 지향하고 있다. 1954년, 파리에서 발표된 '유럽 문화 협약' 이후 문화유산은 유럽의 통합과 공동체 의식 확대를 위한 핵심 아젠더가 되었다. 유럽에서 문화유산은 유럽 역사의 공통분모임과 동시에 모두가 누려야 하는 인류의 공동 자산으로 인식된다.

■ 룬드원칙

문화유산 부문에 디지털 기술을 장려한 정책이 본격적으로 시작된 것은 2000년대 이후라 할 수 있다. 유럽 집행위원회(European commission)는 2001년, 「룬드 원칙(Lund Principles)」에 합의하고, 디지털화의 효율성과 문화 및 과학 유산에 숨어 있는 부가가치를 활용하는 방안에 대해 논의하였다. 룬드 원칙은 유럽 디지털 이니셔티브로, 아날로그의 디지털 전환, 디지털 리소스와 콘텐츠의 활성화를 주목적으로 한다.[20] 룬드 원칙에 포함된 주요 내용은 크게 유럽 전역의 디지

---

20) Ross, S. 2004, Reflections on the impact of the lund principles on european approaches to digitisation. In: van der Laan, M.J. (ed.) Strategies for a European Area of Digital Cultural Resources: Towards a Continuum of Digital Heritage. Ministry of Education, Culture and Science: The Netherlands.

털 활동을 조정, 개선, 강화하고, 디지털화를 통해 유럽의 문화를 더욱 효율적으로 활용, 개방하며, 콘텐츠 산업과 디지털 자원 창조에 투자하는 것이다. 이는 디지털 콘텐츠 산업을 장려하는 한편 기술적 접근 방식의 차이와 상호 호환성 문제를 해결하고, 중복을 방지하여 재정의 낭비를 최소화한다는 원칙을 제시하였다. 룬드 원칙은 유럽 문화유산 디지털 정책의 시초이자 가장 중요한 계기로 평가되며, 이후 해당 내용을 이행하기 위한 디지털화 표준 모범 지침(the Guide to Good Practice in the Digital Representation and Management of Cultural Heritage Materials, 2002 등) 제정과 미네르바 프로젝트(MINERVA, Ministerial Network for Valorising Activities in digitisation) 등이 추진되었다. 미네르바 프로젝트는 룬드 원칙의 가장 큰 성과로, 유럽 공동 플랫폼, 메타데이터, 디지털 표준 지침 등을 포함한다.

■ 디지털 유산 보존을 위한 가이드라인

2003년 3월, 유네스코에서는 「디지털 유산[21] 보존을 위한 가이드라인(Guideline for the preservation of Digital Heritage)[22]」을 발표하고, 문화, 교육, 과학, 행정 등 모든 분야의 '디지털로 생성된 자원'에 대한 보존 원칙과 회원국의 역할과 책임에 대해 강조하였다. 가이드라인은 호주 국립도서관(National Library of Australia)에 의해 작성되었으며, 총 4섹션 21가지 챕터로 구성, 디지털 문화유산의 정의와 대상, 보존을 위한 방법과 절차 등을 여러 사례와 함께 제시하고 있다. 또한, 디지털 유산의 중요성과 지속가능한 보존의 필요성, 이를 위한 실무자와 관리자, 회원국들의 역할과 협력에 대한 사항도 포함하고 있다.

---

21) '디지털 유산(Digital Heritage)' : 인류의 지식과 표현의 고유자원이 디지털 형태로 생산되거나 기존 아날로그 자료로부터 디지털화 된 것으로, 문화, 교육, 기술 등 모든 영역에 존재한다.

22) National Library of Australia, 2003, Guideline for the preservation of Digital Heritage.
[https://unesdoc.unesco.org/ark:/48223/pf0000130071]

■ 디지털 유산 보존에 관한 헌장

이후 2003년 10월 유네스코는 「디지털 유산 보존에 관한 헌장(The UNESCO Draft Charter on the preservation of Digital Heritage[23])」을 발표하였다. 이 헌장을 통해 유네스코는 '세계의 기억(Memory of the World)'인 디지털 유산의 보존과 보편적 접근을 보장하는 것이 유네스코의 임무이며, 이를 통해 모든 사람이 지식을 창출하고 소통하며, 미래를 위하여 이를 보존하는 것이 범세계적으로 중대한 사항임을 천명하였다. 헌장은 총 12조의 조항으로 구성되어 있으며, '인류 공동의 유산인 디지털 유산'의 범위와 상실을 대비한 실천사항과 필요한 조치, 보존해야 할 유산과 디지털 유산 보호를 위한 역할과 책임, 분담과 협력 등에 대해 명시하고 있다. 헌장에 따르면 디지털유산은 하드웨어와 소프트웨어의 급격한 노화 등으로 상실될 위기에 처해 있으며(제3조), 이를 보호하기 위한 법적, 경제적, 기술적, 정책적 조치와 개발을 촉구하였다(제4조). 회원국들은 하나 이상의 기구를 지정하고 필요한 자원을 마련하여야 하며, 이를 위해 기술 분야 전문가와 도서관, 박물관, 기록보존소 등의 기관 간 협력과 교육·연구 프로그램을 개발, 관련 기관이 연구 데이터를 보존하도록 권고하였다(제10조). 이는 아날로그에서 디지털로 전환되는 디지털 대전환 시대, 전 세계의 '디지털 유산'의 중요성과 가치를 일깨운 중요한 계기가 되었다.

■ 디지털 도서관

이후 유럽은 디지털 기술을 문화유산에 효과적으로 활용하기 위한 구체적인 계획을 수립하고 막대한 예산을 투자하게 된다. 2005년 유럽연합은 '디지털 도

---

23) United Nations Educational, Scientific and Cultural Organization, 2009, The UNESCO Draft Charter on the preservation of Digital Heritage. [https://unesdoc.unesco.org/ark:/48223/pf0000179529.page=2]

서관(Communication "i2010: Digital Libraries"[24])' 전략을 발표하고 각국의 다양한 문화유산을 디지털화하고 보존하기 위한 계획을 발표하였다. 이 전략은 유럽의 도서관, 박물관, 기록 보관소 등의 도서, 신문, 영화, 사진, 지도 등 문화 관련 자료를 모두 포괄하는 것으로, 이를 안정적으로 보존하고, 일반인이 쉽게 감상하고 활용할 수 있는 것을 목표로 하였다. 이 전략은 디지털화와 관련하여 유럽이 당면한 재정적, 기술적, 법적(지적 재산권과 호환성 등), 조직적 문제점을 지적하고, 세 가지 우선과제, 즉 온라인 접근성 제고, 아날로그 자료의 디지털화, 디지털 콘텐츠의 보존과 저장을 회원국들에게 권고하였다.

■ 문화재 디지털 보존에 대한 디지털화 및 온라인 접근성 권고

이와 관련하여 유럽연합 집행위원회는 2006년 '문화재 디지털 보존에 대한 디지털화 및 온라인 접근성 권고(Recommendation on the digitisation and online accessibility of cultural material and digital preservation[25])'를 발표하고, 유럽 연합 회원국의 디지털 접근성 제고 및 보존을 가속화하기 위해 다음과 같은 사항을 권고하였다. 디지털화에 대한 정보 수집, 양적 목표 수립, 자금 조달을 위한 민관 파트너십과 대규모 디지털화를 위한 시설 개발, 유럽 디지털 도서관(현재의 유로피아나)에 대한 지원, 문화 콘텐츠의 디지털화를 위한 정책과 전략 실행 계획 수립과 이에 대한 정보 교환 등이다. 2007년에는 '디지털시대 과학적 정보의 공유

---

24) The European Parliament, the Council, the European Economic and Social Committee and the Committee of the Regions, 2005, Communication "i2010: Digital Libraries.
   [https://eur-lex.europa.eu/legal-content/EN/TXT/?uri=LEGISSUM%3Al24226i]
25) THE COMMISSION OF THE EUROPEAN COMMUNITIES, 2006, Recommendation on the digitisation and online accessibility of cultural material and digital preservation.
   [https://eur-lex.europa.eu/legal-content/EN/TXT/?uri=celex%3A32006H0585]

(Communication on scientific information in the digital age)'정책을 통해 점점 증가하는 과학적 데이터의 보존과 공유, 새로운 과학적 커뮤니케이션 창구를 활용한 보급 방향을 제시하였다.

■ 런던헌장

2009년에는 이보다 한층 진일보한 전문가 커뮤니티의 '문화유산의 컴퓨터 기반 시각화를 위한 런던헌장(The London Charter for the Computer-based Visualisation of Cultural Heritage[26])'이 발표되었다. 이는 2006~2009년 작성된 '문화유산 연구 및 커뮤니케이션을 위한 3D 시각화 사용에 대한 런던 헌장' 초안을 발전시킨 것으로, 문화유산 시각화를 위한 기본 원칙들을 제시하고 있다. 런던헌장은 문화유산의 연구 및 커뮤니케이션에서 컴퓨터 기반 시각화 방법과 그 결과의 사용에 대한 원칙을 수립하기 위해 작성되었으며, 이를 위해 다음 6가지 원칙을 제시하였다.

원칙 1(구현)

런던 헌장의 원칙은 컴퓨터 기반 시각화가 문화유산의 연구 또는 보급에 적용되는 모든 대상에 유효하다.

원칙 2(목적 및 방법)

컴퓨터 기반 시각화 방법은 일반적으로 해당 목적에 가장 적합한 방법인 경우에만 적용하여야 한다.

원칙 3(연구 자료)

---

26) 런던헌장(2009, The London Charter for the Computer-based Visualisation of Cultural Heritage).
   https://www.londoncharter.org/introduction.html

컴퓨터 기반 시각화 방법 및 결과물의 지적 무결성을 보장하기 위해 관련 연구 자료를 구조화, 문서화된 방식으로 평가, 확인되어야 한다.

원칙 4(문서화)

컴퓨터 기반 시각화 방법 및 결과가 사용된 맥락 및 목적에 따라 이해되고 평가될 수 있도록 충분한 정보를 문서화하고 배포하여야 한다.

원칙 5(지속 가능성)

인류의 지적, 사회적, 경제적, 문화적 유산이 손실되는 것을 방지하기 위해 문화유산 관련 컴퓨터 기반 시각화의 결과물 및 문서를 장기적으로 보장하기 위한 전략을 계획하고 구현하여야 한다.

원칙 6(접근)

컴퓨터 기반 시각화의 생성 및 보급은 문화유산의 연구, 이해, 해석, 보존 및 관리에 있어 최대한의 효과를 거둘 수 있도록 계획해야 한다.

런던 헌장은 컴퓨터 기반 시각화를 더욱 활성화하여 문화유산 연구와 해석에 기여하고, 많은 사람이 이를 적절히 이해하고 평가할 수 있도록 기여하였다. 이는 디지털고고학 분야 중 '시각화'와 관련한 다양한 조사와 연구의 방향을 제시하였으며, 문화유산 시각화에 대한 표준을 마련해야 한다는 국제적 합의를 이끌어 내는 촉매 역할을 하였다.

런던 헌장은 유럽 문화 및 과학 콘텐츠 공통 플랫폼, 메타데이터 및 디지털 표준, 장기 접근성 및 보존사항에 대한 권장 사항 등을 개발한 유럽연합(EU)의 '미네르바 프로젝트'의 기초가 되었다. 이는 또한 문화유산의 대대적인 디지털 콘텐츠 및 기술 개발 프로젝트, '에포크 프로젝트(EPOCH, Excellence in Processing Open Cultural Heritage)'를 추진시킨 중요한 계기가 되었다. 런던 헌장의 공동 의장

이자 에포크 프로젝트의 책임자인 프랑코 니콜루치(Franco Niccolucci)는 다음과 같이 말했다.[27]

> "EPOCH는 런던 헌장의 가장 중요한 성과로 간주됩니다. EPOCH 네트워크는 런던 헌장과 이와 관련 활동들이 고고학적 해석과 표현, 복원을 위한 3D 시각화 사용에 대한 매우 필요한 중대한 사건이라 믿습니다. 이와 관련한 몇 년 간의 이론적 토론 끝에 헌장은 마침내 강력하고 권위 있는 지침을 제안하였습니다. 대규모 EPOCH 파트너십(유럽 전역의 90개 연구, 고등 교육 및 문화 기관)은 헌장을 완전히 받아들이고 이를 시행, 지원하고 있을 뿐 아니라, 유럽 위원회도 런던 헌장 정책들의 타당성과 유용성을 확인하였습니다. 런던 헌장은 EPOCH 연구 의제 보고서에서도 큰 주목을 받았습니다. 런던 헌장은 이제 EPOCH의 경계를 넘어 점점 확산되고 있습니다."

■ 세비야 원칙

2011년에 런던 헌장은 고고학계에도 직접적인 영향을 미치는데, 바로 세비야에서 발표된 '가상 고고학에 관한 국제 원칙 : 세비야 원칙(가상 고고학 국제 포럼)'이 이에 해당된다. 이는 고고 자료의 컴퓨터 기반 시각화에 대한 상세하고 구체적인 원칙에 대한 지침으로, 가상 고고학에 대한 진정성과 경제적 효율성, 교육 및 평가 프로그램 등의 필요성을 강조하며, 이에 대한 학제 간 상호 협력과 보완을 촉구하였다.

---

27) Denard, Hugh "A New Introduction to the London Charter" in A. Bentkowska-Kafel, D. Baker & H. Denard (eds.) Paradata and Transparency in Virtual Heritage Digital Research in the Arts and Humanities Series (Ashgate, 2012) 57-71.

■ 디지털 시대 세계의 기억 : 벤쿠버 선언

2012년 캐나다 브리티시콜럼비아주 벤쿠버에서 유네스코는 '디지털시대 세계의 기억 : 디지털화와 보존(The Memory of the World in the Digital Age : Digitization and Preservation[28])'이라는 주제로 국제회의를 개최하였다. 이 회의는 현재 디지털 정보의 가치가 과소평가되고, 각 국가마다 디지털 자원의 보존에 대한 법적·제도적 틀이 부재하거나 지식과 기술, 예산 부족 등의 이유로 지속적인 유실이 발생하고 있음을 비판하고, 이에 대한 해결방안을 모색하기 위해 소집되었다.

이 회의에서는 110개국 500명 이상의 참가자들이 참석하여, '디지털 자원의 지속 가능성'의 문제에 대해 심층적으로 토론하고 해결책을 모색하였다. 특히 2가지 핵심 요소, 아날로그 자료의 디지털화와 관련된 문제, 지속성(continuity)과 접근성(access), 보존의 진위성(authentic), 신뢰성(reliable), 정확성(accurate) 등의 이슈에 대해 논의하였다. 유네스코는 이 회의를 통해 합의된 다음 7가지 원칙을 발표하고, 유엔사무국, 회원국, 문화유산 분야 전문기관, 민간부문 등 각 분야별 역할과 책임에 대해 권고하였다.

1. 세계인권선언 19조에 규정된 바와 같이, 모든 사람은 국경에 상관없이 모든 매체를 이용해 정보를 구하고, 전달할 권리를 가진다. 따라서 디지털 정보를 이용 시에도 이 권리를 행사한다. 기록 유산 및 기록시스템의 신뢰성과 무결성은 이 권리를 지속적으로 행사하기 위한 선결요건이다.

2. 아날로그 문서는 디지털화를 통해 물리적인 접촉을 줄임으로써 훼손을 예

---

28) UNESCO/UBC, 2012, The Memory of the World in the Digital Age : Digitization and Preservation(Vancouver Declaration).https://mowlac.files.wordpress.com/2012/05/unesco_vancouver_declaration_declaration-on-digitization-and-preservation-en.pdf

방할 수 있으며, 시청각 문서는 디지털화가 영구적 보존을 위한 유일한 방법이다.

3. 처음부터 디지털로 생산되고 있는 자료들도 생산 단계부터 접근성과 보존 문제 등이 적용되어야 한다.

4. 제도적 규제에 따른 근본적인 법적 원칙을 존중하고, 접근성과 개인정보 보호, 지식에 대한 권리와 경제적 권리 간의 균형을 잡아야 하며, 디지털 형태로 된 현지의 문화유산과 전통 지식에 대한 소유권과 권한을 존중하는 디지털 보존 모델을 수립하고자 할 때 반드시 디지털 환경에 대한 이해가 뒷받침되어야 한다.

5. 디지털 보존은 개발 우선과제가 되어야 하며, 보존된 디지털 기록의 신뢰성과 장기적인 접근성 및 이용성을 보장하기 위해 인프라에 대한 투자가 반드시 필요하다.

6. 정보 전문가들을 위한 교육훈련 프로그램을 개발 보급하여, 그들이 자국의 필요에 부합하는 디지털화 및 보존 사업을 구현할 수 있도록 하여야 한다.

7. 장기적인 접근성과 신뢰성 있는 보존을 위한 해결책과 합의, 정책들을 포괄한 로드맵을 조속히 마련해야 한다. 이 로드맵은 국가 및 국제적 우선과제와 일치해야 하며 인권이 온전히 고려되어야 한다.

아울러 이를 위해 각 분야에 촉구한 주요 사항은 다음과 같다

1. 디지털 환경에서 모든 형태의 기록 정보를 관리하고 보존하기 위한 응집력 있고 개념적이며 실용적인 디지털 전략의 수립
2. 관리 및 보존을 위한 디지털 보존 프레임워크 생성

3. 디지털 형식으로 된 문화유산의 보존 및 접근을 보장하기 위한 저작권 예외 및 제한에 대한 국제법적 틀의 적용

4. 디지털화 및 디지털 보존을 위한 학술 커리큘럼을 개발하고, 디지털 정보의 관리 및 보존을 위한 교육 프로그램을 구현하기 위해 국제 전문 협회 및 기타 국제기구 간의 긴밀한 협력 장려

5. 디지털 형식 레지스트리의 설립을 포함하여 디지털화 및 디지털 보존의 표준화에 대한 토론을 위한 이해관계자 포럼의 생성

6. 디지털 정부 기록에 대한 신뢰와 의존을 생성하고 유지해야 할 필요성을 해결하기 위한 개방형 정부 및 개방형 데이터를 위한 전략 수립

7. 디지털 형식으로 기록된 정보의 장기적 보존을 용이하게 하는 제품 개발을 위한 민간 부문과의 협력 강화

이처럼 유네스코의 벤쿠버 선언은 '디지털 문화유산 보존'에 대한 전략과 정책, 법적 제도 마련을 촉구하는 등 점점 늘어나는 전 세계 디지털 자원의 보존에 대한 실질적인 노력과 행동을 촉구하였다. 이와 더불어 인프라 구축에 대한 각국의 투자, 관계 전문가 및 민간의 긴밀한 협력, 이에 대한 교육 프로그램과 포럼 개발과 운영을 권고하였다. 이는 향후 유럽 문화유산 통합 플랫폼인 유로피아나(EUROPEANA)와 유로피아나 네트워크(Europeana Network)와 같은 주요한 성과를 이끌어낸 계기가 되었으며, 디지털 유산의 보존과 접근성에 대한 전 세계의 인식을 끌어올린 중대한 획기로 평가된다.

2000년대 유럽은 디지털 기술과 문화유산 관련 데이터가 점차 증가함에 따라 이에 대한 문제점을 인식하고 범 유럽 차원에서 이를 다 같이 보존하고, 대중에게 활용하기 위한 노력을 시작하였다. 이 시기는 문화유산 데이터에 대한 인프

라 구축 등 기본적인 환경 조성, 데이터 표준 지침의 마련과 제도적, 경제적 지원 등을 위한 공동의 합의와 각국의 협조를 이끌어낸 시기라 할 수 있겠다. 이후 유럽의 문화유산 정책은 문화유산에 다양한 최신의 기술을 적용하여, 관련 산업 및 연구 활성화, 일자리 창출 등 경제적 효과와 연계하려는 움직임을 보인다. 이러한 시도는 2015년 유럽연합에서 발표한 '디지털 단일시장 전략(Digital Single Market strategy, DSMS)'을 통해 더욱 가속화되는 양상을 띤다.

② 디지털과 문화유산의 경제 효과와 대중으로의 확대

2015년 유럽연합은 '디지털 단일시장 전략'을 통해 유럽의 디지털 연결을 강화하고 국경에 상관없이 다양한 서비스를 공동으로 누릴 수 있는 산업 전략을 제시하였다. '디지털 단일 시장 전략'은 디지털 상품 및 서비스에 대한 온라인 접근성 개선, 디지털 네트워크 환경 조성, 디지털 표준 및 상호 운용성 개발, 데이터의 적극적인 활용과 클라우드 컴퓨팅 등에 관한 사항을 포함한다.

이는 디지털 문화유산(Digital Cultural Heritage) 정책에도 큰 전환점을 불러왔다. 이 정책은 디지털 기술을 통해 문화유산을 보존하고 지속적으로 콘텐츠를 양산하여 많은 사람들이 쉽게 접근, 활용하는 것을 기본 목표로 한다. 이를 위해 공공과 민간의 협업을 장려하고 저작권법을 현대화하며 인프라와 플랫폼을 고도화하기 위한 다양한 노력을 기울인다. 호라이즌 2020 프로그램(Horizon 2020 Societal Challenge, R&I: ICT for digitisation, access, enhanced visitor experiences)은 이러한 노력의 일환으로, 첨단 디지털화 기술을 문화유산에 적용하고 많은 사람들이 접근할 수 있도록 증강현실·가상 박물관 등 여러 프로그램을 개발하였다.

영국에서도 이와 유사한 정책 동향이 확인된다. 영국은 2017년 '디지털 전략(UK Digital Strategy), '산업 전략(Industrial Strategy)', 'AI 산업 장려 정책(Growing the artificial intelligence industry in the UK)' 등을 발표하며 인공지능 등 첨단 기술의 활용을 통한 국가 발전 중장기 계획을 수립하였다. 이들은 영국의 디지털 경쟁력 강화와 이를 산업 전반에 활용하기 위한 미래 전략과 기본 방향을 제시하고 있다. 문화유산 분야도 이와 연계되는 정책이 수립되었다. 2018년 7월 디지털문화미디어스포츠부(DCMS, Department for Digital, Culture, Media & Sport, 국무 장관 Rt Hon. Matt Hancock)는 '문화는 디지털이다(Culture is Digital)' 라는 정책을 발표하였다. 이는 문화유산을 포함한 문화, 예술, 공연 등 문화 분야 전반에 디지털 기술 활용을 장려하는 정책이다.

이 정책은 유럽연합과 마찬가지로 문화와 디지털의 시너지 효과를 통한 글로벌 지위 향상과 대중의 문화 향유권을 증진하고, 기술과 문화 분야 파트너쉽을 통한 경제 효과 창출을 목표로 하고 있다. 세계적 수준의 예술과 문화, 문화유산을 보유한 영국은 이 정책을 통하여 문화융성과 경제 발전이란 두 마리 토끼를 잡을 수 있을 것으로 기대하고 있다. 실제 해당 정책은 가상현실, 증강현실, 3D 등 다양한 디지털 기술을 활용한 문화유산 프로젝트를 활성화시켰다.

이는 '디지털고고학' 분야에도 많은 변화를 불러왔다. 2015년 유럽고고학위원회는 '아메르스포르트 아젠더'를 통해 유럽 고고학 유산 관리에 대해, 새로운 디지털 기술을 사용하여 고고학 정보를 공유하고 연결함과 동시에 대중의 참여와 공동의 이익을 창출하기 위한 미래 과제를 제시하였다. 유럽고고학위원회는 이를 위해 상호 협력과 네트워크를 장려하고, 많은 대중이 사용할 수 있도록 디지털데이터베이스를 강화해야 한다는 원칙을 발표하였다. 이는 유럽 고고 정보 통합 사이트, '아리아드네(ARIADNE)'와 같이 범 유럽차원의 고고학 데이터 공유와 네트워크 구축을 촉진하는 배경이 되었다. 이후 디지털 기술의 발전과 더불어 고고학을 비롯한 문화유산 분야에 다양한 디지털 관련 프로젝트가 확산되는 결과를 불러왔다.

(2) 정책 실행 프로세스

① 유럽의 디지털 문화유산 정책의 전개 양상

유럽의 디지털고고학 관련 정책은 대부분 '디지털 문화유산' 정책 속에 포함되어 추진되고 있다. 실질적인 디지털 문화유산 정책의 시작은 앞서 살펴본 2005년 '디지털 도서관 i2010' 전략을 들 수 있다. '디지털 도서관 i2010' 정책은 유럽의 문화, 예술 관련 디지털 콘텐츠를 보존하고, 이를 통합하여 많은 사람들이 열람할 수 있도록 장려하는 전략이다. 2006년 유럽연합 위원회는 '문화재 디지털 보존에 대한 디지털화 및 온라인 접근성 권고'를 발표하고, 회원국의 디지털 문화유산 콘텐츠의 제작과 공유, 접근성을 높이는 것을 권고하였다.

2008년, 이러한 노력의 결실로 유럽 문화유산 콘텐츠 통합 플랫폼인 '유로피아나(EUROPEANA)'가 탄생했으며 이후 지속적인 업데이트와 다양한 서비스 개발로 현재까지 활발하게 이용되고 있다. 유로피아나 사이트에는 2021년 현재, 유럽 4,000여 개 박물관, 미술관, 도서관 등의 자료 약 5천 9백만 건에 대한 고고, 미술, 음악 등 문화 예술 분야의 이미지, 영상, 사운드, 텍스트 등을 서비스하고 있다. 유럽연합은 '유로피아나 전략(Europeana Strategy, 2015~2020)'과 '문화유산 디지털 접근성 및 시각화에 대한 유로피아나의 역할(On the role of Europeana for the digital access, visibility and use of European cultural heritage, 2016)' 등의 정책을 추가로 발표하며, 기하급수적으로 늘어나는 데이터의 통합과 관리, 플랫폼 구축 등 미래를 대비한 중장기 계획과 방향, 콘텐츠와 메타데이터 공유 등 회원국들의 협력을 촉구하였다. 유로피아나 전략은 데이터 품질 향상과 상업적 재사용의 활성화, 이를 통한 파트너들의 가치 창출 등을 우선 목표로 설정하고, 유로피아나가 수세기에 걸친 유럽의 문화를 연결하는 플랫폼이 되어야 함을 강조하였다. 이를 통해 유럽연합의 가장 큰 목표는 연구품질 향상과 관광객 수를 높이는 등의 경제 효과 창출이며, 그 밖에 교육, 콘텐츠, 창조 산업 활성화 등이 있다.

2011년에는 '디지털화 및 온라인 접근성 및 문화 자료의 디지털 보존에 관한 위원회 권고(The Commission Recommendation on digitisation and online accessibility and digital preservation of cultural material/ 2011 / 711 / EU)'를 통해, 유적지 등 고고학 자료를 비롯한, 박물관의 유물, 미술작품, 고서와 같은 역사적 자료 등에 대한 디지털화와 이를 위한 자금 조달, 저작권 보호 등에 대한 내용을 발표하였다. 이는 디지털 문화유산 정책의 새로운 도약을 제안하여 유럽 회원국들의 큰 호응을 얻었고, 관련 정책 실행의 전환점이 되었다.[29] 해당 정책의 부록에는 회원국별 유로피아나 기여를 위한 콘텐츠 목표 지수를 명기하는 등 유럽 문화유산 통합 아카이브 구축에 대한 구체적인 계획을 회원국들에게 독려하고 있다.

2014년 유럽연합은 '유럽 문화유산에 대한 통합적 접근을 향하여(Towards an integrated approach to cultural heritage for Europe[30])' 정책을 발표하고, 문화유산 분야에 대한 다양한 전략과 이를 위한 경제적 지원, 회원국들 간의 협력을 촉구하였다. 이 발표에 따르면 유럽을 방문하는 여행자의 27%가 문화유산 방문이 목적인 것으로 조사되었고, 2013년 EU 시민의 52%는 유적지에, 37%는 박물관이나 미술관에 방문한 것으로 확인되었다. 문화유산과 직간접적으로 연관된 관광업은 EU GDP의 5천 6백 억원(4,150억)을 기여하는 것으로 추산되고, 340만 관광업계

---

29) 송병준, 2020, 「유럽연합(EU)의 디지털 문화유산 정책: 정책의 내용과 함의」『한국이탈리아어문학회』61권 61호.

30) European Commission, 2014, COMMUNICATION FROM THE COMMISSION TO THE EUROPEAN PARLIAMENT, THE COUNCIL, THE EUROPEAN ECONOMIC AND SOCIAL COMMITTEE AND THE COMMITTEE OF THE REGIONS-Towards an integrated approach to cultural heritage for Europe. [https://ec.europa.eu/assets/eac/culture/library/publications/2014-heritage-communication_en.pdf]

의 1,520만 개의 일자리와 연계되어 있다고 분석하였다. 이처럼 유럽의 문화유산은 다른 여느 나라들에 비해 경제적 파급효과를 가지고 있으며, 유럽연합은 디지털 기술이 문화유산의 가치를 더욱 높일 수 있을 것이라 평가하였다.

해당 정책을 통해 유럽연합은 앞으로 문화의 다양성과 본질, 사회적 가치 향상, 창의성과 경제 성장을 위한 촉매제로써 문화유산 활용이 더욱 활성화되어야 한다는 점을 강조하였다. 유럽연합은 문화유산 보존, 복원, 가치 평가 강화를 위해 문화유산 부문을 현대화하고, 연구와 혁신, 지식 공유를 활성화하며, 디지털 기술을 활용하여 젊은 세대와 대중의 참여를 유도할 것과 이러한 기술에 대한 문화유산 분야 전문가의 훈련을 촉구하였다.

이후 유럽연합 위원회는 2018년을 '유럽 문화유산의 해'로 선정하고, '문화를 위한 유럽의 새로운 아젠다(A New European Agenda for Culture)[31]'라는 의제를 채택하였다. 아젠다에는 예술과 문화 활동에 대한 참여를 촉진하기 위해 관련 기술 강화, 일자리 창출, 국제 관계 강화 등을 주요 과제로 채택하고, 세부 실행계획(Action plan)을 제시하였다. 세부 실행계획은 참여, 지속 가능성, 보호, 혁신이라는 4가지 핵심 목표를 토대로 다음 표와 같은 10가지 중점 실행 과제를 포함하였다. 그 중 디지털고고학과 관련한 몇 가지 과제가 포함되어 있는데, 문화유산 품질 표준 개발과 문화유산을 위한 연구, 혁신, 과학, 기술의 활용 그리고 이와 관련한 기술과 새로운 전문직을 위한 교육과 훈련 등이 있다.

---

31) European Commission, 2018, A New European Agenda for Culture.
　　[https://www.interregeurope.eu/policylearning/news/3392/the-new-european-agenda-for-culture/]

표 2. '문화를 위한 유럽의 새로운 아젠다' 중점 실행 계획

참여	지속 가능성
• 공유 유산 : 문화유산은 우리 모두의 것 • 학교에서의 유산 : 유럽에서 가장 소중한 보물과 전통을 발견하는 아이들 • 유산을 위한 청소년 : 유산에 새로운 생명을 불어넣는 청소년	• 이행기의 유산 : 산업, 종교, 군사 유적지와 경관 재조명 • 관광 및 유산 : 문화유산을 둘러싼 책임 있고 지속 가능한 관광

보호	혁신
• **유산의 소중함 : 문화유산에 대한 품질 표준 개발** • 위기에 처한 유산 : 문화유산의 불법거래 방지 등 위험 관리	• **유산 관련 기술 : 전통과 새로운 전문직을 위한 더 나은 교육과 훈련** • 유산을 위한 모든 것 : 사회 혁신과 지역 사회 참여 촉진 • **문화유산을 위한 과학 : 유산을 위한 연구, 혁신, 과학, 기술**

2019년 디지털의 날(Digital Day)에는 유럽연합 27개국이 문화유산 디지털화 촉진을 위한 선언문에 서명하며 다자간 협력을 도모하였다. 선언문의 목표는 크게 다음 세 가지로 정리할 수 있다.

첫째, 문화유산 유물, 기념물 및 유적지의 3D 디지털화를 위한 범 유럽 이니셔티브

둘째, 디지털화된 문화 자원의 재사용을 통해 시민들의 참여 확대, 문화유산 및 다른 분야에서 적극적인 활용

셋째, 디지털 문화유산 부문 및 국가 간 협력 및 역량 강화

이 선언문은 2018년 '유럽 문화유산의 해'를 기념하며 작성되었는데, 최첨단 디지털 기술이 유럽의 풍부한 문화유산을 보존하고 직면한 위험을 완화하는 데 도움이 될 것으로 보고, 기념물 및 유적지의 디지털화와 이에 대한 다른 분야에서의 재사용 활성화, 시민들의 참여 등을 강조하고 국가 간 협력을 장려하였다.

이처럼 유럽의 디지털 문화유산 정책은 2000년대 데이터 통합 기반 구축 이후, 2010년대 이에 대한 다양한 연구, 활용, 교육과 훈련 등이 장려되어 다수의 프로젝트가 실행되는 등 점점 구체화·고도화되는 전개 양상을 보이고 있다. 이는 유럽이 오래 전부터 지향해 왔던 문화유산을 통한 범 유럽 통합과 연결이라는 명확한 정책 방향을 설정하고, 이를 이행하기 위한 여러 정책의 시행과 유럽 각국의 협력에 기인한 것으로 생각된다. 특히 유럽연합은 디지털 기술이 이를 실현하기 위한 가장 이상적인 도구로 판단하고, 문화유산에 이를 적극 적용하는 정책을 펼침과 동시에 인프라 구축, 경제적 지원, 제도적 보완을 함께 추진하였는데, 이러한 노력이 함께 어우러져 오늘날의 결과로 이어진 것으로 분석된다. 디지털고고학(문화유산) 관련한 유럽의 정책 실행 프로세스를 간단히 정리해 보면 다음 <표 3>과 같다.

표 3. 유럽 디지털고고학 관련 정책 실행프로세스

디지털 기술을 활용한 유럽 문화유산 통합 정책 추진

발레타 협약(1992), 유럽 디지털 이니셔티브(룬드 원칙, 2000년)

디지털 데이터 표준 및 통합 기반 마련

미네르바 프로젝트(2002), 디지털 도서관 i2020(2005), 런던헌장(2009)

디지털고고학 연구 활성화

에포크 프로젝트(2004~2008), 호라이즌 2020프로그램(2014~2020)

대중 참여 확대와 경제효과 창출

디지털 단일시장 전략(2015), 문화는 디지털이다(2017)

② 영국의 디지털 문화유산 정책 분석

2009년 문화유산의 컴퓨터 기반 시각화를 위한 '런던 헌장'이 발표되었고, 2016년 영국 브라이튼에서는 '디지털고고학의 현주소와 새로운 가능성'에 대해 제17회 유럽 고고학 위원회(EAC) 심포지엄이 개최되었다. 심포지엄은 '측정과 감지', '데이터를 지식으로', '과거의 시각화' 등 3개의 세션으로, 고고학 지형의 맵핑과 분석을 위한 고해상도 원격 감지 기술, 증강현실과 4D 몰입형 체험, 인터랙티브 기술 등 다양한 기술의 필요성과 효용성에 대해 논의하였다.

이와 같은 문화유산 분야에 대한 디지털 기술의 활용과 가능성에 대한 중요성은 학계 뿐 아니라 영국 정부의 국가적 정책으로 확장되었다. 2018년 영국의 문화체육관광부인 디지털문화미디어스포츠부(DCMS)에서는 '문화는 디지털이다(Culture is Digital)[32]' 라는 정책을 발표하였다. 이는 고고 유적과 유물 등 문화유산을 포함한 문화, 예술 전반에 대해 디지털 기술을 장려하고 이와 관련한 세부 실행지침을 담은 정책이다. 해당 정책은 문화와 디지털의 시너지 효과를 통한 영국의 글로벌 지위 향상과 대중의 접근성, 문화 향유권을 증진함과 동시에 기술과 문화 분야 파트너쉽을 통한 일자리 창출과 경제 성장을 목표로 한다. 세계적 수준의 예술과 문화, 문화유산 콘텐츠를 보유한 영국은 해당 정책을 통해 대중에게 더욱 새로운 경험과 가치를 선보일 수 있을 것으로 기대하였다.

'문화는 디지털이다' 정책의 주요 방향과 목표는 다음 세 가지로 정리할 수 있다.

첫 번째, 영국 문화의 세계화이다. 영국은 영국 박물관, 내셔널 갤러리, 테이트 모던 등 세계에서 방문자수가 가장 많은 박물관을 다수 보유하고 있으며, 이에

---

32) Department for Digital, Culture, Media & Sport, 2018, Culture is Digital.
   [https://www.gov.uk/government/publications/culture-is-digital]

대한 디지털화를 통해 문화 콘텐츠의 세계화를 지향한다는 것이다. 두 번째 정책 목표는 디지털 기술과 창의력의 결합을 통한 경제효과 창출이다. 영국의 창조 산업은 2010년에서 2016년 사이 다른 부문에 비해 45% 이상 급성장하였으며, 그중 문화 산업 분야가 전체 GVA(Gross Value Added)의 1/3(269억 파운드)에 해당하는 등 매우 높은 비중을 차지하고 있다. 이 중 문화유산 분야 생산량은 GVA기준, 총 12,717백만 파운드(약 20조)로 자동차 산업, 해양 산업 다음으로 높은 것으로 나타났다. 이에 영국 정부는 해당 정책을 통하여 디지털 기술을 적극적으로 활용하고, 이를 창조 산업과 문화 산업에 결합하여 경제 성장의 시너지 효과를 도출하겠다는 방향을 설정하였다.

Source: Cebr 2018

그림 1. 영국 문화유산분야 GVA(총부가가치) 현황   (단위 : 파운드)

세 번째 정책 방향은 영국 전역의 일자리 창출이다. 영국은 잉글랜드, 스코틀랜드, 북아일랜드, 웨일즈로 나뉘어 독립적인 행정을 펼치고 있으나, 디지털 기술은 이와 같은 경계를 넘어 자유롭게 활용될 수 있음을 강조하였다. 해당 정책을 통해 개인과 기업의 디지털 기술과 역량 강화를 적극 장려하며, 개인이나 기관이 영국 전역을 자유롭게 넘나들며 협업할 수 있는 업무 환경을 조성하고 있다. 영국정부는 이 정책을 통해 문화유산 분야와 기술 분야의 동반 성장과 일자리 창출 효과를 가져 올 것으로 기대하고 있다.

영국의 디지털 문화유산 관련 정책은 유럽의 정책과 비교해 보았을 때, 문화유산을 통한 가치 창출과 경제적 성장, 일자리 창출을 목표로 한다는 점에서 서로 유사하다 볼 수 있다. 또한 이를 위해 디지털 기술을 적극 활용하고, 이에 대한 역량 강화를 위한 교육과 전문가 양성, 기술 개발 등을 장려하고 있는 점도 서로 닮았다 분석할 수 있다. 영국과 유럽의 정책은 모두 디지털 기술과 문화유산의 결합을 통한 경제적, 사회적, 문화적 시너지 효과를 기대하고 있다고 분석된다.

가. 영국 디지털 문화 정책의 12가지 실행방안

'문화는 디지털이다' 정책은 문화유산을 비롯한 문화, 예술 분야 전반에 대한 것으로, 크게 세 가지 정책 과제를 설정하고 각각의 실행방안 총 12가지를 제시하고 있다.

주요 정책 과제는 디지털 기술을 이용한 대중 참여 확대, 문화 분야 디지털 기술력 증진과 문화유산 콘텐츠 개발 장려, 첨단 기술을 활용한 문화예술 산업 촉진 및 관련 인프라 구축 등이 있다.

먼저 '디지털 기술을 이용한 대중 참여 확대'와 관련하여, 영국은 디지털 기술을 사용하여 가급적 많은 사람이 문화를 접할 수 있도록 하고, 소수민족·장애인·인종 등 차별 없이 모두에게 공평하고 다양한 편의를 제공하고자 하였다. 이를 위한 4가지 실행 방안은 다음과 같다.

1. 영국 문화 예술위원회(Arts Council England)와 유산 복권 기금(Finance Lottery Fund)은 디지털 문화 콘텐츠 데이터를 수집, 잠재 고객을 분석한다.
2. 더 스페이스(The Space and Audience Agency)는 예술 및 문화 단체, Nesta, BBC 및 기타 콘텐츠 게시자 및 파트너와 협력하여, 다양한 디지털 플랫폼에서 잠재 고객 참여를 계획하고, 이에 대한 프레임 워크 및 모범 사례 지침을 개발한다.
3. 영국 예술위원회는 문화 참여를 확대하고 지역 사회가 자신의 견해 및 창의적인 콘텐츠를 디지털 방식으로 공유 할 수 있도록 한다. '창의적인 사람과 장소(Creative People & Places)' 프로그램을 통해 관련 프로젝트를 추진하고 널리 공유한다.
4. 기금 수혜 기관들에는 디지털 방식으로 많은 사람이 참여할 수 있도록 하며, 이에 대한 성장 전략을 수립하도록 한다.

두 번째 정책 과제로 문화 분야 전반의 디지털 기술력 증진과 문화유산 콘텐츠 개발을 장려하고 있다. 기술 혁신과 더불어 지적 재산권에 대한 지침과 가이드라인을 마련하고, 이에 대한 이해를 대중에게 확산하기 위해 5가지 실행 방안을 제시하였다.

그림 2. '문화는 디지털이다' 정책 보고서(Culture is Digital Executive Summary) ㅣ 출처 GOV.UK

1. 문화유산 복권 기금 및 잉글랜드 예술위원회(Arts Council England)는 조직의 디지털 기능을 평가하고, 벤치마킹 할 수 있도록 **디지털 부문 성숙도 지수** (Digital Maturity Index)를 만들고 지속적으로 평가하며 개선을 위한 계획을 수립한다.

2. 문화유산 복권 기금 및 파트너와 협력하는 잉글랜드 예술위원회(Arts Council England)는 디지털 문화 강령을 창안한다.

3. 영국 문화 예술위원회(Arts Council England)는 디지털 문화 네트워크를 구축하고 2년 동안 1.1 백만 파운드를 투자한다. 분야별 디지털 기술과 역량을 높이기 위해 영국 각 지역에 대한 **전문 지식 네트워크와 모범 사례**를 공유한다.

4. 디지털 부분의 고품질 프로젝트 유치를 위한 2019~2020년 1,000만 파운 드 캠페인 기금 지원, **디지털 기술 관련 숙련된 기술자 양성 등에 복권 기금을 지원**한다.

5. 지적 재산권 사무소(The Intellectual Property Office)는 영국 국립 도서관의 비 즈니스 및 지적 재산 센터를 비롯한 문화 분야의 대표와 협력하여, 관련 지 침 및 교육을 개발한다. 더 스페이스(The Space)는 문화 단체 등과 함께 협 력하여 지적 재산권 사무소에서 개발하는 문화 디지털 권리 강령(Cultural Digital Rights Code of Practice) 가이드를 마련한다.

마지막으로, 영국 정부는 문화 예술 분야를 미래 전략 핵심 산업으로 선정하 고, 첨단 기술을 활용한 문화 예술 산업이 미래 경제에 크게 기여할 수 있다고 판 단하고, 이를 위한 인프라 구축 등 구체적인 실행 방안 3가지를 제시하였다. 영국 은 377,000개의 건조물 문화재, 약 20,000개의 기념물, 31개의 세계문화유산 등 잠재적 자원을 다수 보유하고 있다. 문화유산은 영국 관광 산업의 핵심 원동력이 라 할 수 있으며, 문화 예술 분야 해외 수출 규모는 약 180억 파운드로 영국 경제 의 큰 비중을 차지한다 할 수 있다.

1. 국립 문서 보관소는 문화유산 대표자들과 협력하여 **문화재의 디지털화 및 표현에 대한 새로운 전략적 접근법을 개발**한다. 예를 들어 영국 문화 자산을 더욱 쉽게 찾을 수 있고, 지속 가능토록 하는 공통 기준을 마련한다.

2. 내셔널 갤러리와 로얄 오페라 하우스는 새로운 기술과 문화 콘텐츠를 실 험적으로 도입하여, 새로운 기회를 창출한다. 네스타(Nesta)와 같은 데이터 파트너와 협력하는 내셔널 갤러리(The National Gallery)는 혁신 연구소를 만

들어, 문화 기관, 특히 **박물관이 첨단 디지털 기술을 최대한 활용**하여 방문자 경험을 향상시키고 콘텐츠를 개발할 수 있도록 한다. 로열 오페라 하우스(Royal Opera House)는 다양한 재능을 가지고 작업 할 수 있는 잠재 고객 실험실을 만들고, 새로운 기술을 사용하여 혁신적인 콘텐츠를 만들도록 한다.

3. 왕립 셰익스피어 극장(Royal Shakespeare Company)과 BBC, 예술 인문 연구 협의회는 선정된 연구 개발(Research & Development) 사안과 기술 자산을 공유하고, 영국 전역의 모든 문화 파트너에게 관련 역량 구축 및 혁신을 지원한다.

이 중 디지털고고학 혹은 문화유산과 관련된 정책 과제는 문화재 디지털화 및 공통 기준의 개발, 박물관 등에서 첨단 기술을 활용한 새로운 접근 방식과 콘텐츠를 개발하여 대중의 접근성과 참여를 확대 시키는 것, 새로운 기술에 대한 전문지식 네트워크와 모범 사례를 공유하고, 디지털 성숙도 등 평가의 지표를 마련하는 것을 들 수 있다. 요약하면 해당 정책은 다양한 인프라 구축을 통해 문화 전반에 대한 대중의 참여를 확대하고, 디지털 문화 분야를 미래 핵심 과제로 선정, 디지털 기술력의 증진과 콘텐츠 개발을 장려하는 것을 핵심 과제로 한다.

(3) 정책 실현 프로젝트

영국과 유럽은 앞서 살펴본 다양한 디지털 문화유산 정책들과 함께 이를 실행하기 위한 여러 프로젝트를 추진하였으며, 영국의 문화예술 R&D 펀드 혹은 유럽연합의 호라이즌 2020 프로그램(Horizon 2020, R&I: ICT for digitisation, access, enhanced visitor experiences)과 유럽 연결 펀드(Connecting Europe Facility, CEF), 기타

그림 3. 배넉번 전투 시뮬레이션 현황 ㅣ 출처 https://www.nts.org.uk/stories/banish-boredom-at-bannockburn

유럽 구조 및 투자 펀드 등 막대한 예산을 편성, 지원하였다[33]. 이번 장에서는 디지털고고학과 관련된 주요 프로젝트와 그것이 실제 영국과 유럽의 문화유산 분야에 어떤 효과와 의의를 남겼는지 살펴보고자 한다.

영국 정부의 '문화는 디지털이다' 정책을 통해 중점적으로 추진한 사항은 기본적으로 디지털 통합 인프라 구축과 몰입형 실감기술, 스마트 렌즈와 같은 디지털 기술 혁신과 개발, 이를 위한 문화와 산업 분야의 협업과 파트너쉽 강화이다. 먼저 디지털 통합 인프라 구축을 위해 영국은 유적 및 유물 데이터 서비스인

---

33) 유럽연합은 여러 가지 프로그램과 펀딩을 통해 첨단 디지털화 기술 및 혁신적인 문화 프로젝트를 위해 약2억6천5백만 유로(약 3,504억 원, 2020년 기준)를 투자하였다.

'헤리티지게이트웨이(HeritageGateway)'와 영국 3,000여 개 박물관과 미술관의 200,000여 점에 달하는 미술 문화재를 모아놓은 '아트유케이(ArtUK)'와 같은 아카이브 플랫폼을 개발하였다. 이를 통해 고고 자료들과 박물관 및 도서관의 기존 컬렉션을 통합하여 관련 연구자와 대중이 관련 자료를 쉽게 찾고, 즐길 수 있는 기회를 제공하고자 하였다.

영국은 기존 디지털 기술에서 한층 업그레이드 된 몰입형 체험이나 3D 터치 기술 등 새로운 디지털 기술의 혁신을 장려하였다. 글라스고의 배낙번 전투 방문자 센터(Battle of Bannockburn visitor Centre)에서는 입체 디오라마 3D 맵핑과 전시 공간 속에서 전투 시뮬레이션을 관람하고 전투 전략 게임에 참여할 수 있는 몰입형 인터랙티브 체험 전시를 개발하였다.[34] 2017년, 런던 내셔널 갤러리에서는 여러 나라와 미술관에 흩어져 있는 반 고흐의 '해바라기' 작품 5점을 페이스북 라이브를 통해 가상 전시를 개최하였다. 이는 고화질 사진 등 기존의 자료를 가상현실이라는 기술을 활용하여 한 곳에 모아둔 것에 불과하지만, 이를 관람하기 위해 1,300만 명이 해당 사이트를 방문하는 큰 성과를 거두었다.

한편 영국 정부는 이러한 프로젝트의 지원을 위해 문화예술 R&D((Digital R&D Fund for the Arts)를 운영하고 있는데, 전체 예산 규모는 3천9백만 파운드(570억원)이며 그 중 문화유산 분야는 2019년 기준 1백만 파운드(15억원) 복권기금, 5천 파운드(7.5억원) 정부 보조금이 투입되었다. 이를 통해 초몰입형 가상현실인 크리에이티브 엑스알(CreativeXR, Digital Catapult, Arts Council England) 프로그램 등 새로운 기술을 개발하였다. 그 밖에 브리스톨 박물관(Bristol Museums)의 아이비콘(iBeacon), 스코틀랜드 미술관(National Galleries Scotland)의 아트 헌터(Art Hunter) 등

---

34) https://www.nts.org.uk/stories/banish-boredom-at-bannockburn, https://youtu.be/tt-1bNnJ-u4

박물관 전시 안내 애플리케이션이 개발되었다.

영국 문화청(Historic England)[35]은 전체 예산 5천6백4십만 파운드(약858억) 중 약 13%인 7백3십만 파운드(약111억)를 디지털 사업 분야에 투자하고 있다 (2019~2020년 기준). 이와 관련하여 영국 문화청이 중점적으로 추진하는 과제와 이에 대한 예산은 '새로운 혁신 기술 개발 및 공유(£2백1십만)', '문화유산 디지털 기술 확대를 통한 문화 향유권 증대(£3백7십만)', '모두가 즐기고 이해하기 쉬운 콘텐츠, 이벤트 등 개발(£1백5십만)' 등이 있다. 영국 문화청은 아카이브, 조사연구, 디지털 교육 콘텐츠, 문화유산 시각화 사업 등 다양한 디지털 사업을 꾸준히 추진 중에 있으며, 최근에는 빅데이터 분석 등 최신 기술을 적용한 새로운 문화유산 네트워크 연구, 데이터 통일 및 통합 인프라 구축 등을 시행 중이다.

영국 문화청의 주요 디지털 사업 역시, 앞서 살펴본 '문화는 디지털이다' 정책과 같이, 디지털 기술을 문화유산에 활용하여 보다 많은 대중의 참여를 유도하고, 새로운 기술을 개발하는 것을 중점 목표로 두고 있음을 알 수 있다. 아울러 영국 정부는 문화 예술과 산업 분야의 협업과 파트너십을 장려하고 있는데, 두 분야의 협업을 통한 콘텐츠 제작으로 기술 혁신과 더불어 문화 분야의 잠재된 능력을 개발하고, 두 분야의 공생을 위한 환경을 조성, 일자리 개발과 보급을 위해 노력하고 있다.

유럽 또한 앞서 살펴본 여러 정책들과 함께 이를 실행하는 다양한 프로젝트를 추진하고 있는데, 이는 영국을 포함한 전 유럽 국가를 대상으로 한 대규모 사업이라는 데 큰 의의가 있다. 2001년 유럽 디지털 이니셔티브 룬드 원칙에 따

---

35) Historic England의 공식명칭은 Historic Buildings and Monuments Commission이며, 1984년 설립되어 English Heritage라는 이름으로 운영되다, 2015년 4월 English Heritage Trust가 National Heritage Collection 소속이 되면서, 명칭을 Historic English로 변경하였다.

표 4. 영국 문화유산청 사업현황 | 출처 Historic England

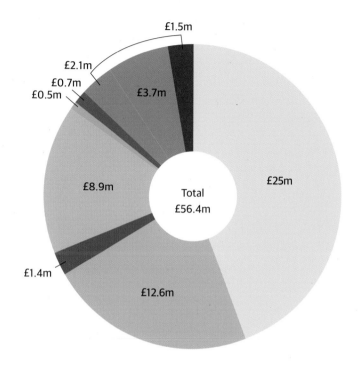

라, 2002년 유럽 회원국의 디지털 통합 네트워크와 표준에 대한 '미네르바 프로젝트(MINERVA project)'가 추진되었다. MINVERVA는 the Ministerial Network for Valorising Activities in Digitisation의 약자로 '디지털화의 가치 있는 활동을 위한 네트워크', 즉 유럽 문화 분야의 디지털화를 의미한다. 유럽위원회는 미네르바 프로젝트의 일환으로, 약 140만 유로(약 19억원)의 재원을 투자하여, 각국 디지털화 정책과 다양한 사례를 검토하여, 문화 콘텐츠 디지털화, 공통 플랫폼, 메타데이터, 장기 접근성 및 보존에 대한 권장사항 및 지침, 디지털 표준과 모범 사례 가이드라인을 개발하였다. 2003년 발표된 모범 사례 가이드(Good Practice

Handbook[36])는 미네르바 프로젝트의 대표 성과물로, 105페이지에 달하는 문화 콘텐츠 관련 디지털화 및 표준 지침과 각국의 대표 사례를 소개하고 있다. 이 가이드북에는 유럽의 박물관, 도서관, 아카이브의 디지털 이미지, 오디오, 비디오, 3D, 가상현실, 메타데이터 등에 대한 표준 지침을 제시하고 있으며, 디지털화 프로젝트의 계획부터 준비, 프로세스, 보존, 출판, 저작권, 분류 등 각 절차별 상세한 방법과 파일 포맷, 하드웨어 및 소프트웨어 등에 대해 건별로 상세히 안내하고 있다.

범 유럽 문화유산 온라인 접근성 제고를 위한 플랫폼 구축을 위하여 유럽연합은 '디지털 도서관 i2010(2005)', '유로피아나 전략(Europeana Strategy, 2015~2020)', '문화유산 디지털 접근성 및 시각화에 대한 유로피아나의 역할(2016)' 등의 정책을 펼쳤는데, 그 대표적인 성과물로 유로피아나(EUROPEANA) 사이트를 들 수 있다. 유로피아나(2008~현재)는 영국, 프랑스, 독일, 스웨덴 등 유럽 33개국 2,200개 이상의 박물관 등의 유물, 미술, 서적, 영상, 사운드 약 5천 9백만(2021년 11월 현재)의 콘텐츠가 서비스되고 있다. 이와 더불어 유럽연합의 지원을 받은 유로피아나 그룹의 디지털 플랫폼 프로젝트들이 있다. 3D ICONS(고고학 기념물 및 건물 3D 디지털 콘텐츠), ATHENA 프로그램(박물관 콘텐츠를 집계하고 박물관 디지털화 및 메타데이터 표준 제공), CARARE(디지털고고학 및 건축 유산 디지털 아카이브) 등이 그것이다.

유럽의 고고자료 통합데이터 아카이브로는 아리아드네(ARIADNE[37], Advanced Research Infrastructure for Archaeological Dataset Networking in Europe)사이트가 있다. 이 사이트를 통해서 유럽 전역의 파트너 기관에서 제공하는 2백만 개 이상의 고

---

36) Minerva Working group 6, 2003.11, Good Practice Handbook.
37) 아리아드네(ARIADNE) http://portal.ariadne-infrastructure.eu

고학 자원을 검색할 수 있다. 아리아드네 사이트에서는 유럽의 유적, 유물 등 고고 자료에 대한 기본 정보와 함께, 지도, 연대표 및 기본 정보와 함께 관련 자료와 기관에 대한 링크를 서비스하고 있다. 이와 더불어 3D 모델링 등 비주얼 미디어 서비스, GIS 경관 검색 서비스, 유럽 전역 연륜연대 데이터 라이브러리 등 기타 온라인 서비스를 함께 구축하고 있다. 이와 같이 유럽연합은 2000년대 초반부터 유로피아나 등 다양한 문화유산 관련 플랫폼 개발 정책을 시행하여 현재와 같은 결실을 맺고 있다. 이를 위해 데이터 표준과 아카이빙 지침을 만들고 회원국들에게 콘텐츠와 데이터 공유를 촉구하였다. 그 결과 각 국에 흩어진 문화유산 관련 콘텐츠를 통합하는 한편 유실되기 쉬운 데이터를 영구적으로 보존·관리하고, 이를 전 세계 많은 사람들이 볼 수 있는 기회를 제공하였다. 이는 유럽의 많은 고고학 연구자와 연구기관, 박물관 등에서 소장하고 있는 자료를 보관하고 또 검색할 수 있는 편의를 제공함으로써 관련 조사 및 연구 활성화에도 크게 이바지하였다.

유럽연합이 추진한 또 다른 대표 프로젝트의 하나로, 에포크(EPOCH) 프로젝트(2004~2008년)가 있다. 이는 Excellence in Processing Open Cultural Heritage의 약자로 문화유산 연구와 활용에 필요한 여러 디지털 기술과 응용 프로그램 개발을 지원한 프로젝트이다. 이는 약 788만 유로(약 107억)가 투입된 대대적인 프로젝트로, 기념물 및 유적지 등 고고학적 연구와 현장 기록·분석, 박물관 콘텐츠의 활용과 온라인 서비스, 관련 교육과 훈련 등을 대상으로 하였다. 이 프로젝트는 유럽 100여 개의 박물관과 대학교, 연구기관 등이 참여하여, 크게 5가지 부문 즉 현장 기록 및 데이터 캡처, 데이터 구성과 출처 및 표준, 복원 및 시각화, 문화유산 교육 및 커뮤니케이션, 문화유산 프로젝트의 지속가능성 등을 중점적으로 연구하였다. 이를 통해 개발된 대표적인 결과물은 문화유산 디지털 처리 파이프라인인 뉴튼(NEWTON, New Tools Needed)과 돔 형식 유물 3D 스캔 장비 미니돔(Mini-dome), 도시 유적 모델링 프로그램 시티엔진(CityEngine) 등이 있다[38].

2014~2020년에는 호라이즌(Horizon 2020 Social Challenges 6) 프로그램을 통해 약 7천만 유로(955억)를 투입하여 다양한 문화유산 관련 기술을 개발하였는데, 디지털 자산 큐레이션 및 고품질 디지털화(2018), 유럽 문화유산에 대한 풍부한 해석을 위한 접근 및 분석(2017), 디지털 문화 자산, 가상 박물관 등의 고급 3D 모델링을 위한 비용 효율적인 기술 개발(2014~2016) 등이 있다. 호라이즌 2020 프로그램을 통해 추진된 프로젝트로는 유럽 문화유산 3D 스캔 및 모델링 아카이브 인셉션(INCEPTION[39]), 2000년 유럽 역사를 맵핑한 타임머신(Time Machine[40]), 문화재 가상·증강현실 박물관 빔(ViMM[41]), 유럽 수중 문화재 몰입형 기술 개발 아이 마레컬쳐(i-MareCulture), 유물 3D 복원 그래버테이트(GRAVITATE), 공예품 제작 및 기술 보존과 전수(모션캡처, AR, MR 활용)를 위한 민제이(Mingei[42]), 다중 스캔을 통한 문화재 진단 및 보존, 3D 복원을 위한 스캔포레코 프로젝트(Scan4Reco Project[43]), 문화 소외계층을 위한 수화 아바타 등 콘텐츠와 기술 개발 프로젝트 아치(ARCHES) 등이 있다. 그 밖에 촉각 3D 기술인 고스트 프로젝트(GHOST Project[44])가 있는데, 이는 탄성이 있는 디스플레이를 통해 대상물을 직접 손으로 만지고 변형시켜 입체감 있게 관찰할 수 있는 기술이다. 그밖에 창조 유럽(Creative Europe) 프로그램의 일환으로, 초기 중세 유럽 고화질 3D 컬렉션 애플리케이션인 세멕

---

38) 박민서, 최연화, 임순범, 2009년, 앞의 논문.

39) 인셉션(INCEPTION) https://www.inception-project.eu/en

40) 타임머신(Time Machine) https://www.timemachine.eu/

41) 빔(ViMM) https://www.vi-mm.eu/

42) 민제이(Mingei) http://www.mingei-project.eu/

43) 스캔포레코 프로젝트(Scan4Reco Project) https://scan4reco.iti.gr/

44) Ghost Project https://www.youtube.com/watch?v=oBdqkkZLymQ

(CEMEC) 프로젝트[45]와 장인들의 공예품 작업 방법을 공유하고 보여주는 개방형 플랫폼 EU디지텍(EUdigiTAC) 등이 개발되었다.

이처럼 유럽연합은 정책과 함께 다양한 예산 지원 프로그램을 운영하여 해당 정책의 실현을 위한 세부 실행 프로젝트를 함께 추진하고 있다. 이를 위해 유럽 전역의 회원국들과 관련 기관, 전문가들이 참여하여 필요한 연구와 합의를 거쳐 결과물을 도출하고 있다. 유럽연합은 다양한 기술 개발을 위해 문화유산 분야와 기술 분야의 협업을 장려하고 재정 지원 등 여건을 마련하고 있다. 유럽연합은 2000년대부터 약 20년간 디지털고고학과 문화유산에 대한 꾸준한 정책과 관련 프로젝트를 추진하여 분산된 데이터를 모으고, 효과적으로 문화재를 기록 보존하며, 조사와 연구에 활용할 수 있는 기회를 제공하였다. 이는 더욱 많은 사람들이 문화유산을 쉽고 재미있게 이해할 수 있도록 하였으며, 이를 통해 경제적 부가가치를 함께 창출하였다는 의의가 있다.

2019년 4월 15일 파리의 노트르담 대성당에서 발생한 화재는 문화유산 디지털 보존에 대한 중요성을 다시한번 일깨워 주었다. 2020년 이후, 코로나 19로 대다수의 박물관과 미술관 등이 예전과 같이 개관하지 못하자 유럽연합이 이처럼 수년간 공을 쌓았던 디지털 문화유산 정책이 빛을 발하였다. 그동안 많은 시간과 예산을 투자하여 제작한 유로피아나 플랫폼 등 문화유산 관련 콘텐츠들이 코로나 19로 인한 비대면 상황 속에 더 값진 평가를 받았다.

---

45) 세멕(CEMEC) 프로젝트 https://www.cemec-eu.net/

2) 디지털고고학 관련 제도

(1) 유럽의 관련 제도

유럽은 점점 많아지는 문화유산 데이터의 관리와 콘텐츠의 공유 등에 대한 여러 가지 규정과 지침을 지속적으로 제정, 정비해 오고 있다. 그 중에서도 발레타 협약(European Convention on the Protection of the Archaeological Heritage)은 이러한 변화의 계기가 된 조약이라 할 수 있다.

발레타 협약(몰타 조약)은 1992년 유럽 평의회(Council of Europe)에 의해 발표되었으며, '유럽 집단 기억의 원천이자 역사 및 과학적 연구를 위한 도구(A source of European collective memory and as an instrument for historical and scientific study, ETS 143[46])'로서 유럽 고고 유산을 보호하는 것을 목표로 한다. 이 협약은 유럽 고고 유산의 보호와 보존, 과학적 연구에 대한 내용을 주로 담고 있으며, 유럽 평의회 45개 회원국의 다자간 협약에 의해 법적 구속력을 가지는 국제 조약에 해당된다. 이는 또한 관련 과학 정보, 기술 및 전문 지식을 개발하고 교환함으로써 고고유산 보존에 대한 모든 유럽 국가 간 협력과 공동 행동을 촉진하고 있다. 협약의 내용은 크게 8가지 주제를 다루고 있는데, 고고유산의 정의, 유산의 식별 및 보호조치, 고고유산의 통합 보존, 고고학 연구 및 보존의 자금 조달, 과학적 정보의 수집과 보급, 대중의 인식 증진, 고고유산의 불법 유통 방지, 상호 기술 및 과학적 지원 등이 있다.

전체 조항(article)은 총 18개로, 그 중 제3조를 주목할 만하다. 제3조에는 고고유산 조사를 위한 과학 조사의 중요성과 당위성을 제시하고 있는데, 이는 과학적

---

46) Council of European, 1992, Convention for the Protection of the Archaeological Heritage of Europe, Valetta, European Treaty Series no.143.

조사 방법을 공식적인 고고학 조사로 인정한다는 것에 큰 의의가 있다. 발레타 협약은 고고유산을 최대한 발굴하지 않고 보존하는 것을 원칙으로 하는데, 이를 위해서는 물리탐사 등 과학적 비파괴 조사 방법을 적용하는 것이 바람직하다는 것이다. 해당 조항은 유적 조사에 있어 과학적 조사 방법이 중요함과 동시에 이러한 결과물이 고고학 조사로써 정당하게 인정받을 수 있는 법적 근거를 마련하였다는 의의가 있다.

제3조 고고 유산을 보존하고, **고고학 조사 연구에 과학적 조사의 중요성을 보장**하기 위해 각 당사자는 다음을 수행한다.

ⅰ 다음과 같이 발굴 및 기타 고고학적 활동의 승인 및 감독 절차를 적용한다.

  a 고고 유산에 대한 불법적인 발굴이나 훼손을 방지하기 위해;

  b **고고학적 발굴**과 **탐사**가 **과학적 방식**으로 **수행되도록 보장**하고 다음과 같이 적용

    - 가능한 한 **비파괴적인 조사 방법**을 적용하여야 한다.

    - 고고 유산이 발굴 중 혹은 이후에 적절한 보존 및 관리 대책 수립 없이 노출된 상태로 남아 있지 않아야 한다.

ⅱ 발굴과 기타 잠재적인 파괴 기술은 전문 자격을 부여받은 사람에 의해서만 보장되어야 한다.

ⅲ 고고학적 조사를 위해 금속 탐지기 및 탐사 장비를 사용할 경우, 해당 국가의 국내법에 의해 승인을 받아야 한다.

제12조에는 기술적, 과학적 지원을 위한 전문가의 상호 교류와 고고유산의 보존, 이를 위한 교육, 관련 법률과 국제 협약에 근거한 전문가 교환 등을 명시하고 있다. 이는 물리탐사 등 다양한 과학적 방법과 기술들이 고고학 조사로 인정하고, 이를 더욱 장려하기 위한 조항으로 해석된다. 이러한 발레타 협약의 조항들은 다양한 기술을 고고학 조사나 연구에 활발하게 적용하는 단초가 되었고, 이는 곧 디지털고고학의 성장을 가속화시키는 결과를 낳았다. 아울러 이 협약을 계기로 유럽 각국의 고고 유산의 보존과 발굴, 규제와 개발과 관련한 여러 제도들이 제

정되는 등 현실적인 성과를 가져 왔다. 유럽 고고학 위원회(EAC)의 조사에 따르면 실제 유럽 15개국(협약 국가 중 44%)이 발레타 협약 이후 새로운 법률과 규정 등의 제도를 도입하였다고 밝혔다.[47]

제12조 상호 기술 및 과학적 지원

ⅰ 고고 유산에 관한 경험과 전문가의 교환을 통해 **상호 기술** 및 **과학적 지원**을 제공한다.

ⅱ 이를 위해 관련 국내 법률 또는 국제 협정에 의거, 고고학 유산 보존과 이에 대한 **교육(훈련)**을 담당하는 **전문가의 교환**을 장려한다.

한편 협약 제9조에는 고고학 유산의 가치에 대한 대중 교육과 접근성 증대, 고고 유물의 적절한 전시 등 많은 사람들이 과거를 이해하고 이에 대한 위협을 인지할 수 있도록 노력할 것을 장려하고 있다. 유럽의 문화유산 관련 정책과 제도에는 이와 같이 '대중의 문화재에 대한 인식 제고와 참여 부분'을 항상 명기하고 중요시하고 있는데, 이는 디지털 기술이 대중을 위한 '활용'적인 측면에서도 널리 사용될 수 있는 기반을 조성하고 있다.

제9조 대중의 인식 제고

ⅰ 과거를 이해하기 위한 **고고 유산의 가치**와 이를 **위협**에 대해 **대중의 인식**을 일깨우고 발전시키기 위한 **교육 활동**을 수행한다.

ⅱ 고고 유산, 특히 유적지에 대한 **대중의 접근을 증진**하고 이를 적절히 선별하여 **대중에게 전달하도록 장려**한다.

발레타 협약이 맺어진 지 20년이 지난 2013년 유럽 고고학 위원회(EAC)는 '발레타 협약 이후 20년, 장점과 문제점 그리고 도전 과제(The Valletta Convention

---

47) Adrian Olivier and Paul Van Lindt, 2013, Valletta Convention perspectives: an EAC survey, The Valletta Convention: Twenty Years After -. Benefits, Problems, Challenges, EAC Occasional Paper No. 9.

Twenty Years After - Benefits, Problems, Challenges, 알바니아, 3.21~23)'라는 주제로 심포지엄을 개최하였다. 이 심포지엄에는 총 22개의 주제 발표가 있었는데, 프랑스, 스페인, 체코 등 각 유럽 국가별 발레타 협약의 적용 사례와 이들의 문제점, 또 앞으로 개선해야 할 사항에 대해 논의하였다. 대다수의 학자들은 이 심포지엄을 통해서 발레타 협약이 유럽 고고 유적의 보존과 다양한 조사방법의 발전을 성공적으로 이끌었으며, 그 중 '디지털 혁명과 이를 통한 대중의 참여 확대'에 크게 기여하였다고 평가했다.

발레타 협약 당시 회원국들은 유럽 고고학 아카이브에 대한 모범 사례와 표준(Standard for archaeological archives)을 채택하는 것이 바람직하다고 동의하고, 이를 위해 유럽고고학위원회(EAC)는 7개국 8명의 대표를 구성, EU 문화 기금(2007~2013년)의 지원을 받아 '유럽 고고학 아카이브 모범 사례 표준 및 가이드 (A STANDARD AND GUIDE TO BEST PRACTICE FOR ARCHAEOLOGICAL ARCHIVING[48])' 를 작성하였다. 이 가이드는 고고학 조사 계획부터, 데이터 수집, 분석, 이전 및 관리 등 단계별 표준과 지침, 원칙을 제시하였고, 도면, 사진, 디지털 자료, 보고서 등 각 유형별 아카이빙 방법과 절차를 안내하고 있다. 이는 고고학 아카이빙 작업과 작업자의 역할에 대한 체크리스트(CHECKLIST OF ARCHAEOLOGICAL ARCHIVING TASKS AND ROLES)를 제공하여, 각 단계별 작업 시 필요한 사항과 점검해야 할 부분을 제시하였다.

이처럼 발레타 협약은 고고학 조사 및 보존 뿐 아니라 범 유럽 차원의 고고학

---

48) Kathy PERRIN, Duncan H. BROWN, Guus LANGE, David BIBBY, Annika CARLSSON, Ann DEGRAEVE, Martin KUNA, Ylva LARSSON, Sólborg Una PÁLSDÓTTIR, Bettina STOLL-TUCKER, Cynthia DUNNING, Aurélie ROGALLA VON BIEBERSTEI, 2014, A STANDARD AND GUIDE TO BEST PRACTICE FOR ARCHAEOLOGICAL ARCHIVING.
[https://archaeologydataservice.ac.uk/arches/attach/The%20Standard%20and%20Guide%20to%20Best%20Practice%20in%20Archaeological%20Archiving%20in%20Europe/ARCHES_V1_GB.pdf]

아카이브 표준 지침을 작성하는 계기를 마련하는 등 유럽 고고학 분야에 큰 변화와 발전을 불러왔다 할 수 있다. 유럽고고학위원회(EAC) 심포지엄에서는 발레타 협약이 디지털 기술의 발달에 따른 데이터 보관과 관리의 문제, 개발과 보존에 관한 문제, 이에 대한 재정적 이슈 등 여러 문제점이 있음에도 불구하고, 유럽 전역의 문화유산 관리의 전모를 바꿨을 뿐 아니라 고고 유산 조사와 보존에 대해 긍정적인 효과를 이끌어 냈다고 평가하였다.

그 외 유럽의 디지털고고학 관련 제도로 유럽연합의 여러 디지털 문화유산 관련 정책에 대한 규정을 들 수 있다. 먼저 '유로피아나 디지털 접근성과 문화유산 콘텐츠 사용에 대한 지침(Council conclusions on the role of Europeana for the digital access, visibility and use of European cultural heritage, 2016)'이 있는데, 이는 유로피아나를 통한 유럽 문화유산 기관 컬렉션 데이터의 공유 및 활용을 장려하는 지침이다. 해당 지침은 2008년 오픈한 유로피아나 사이트와 관련한 콘텐츠와 컬렉션 공유 현황, 플랫폼의 기술적 측면 등 현재까지 진행되어온 경과를 정리하고, 앞으로 나아갈 방향과 회원국들이 협조하여야 할 35가지 사항들을 촉구하고 있다. 당시 유럽위원회의 권고는 크게 4가지로, 전문적인 네트워크의 지원과 기술 발전의 달성, 메타데이터와 콘텐츠 공유 및 재사용을 위한 다면적 인터넷 플랫폼의 유지, 문화 콘텐츠에 대한 다국어 접근 제공 등이 있다.

유럽연합의 호라이즌 2020 정책 운영 규정(Establishing Horizon 2020 - the Framework Programme for Research and Innovation (2014-2020) and repealing, 2013)은 디지털 문화유산 관련 프로젝트들에 대한 세부 규정이라 할 수 있다. 이 규정은 호라이즌 2020 정책과 관련한 지침, 예산, 기준 등을 정의하고, 유럽 회원국들로 하여금 디지털고고학 관련 여러 프로젝트를 장려하고, 이를 통해 생산되는 다양한 콘텐츠들을 통합·공유할 수 있는 환경을 조성하기 위한 제도이다.

‘디지털 싱글 마켓 저작권 및 관련 권리에 대한 지침’은 유럽연합 디지털 싱글마켓에서 활용되는 데이터 저작권을 보호하고, 데이터마이닝과 관련된 콘텐츠 활용 등 문화유산 보존 활용과 관련한 다양한 지침을 담고 있다. 해당 지침은 총 32조항으로 구성되어 있는데, 주제 및 범위, 정의, 텍스트 및 데이터 마이닝 예외 또는 제한, 저작물의 국경 간 사용, 집단 라이선스, 온라인 사용에 관한 출판물의 보호, 저작권 사용 관련 비용과 보상, 분쟁 해결 절차, 개인 데이터의 보호 등에 대해 항목별로 상세히 기술하고 있다.

‘공공부문 오픈 데이터 및 데이터 재사용에 관한 지침(Open data and the re-use of public sector information, DIRECTIVE (EU) 2019/1024)’ 은 콘텐츠의 상업, 비상업적 재사용 기준과 라이센스와 계약에 관한 사항, 머신 판독이 가능한 데이터 형식 등을 상세히 규정한 지침이다. 유럽연합은 ‘EU AI 윤리 가이드라인(Ethics Guidelines for Trustworthy AI, 2019)’을 제정하였는데, 이는 인공 지능이란 디지털 기술로 인해 침해 받을 수 있는 인간의 기본권과 개인정보, 투명성, 공정성 등에 대한 내용을 담고 있다.

이처럼 유럽연합은 늘어나는 디지털 기술로 인해 국가 간 장벽이 허물어지고, 문화유산을 공익을 위해 더 널리 활용하고자 하는 정책을 뒷받침하는 다양한 제도를 갖추고 있다. 유럽연합은 이러한 환경에서 발생할 수 있는 저작권 또는 개인정보 침해 등에 대비하여, 앞서 살펴본 바와 같은 여러 규정들을 정비하는 한편 관련 콘텐츠를 공공 데이터로서 국경을 넘어 상업·비상업적으로 자유롭게 활용할 수 있는 사항들을 함께 제시하고 있다.

그 밖에 유럽고고학자학회(EAA) 등 고고학 관련 학회[49]는 행동강령 혹은 윤리

---

49) 유럽 고고학자 학회 EAA(European Association of Archaeologists) CODE and PRACTICES https://www.
e-a-a.org/EAA/About/EAA_Codes/EAA/Navigation_About/EAA_Codes.aspx?hkey=714e8747-495c-

정책 등을 통해 지적재산권(Intellectual Property), 교육과 대중의 참여 증진, 고고학자의 의무 등에 대한 기본 원칙을 제시하고 있다. 데이터가 많아지고 인터넷을 통한 공유와 빅데이터 등 기술이 점점 발전하면서, 디지털 기록 관리 및 보관, 수집, 공유에 따른 저작권과 개인정보침해 등의 문제가 발생하자 유럽 등 고고학자들은 윤리적 기준과 행동에 대한 비판적 사고를 가지게 되었다[50].

디지털고고학 관련 대표 학회인 CAA학회는 디지털 기술로 수행된 연구와 소셜 미디어에서 사용되는 고고학 데이터의 기본 원칙과 개인정보보호 등에 관한 윤리 가이드라인(The Guidelines and Social Media Policies of Computer Applications and Quantitative Methods in Archaeology[51])을 작성하고, 윤리 자문위원회와 윤리 담당자를 두고 있다. 이처럼 고고학 학회 차원에서도 내부 예규를 만들어 고고학 연구와 데이터 생성, 관리, 활용 등에 관한 지침을 개발하여 공유하고 있는데, 이는 앞서 살펴본 법률 등 제도에 비해 더욱 구체적이고 현실적인 경우가 많다.

이상 유럽의 디지털고고학 관련 제도 현황을 정리하여 보면 다음 <표 5>와 같다.

4298-ad5d-4c60c2bcbda9

미국 고고학자 학회 SAA(Society for American Archaeologists), Principles of Archaeological Ethics https://www.saa.org/career-practice/ethics-in-professional-archaeology http://www.saa.org/AbouttheSociety/PrinciplesofArchaeologicalEthics/tabid/203/Default.aspx

고고학 분야 컴퓨터 응용 및 정량적 방법 학회 CAA_ Ethics Policy https://caa-international.org/about/ethics-policy/

50) Richardson, L.-J., 2018. Ethical Challenges in Digital Public Archaeology. Journal of Computer Applications in Archaeology, 1(1), pp.64-73.

51) Computer Applications & Quantitative Methods in Archaeology, 2016, The Guidelines and Social Media Policies of Computer Applications and Quantitative Methods in Archaeology.
[https://caa-international.org/about/social-media-policy/]

표 5. 유럽 디지털고고학 관련 제도 현황   연도순

연번	명칭	연도	주요 내용
1	발레타 협약(조약)	1992. 1. 16	유럽 고고학 유산의 보호와 보존, 고고학 조사를 위한 과학적 연구 및 기술 장려, 전문 지식의 개발과 지원, 대중 인식 증진
2	유럽 전자정부법	2006. 04. 25	유럽의 전자정부법 업무처리 등 전자화를 통한 ICT 활성화
3	개인정보보호법	2007. 05. 02	데이터 사용에 있어 개인정보보호방안, 문화유산 뿐 아닌 산업 전반에 적용
4	유럽 고고학 아카이브 모범 사례 표준 및 가이드	2014.	고고 유적 조사 계획부터 데이터의 수집, 생산, 분석, 아카이빙 구축 등에 대한 단계별 표준과 지침
5	호라이즌 2020 정책 운영 규정	2013. 12. 11	Horizon 2020 정책 관련 지침, 예산, 기준, 공공-민간 파트너쉽 등
6	유로피아나 디지털 접근성과 문화유산 콘텐츠 사용에 대한 지침	2016. 06. 14	유로피아나를 통한 유럽 문화유산 기관 컬렉션 데이터 공유 및 활용 장려
7	디지털 싱글마켓 관련 저작권 보호법(개정안)	2019. 04. 17.	디지털 싱글마켓에서 활용되는 데이터 저작권 보호, 데이터 마이닝과 관련된 콘텐츠 활용 등 문화유산 보존 활용과 관련한 다양한 지침
8	공공부문의 오픈데이터 및 데이터 재사용에 관한 규정	2019. 06. 20	콘텐츠의 상업, 비상업적 재사용 기준, 라이센스와 계약에 관한 사항, 머신 판독이 가능한 데이터 형식 등 규정
9	EU AI 윤리 가이드라인	2019. 9	윤리 기준(인간의 기본권, 보안, 개인정보 보호, 투명성, 공정성 등) 제시

한편, 디지털 기술 및 콘텐츠와 관련한 일반적인 법률이 있다. '유럽 전자 정부법(Communication : i2010 eGovernment Action Plan, 2006)', '개인정보보호법 (Communication : Promoting Data Protection by Privacy Enhancing Technologies, 2007)', '디지털 싱글 마켓 저작권 및 관련 권리에 대한 지침(Copyright and related rights in the Digital Single Market, DIRECTIVE (EU) 2019/790)' 등이 있다. '유럽 전자정부법'은 업무처리 등 전자화를 통한 ICT 산업의 활성화에 대한 법률이며, '개인정보보호 법'은 데이터 사용에 있어 개인정보 보호 방안에 대한 법률을 규정하고 있다.

종합하면 유럽은 '발레타 협약'을 시작으로 다양한 디지털 기술을 고고 분야 에 적용하기 시작하였으며, 늘어나는 데이터 관리를 위해 유럽 전체 차원의 '유 럽 고고학 아카이브 모범 사례 표준 및 가이드' 등을 제정하였음을 알 수 있다. 또 한 유럽연합은 유로피아나 등 다양한 디지털 문화유산 정책을 뒷받침하는 지침 과 규정을 제정하여 관련 프로젝트에 적용하고 있으며, 이는 정책과 제도의 정합 성을 보여주는 모범 사례로 평가할 수 있다.

(2) 영국의 관련 제도

영국은 디지털고고학과 관련하여 현장 조사 및 아카이브 구축과 관련하여 다양한 지침과 표준을 제정하고 있으며, 박물관 등에서 디지털 콘텐츠 활용 사업 추진 시 필요한 가이드라인과 공공 데이터 및 저작권과 관련한 규정도 마련하고 있다.

현장 조사와 관련한 지침은 영국 고고학 데이터 서비스(ADS)의 '모범 가이 드(Guides to Good Practice)'가 대표적이다. 이는 영국 고고학 데이터 서비스(UK Archeology Data Service, ADS)와 미국 디지털 고대 유물(Digital Antiquity)과 2년간의 공동 프로젝트의 결과물로, 향후 영국과 미국 고고학 데이터 서비스(tDAR)의 효율적인 데이터 공유와 관리를 목적으로 한다. 해당 가이드는 현장 조사 방법별 데이터 생성 방법과 절차, 메타데이터와 포맷, 아카이브 방법과 ADS, tDAR 사이트 등에 탑재하는 방법 등 대해 상세히 안내하고 있다. 이 가이드는 고고학 조사의 방법을 크게 '데이터 수집 및 현장조사' 그리고 '데이터 분석 및 시각화'로 나누고, '데이터 수집 및 현장 조사'에는 항공 측량, UAV 조사, 물리탐사, 해양 원격 감지, 레이저 스캐닝, 사진측량, 연륜연대측정법 등 7가지 기술, '데이터 분석 및 시각화'에는 GIS, CAD, 3D 모델링 등 3가지 기술, 총 10가지 기술별 데이터 표준을 제시하였다. 지침은 이에 대한 기본적인 문서와 텍스트 작성에서부터 메타데이터, 스프레드시트, 데이터베이스, 래스터 이미지(디지털 이미지, 스캔 이미지, 항공 사진, 물리탐사 이미지 등 일반 이미지), 벡터 이미지(CAD, GIS 등 기하학 개체), 디지털 비디오, 디지털 오디오 등의 유형에 대해 상세한 메타데이터와 파일 포맷 등을 포함한다. 이 지침은 조사 방법별 특성에 따라 기록해야 할 데이터들을 달리 제시하였고, 모범 사례를 함께 안내하여 연구자들의 이해를 돕고 있다.

이 지침은 발굴조사 등 고고학 프로젝트를 수행하는 기관, 학교, 정부 기관을 비롯하여 아카이브, 자원봉사 단체 및 협회 등을 대상으로 한다. 고고학 데이터 서비스(ADS)는 실제 영국에서 옥스퍼드대학 고고학연구소 등 관련 기관에서 데이터를 생성하거나 저장·보관할 때 가장 많이 사용하는 사이트이다. 모범 가이드의 배포와 공유는 다수의 기관이 고고학 데이터 생산과 관리 시 공통된 기준을 적용하고, 동일한 메타데이터를 사용하도록 하는 결과를 가져오고 있다. 이는 해당 데이터의 재사용과 사용자들의 접근을 용이하게 하고, 향후 미국 등 다른 국가와의 고고학 데이터들과 상호 호환과 공유가 가능해지는 긍정적인 효과가 있다.

2014년 고고학자 연구소(Charted Institute for Archaeologists, CIfA)는 '고고 물리

탐사에 대한 표준 지침(Standard and guidance for archaeological geophysical survey[52])'을 발표하였다. ADS의 모범 가이드가 데이터 생성과 표준에 대해 구체적인 내용을 안내하고 있다면, 이 지침은 물리탐사가 고고학적 조사에 활용되는 절차와 단계별 고려 사항 등에 대해 제시하고 있다. 해당 지침에는 고고물리탐사의 정의와 목적, 적용 범위, 현장조사 시 검토되어야 하는 사항, 측량 그리드의 위치와 최소 데이터 플롯의 범위, 탐사 장비 운영 시 자격 기준과 허가 사항, 조사 후 분석 보고서 등에 포함되어야 하는 사항, 이에 대한 사후 모니터링, 아카이브 등에 관련 기록과 데이터 이관 등에 관한 내용을 상세히 기술하고 있다. 이처럼 영국에서는 고고학 조사 및 연구 등에 적용되는 물리탐사 등의 기술을 고고학 조사 방법의 일환으로 간주하고, 이에 대한 절차와 데이터 생성에 대한 지침을 마련, 이를 공식적으로 배포하고 있다. 또한 이를 제대로 준수하고 있는지 관련 지침에 모니터링 규정을 별도로 두어 관리 하고 있는 것이 우리와 다른 점이라 할 수 있다.

2004년 영국 고고학 아카이브 포럼(Archaeological Archives Forum)은 고고학 자료가 개발 등으로 사라지는 유적에 대한 유일한 기록임을 강조하고, 고고학 조사 프로세스 전반에 대한 기록 보존에 대해 관련 실무자들이 참고할 수 있는 기준과 모범사례를 작성하도록 하였다. 이에 고고학자 연구소(CIfA)는 영국 문화청(Historic England)의 지원을 받아 2007년(2011년 개정) '고고학 아카이브: 생성, 편집, 전송 및 큐레이션을 위한 모범 사례 가이드(Archaeological Archives: a guide to best practice in creation, compilation, transfer and curation[53])'를 작성, 배포하였다. 이

---

52) Charted Institute for Archaeologists, 2014, Standard and guidance for archaeological geophysical survey. [https://www.archaeologists.net/sites/default/files/CIfAS&GGeophysics_1.pdf]

53) Duncan H. Brown, 2011, Archaeological Archives: a guide to best practice in creation, compilation, transfer and curation, Archaeological Archives Forum.
[https://archives.archaeologyuk.org/aaf_archaeological_archives_2011.pdf]

는 종이, 도면, 사진, 보고서, 디지털 파일 등 고고학 관련 자료의 아카이빙과 데이터 수집과 분석, 과학적 분석과 인골 등을 위한 자료의 생성과 관리에 대한 구체적인 방법과 절차를 안내하고 있다. 이는 앞서 살펴본 유럽연합의 '유럽 고고학 아카이브 모범 사례 표준 및 가이드'의 모델이 되었다.

이후 2014년 고고학자 연구소(CIFA)는 '고고학 아카이브의 생성, 편집, 전송과 보관을 위한 표준 지침(Standard and guidance for the creation, compilation, transfer and deposition of archaeological archives[54])'을 발표하였다. 이 지침은 고고학 아카이브의 정의와 목적, 원칙, 자료 생성 시 단계별 방법, 소유권과 저작권 및 체크리스트로 구성되어 있다. 모든 고고학자는 고고학적 데이터를 표준지침에 따라 생성하고 보존할 책임이 있으며, 관련 자료의 안정적이고 장기적인 보관은 물론 많은 사람들이 접근할 수 있도록 하여야 한다. 아카이빙 대상 자료는 고고학 조사 등을 통해 발생하는 모든 자료, 즉 기록, 도면, 사진, X선 사진, 디지털 자료, 보고서 등을 포함한다. 고고학 조사는 발굴조사, 야외조사, 지표조사, 간단한 조사나 측량을 비롯하여 비파괴 조사에 해당하는 경관 조사, 항공조사, 원격탐사 등이 모두 해당된다. 아울러 유적에 대한 해석과 발견, 대중에 대한 발표, 관련 법률 제정의 계획 등도 포함된다. 이 지침의 대상 기관은 고고학 관련 개인과 기관을 비롯한 정부기관, 박물관, 교육기관, 개발자, 협회 및 단체 등이다. 이 지침은 유물 등의 발견 시 소유권과 고고학적 작업으로 산출된 문서 및 디지털 자료의 저작권 등에 대해 규정하고 있다.

이렇게 생산된 고고학 아카이브 자료들은 고고학자 연구소(CIFA)의 '고고학

---

54) Chartered Institute for Archaeologists, 2014, Standard and guidance for the creation, compilation, transfer and deposition of archaeological archives.
[https://www.archaeologists.net/sites/default/files/CIFAS%26GArchives_4.pdf]

분야 평가를 위한 표준 지침(Standard and guidance for archaeological field evaluation)',
'고고학 발굴을 위한 표준 지침(Standard and guidance for archaeological excavation)',
'고고학 자료의 수집, 문서화, 보존, 연구를 위한 표준 지침(Standard and guidance for the collection, documentation, conservation and research of archaeological materials)'
등의 다른 지침에 의거, 평가 또는 모니터링되고 있다. 해당 지침은 각 단계별로 필요한 자료를 생성하였는지 또 표준 지침대로 잘 작성되었는지 등에 대해 평가하도록 되어 있다.

박물관의 고고학 자료에 관한 아카이빙과 관련하여서는 박물관 고고학 협회(society for museum Archaeology)의 '고고유산 소장품 관리에 관한 표준과 지침(Standards and Guidance in the Care of Archaeological Collections[55])'이 있다. 관련 내용과 구성은 앞서 살펴본 고고학 아카이브 표준 지침과 유사하며, 대상은 박물관에 소장된 고고자료, 즉 식물재료, 도자기, 유리, 금속, 가죽, 섬유 등 유물과 이에 대한 아카이빙과 포장, 관리 등에 대해 다루고 있다.

영국의 디지털고고학 콘텐츠 활용과 관련한 제도로 '디지털 정책 및 계획 가이드라인(DIGITAL POLICY AND PLAN Guidelines 2016[56])'과 '도서관, 아카이브, 박물관의 저작권 예외 규정(Exceptions to copyright: Libraries, archives and museums)'이 있다. '디지털 정책 및 계획 가이드라인'은 각 기관의 문화유산 디지털 정책 수립(대상, 활용, 콘텐츠 종류 등)에 대한 매뉴얼로, 디지털 정책 만들기, 디지털 계획 만들

---

55) Society for museum Archaeology, 1992, Standards and Guidance in the Care of Archaeological Collections.
 [https://collectionstrust.org.uk/resource/standards-and-guidance-in-the-care-of-archaeological-collections/]
56) MTM, The Space, 2016, DIGITAL POLICY AND PLAN Guidelines.
 [https://www.artscouncil.org.uk/sites/default/files/download-file/Digital_Policy_Plan_guidelines.pdf]

기, 효과적인 디지털 정책 및 개발 방법에 대한 체크리스트, 유용한 리소스 등 총 5개의 장으로 구성되어 있다. 이 가이드라인은 박물관 혹은 미술관의 전시, 공연 등 대국민 서비스 콘텐츠를 개발하는데 필요한 사항을 정리하고 있다. 우선 '디지털 정책 만들기'에는 해당 기관의 사명과 목표, 핵심 원칙과 기술, 예산, 정책의 책임자와 관리 방법, 성공 후의 모습 등을 담도록 하고 있는데, 이는 매우 기본적이지만 핵심적인 사항들을 함축함으로써, 조직의 디지털 정책과 방향성에 대한 미션과 비전을 명확하게 제시할 수 있는 가이드라인을 제공한다.

해당 가이드라인의 '디지털 계획 만들기' 챕터는 더욱 구체적인 목표, 주요 활동(전시, 모바일 앱 등), 대상, 예산과 자원, 마감일, 책임자 등에 대해 계획을 수립할 것을 권고하고 있다. 예를 들어 '대상'에는 타깃이 누구이며, 성별, 연령, 사회경제적 지위가 어떤지, 주관심사나 주로 활동하는 온라인 웹사이트나 소셜 미디어 플랫폼, 어떤 유형의 콘텐츠가 그들의 관심을 끌 수 있을지 등에 대해 검토하도록 되어 있다. 주요 콘텐츠는 크게 3가지, 창의적인 콘텐츠, 캡쳐 된 콘텐츠, 문화 학습 콘텐츠로 나누고 구체적인 사례를 제시하고 있다. 창의적인 콘텐츠에는 모바일 게임, 스토리텔링 또는 몰입형 체험 인터랙티브 전시, 영화, 온라인 전용 전시, 가상현실, 증강현실, 대화형 키오스크 등이 있고, 캡쳐 된 콘텐츠에는 라이브 공연, 녹음, 페이스북 등 소셜미디어 스트리밍, 박물관 디지털 컬렉션, 전자책 제작 등이 있다. 문화 학습 콘텐츠에는 교육용 게임, 모바일 퀴즈, 이러닝 프로그램, 전시회 비하인드 비디오, 팟캐스트, 아카이브 컬렉션 등이 있다. 이 가이드라인에는 이를 위한 예산과 소득 창출을 위한 후원, 모금, 디지털 콘텐츠 및 굿즈 판매, 광고 수입(pay-per-click advertising) 및 티켓 발권 자동화를 통한 판매비용 절감 가능 여부 등 관리·운영적인 측면도 매우 구체적으로 안내하고 있는 것이 특징이다.

해당 가이드라인은 디지털 콘텐츠를 구상할 때 기술을 우선시하기 보다는 대중에게 어떤 이야기와 아이디어를 전하고 싶은지, 어떤 경험을 선사할 것인지에 대해 먼저 결정한 후에 이를 전달하는데 가장 적합한 기술을 선택하도록 권고하고 있다. 이는 디지털 콘텐츠 계획 수립 시 항목별로 고려해야 하는 사항을 구체적으로 명시하고, 기술보다는 문화유산의 가치를 잘 전달할 수 있는 방안을 마련하도록 유도하는 항목으로 해석할 수 있다. 이 가이드라인은 관련 규정과 정책, 유용한 사례와 샘플, 조회 수, 재생 수 등 피드백과 평가 방법 등을 함께 제시하고 있어 박물관 등에서의 디지털 콘텐츠 기획과 운영에 실무적인 도움이 될 수 있다.

'도서관, 아카이브, 박물관의 저작권 예외 규정(2014)'은 박물관 등 문화유산 콘텐츠의 저작권을 공공 데이터로 활용 가능하도록 규정한 지침이다. 도서관, 아카이브, 박물관에서 생산한 데이터는 각 기관에 저작권이 있지만, 이는 또한 문화유산이라는 공공재로써 모두가 누릴 수 있어야 한다는 취지이다. 이 규정은 박물관 등의 기관들에 크게 2가지 저작권법의 예외를 두는 것인데, 첫째, 미래 세대를 위해 자료를 복사하는 것과 둘째, 비상업적 연구와 개인의 연구를 위해 자료 복사를 허용하는 것이다. 이를 위해 해당 규정에는 자료를 복사 시 표기해야 할 사항, 즉 날짜, 제목, 국제 표준 도서 번호, 페이지 수 등이 있었으나, 2003년 12월 31일 이후에는 예외를 두어 이를 기록할 필요 없이 자유롭게 자료를 복사하도록 하였다. 보존을 위해 자유롭게 복사가 가능한 자료는 영구 보관본인 영화, 사진, 방송, 음악, 사운드, 작품 등이 새롭게 포함되었다. 해당 규정은 이러한 자료들을 비상업적 목적의 연구를 위해 개인에게 개방될 수 있도록 하여 저작권법으로부터 제약이 많았던 문화예술 관련 자료들에 대한 공공의 접근성을 높이는 계기를 마련하였다.

그 밖에 큰 범주에서 디지털 기술의 저작권 등 활용과 관련된 법률이 있는데,

'저작권법(Copyright, Designs and Patents Act 1988)' '디지털 경제법(Digital Economy Act 2017)', '데이터 보호법(Data Protection Act 2018)' 등을 들 수 있다. '저작권법'은 문화, 예술, 디자인, 영화, 음악, 방송 전반에 대한 저작권 및 특허에 관한 법률이며, '디지털 경제법'은 전자정보통신, 데이터, 인터넷 등에 관한 법률, '데이터 보호법'은 개인정보 보호 및 사용에 관한 법률이다. 이는 우리나라의 '저작권법(2021)', '정보통신망 이용촉진 및 정보보호 등에 관한 법률(2020)', '개인정보 보호법(2020)'과 유사하며, 디지털 기술로 제작된 콘텐츠에 대한 저작권 보호와 개인 정보 보호 등에 적용되고 있다.

이상의 영국의 디지털고고학 관련 법률과 규정, 지침 등을 정리해 보면 다음 <표 6>과 같다. 영국은 유럽연합에 비해서 고고학 조사 기술별 표준 지침과 모범 사례 등 현장에 직접 적용할 수 있는 가이드라인이 주제별로 작성되어 있는 것이 특징이다. 해당 고고학 아카이브 표준 지침은 유럽의 관련 지침을 만드는 기준 모델이 되었다. 그 밖에 박물관 등에서 소장품을 아카이빙 하는 표준과 디지털 콘텐츠를 기획하고 개발하기 위한 실무 가이드라인 등 고고학 관련 분야에 직접 적용할 수 있는 유용한 지침들을 다수 보유하고 있는 것이 유럽과 차이가 있다.

표 6. 영국 디지털고고학 관련 제도 현황　　　　　　　　　　　　　　　　　　　　연도순

연번	명칭	연도	기관	주요 내용
1	저작권법	1988	Parliament of the United Kingdom	문화, 예술, 디자인, 영화, 음악, 방송 등 저작권 및 특허 관련 법률
2	고고학 아카이브: 생성, 편집, 전송 및 큐레이션을 위한 모범 사례 가이드	2007 (2011 개정)	CIFA	도면, 사진, 디지털 파일 등 고고학 관련 자료의 유형별 아카이빙과 데이터 수집과 분석, 과학적 분석과 인골 등에 대한 자료의 생성과 관리 방법·절차
3	모범 사례 가이드	2011	ADS	항공 측량, UAV 조사, 물리탐사, 해양 원격 감지, 레이저 스캐닝, 사진측량, 연륜연대측정법, GIS, CAD, 3D 모델링 등 고고학 조사 방법별 데이터 생성, 메타데이터 등 표준 지침
4	고고 물리탐사에 대한 표준 지침	2014	CIFA	물리탐사가 고고학적 조사에 활용되는 절차와 단계별 검토 사항
5	고고학 아카이브의 생성, 편집, 전송과 보관을 위한 표준 지침	2014	CIFA	고고학 아카이브의 정의와 목적, 원칙, 자료 생성 시 단계별 방법, 소유권과 저작권 및 체크리스트
6	도서관, 아카이브, 박물관의 저작권 예외 규정	2014. 6.1	Intellectual property office	도서관, 아카이브, 박물관 등에서 교육, 공공 행정, 텍스트 및 데이터 마이닝 등 공익 목적의 데이터 공유, 장애인이 접근 가능한 형식 제공 등 저작권의 예외 사항을 추가로 규정
7	디지털 정책 및 계획 가이드라인	2016. 10.16	Arts Council England	디지털 정책 수립 시 고려되어야 하는 사항(대상, 활용, 콘텐츠 종류 등), 예시, 참고 링크 제시
8	디지털 경제법	2017. 4.27	Parliament of the United Kingdom	전자정보통신, 데이터, 인터넷 등 전반에 관한 법률
9	데이터 보호법	2018. 5.25	Parliament of the United Kingdom	개인정보 보호 및 사용에 관한 법률. 브렉시트에 따라 EU의 일반 데이터 보호 규정(GDPR)을 보완, 영국 데이터 보호법(1998년)을 개정한 것
10	고고유산 소장품 관리에 관한 표준과 지침	2020.	society for museum Archaeology	박물관에 소장되어 있는 고고 자료(도자기, 금속, 유리 등 유물) 데이터의 아카이빙과 포장, 관리 등에 대한 지침

2. 디지털고고학 분야별 사례

유럽의 디지털고고학을 분야별로 구분해 보면 1) 야외 조사(Field Survey), 2) 데이터 수집과 기록(Data Collection), 3) 데이터 구축과 분석(Archive & Data Analysis), 4) 디지털 복원과 시각화(Modelling & Visualisation) 5) 전시와 교육(Outreach) 등으로 나눌 수 있다.

유럽의 조사, 연구 동향을 종합적으로 분석하여 디지털고고학 분야별로 활용되는 주요 기술 현황을 정리해 보면 다음과 같이 분류할 수 있다. 1) 야외 조사에는 원격탐사, 물리탐사, 라이더, 머신러닝, 딥러닝 등 인공지능 기술, 모바일 애플리케이션 등이 많이 활용되고 있었으며, 2) 데이터 수집과 기록에는 3D 스캔과 사진 측량 기법 등이, 3) 디지털 구축과 분석에는 데이터 및 텍스트 마이닝, 빅데이터, 시멘틱웹, GIS 등이 주로 활용되고 있다. 4) 디지털 복원과 시각화에는 3D 모델링·프린팅과 시뮬레이션이 5) 전시와 교육에는 증강현실, 가상현실, 혼합현실, 프로젝션 맵핑 등 멀티미디어(DID, 홀로그램, 페퍼스 고스트), 몰입형 초실감 기술 등이 주로 활용되고 있다.

이들은 실제 발굴 현장이나 유적 등에 조사와 기록을 위해 사용되거나, 유물과 유구를 분석·해석하거나, 박물관 및 전시관의 전시와 교육, 아카이브 등 웹사이트 구축 등을 위해 활용되고 있다. 그 중 3D 스캔 등 몇 가지 기술은 우리와 유사하게 활용되고 있는데, 본 책자에서는 우리 나라에서 많이 사용하지 않는 기술과 연구 사례를 살펴보고자 한다. 이를 디지털고고학 분야별, 기술별로 세분하여 유럽에서 여러 디지털 기술을 어떻게 고고학 조사와 연구 등에 적용하는지 검토해 보고자 한다.

1) 야외 조사

고고학 야외 조사에는 원격 탐사(Remote Sensing) 기술인 항공사진 (Aerial photograph)과 라이더 등 위성 영상 기술, 지중 레이더 탐사(GPR, Ground Penetrating Radar)와 같은 물리탐사 등이 주로 활용된다. 이는 GIS 등의 기술과 결합하여 유적을 찾아내거나 주변 경관과 입지를 분석하는데 활용하기도 한다. 야외 조사 기술은 토양 성분 분석 등 과학적 조사와 딥러닝 등과 접목하여 유적을 다각적으로 분석하기 위해 활용되고 있다.

(1) 항공사진(원격탐사)

유럽에서는 1920년대부터 UAV(무인항공기, Unmanned Aerial Vehicle)를 활용한 항공사진 혹은 위성사진을 고고학 조사에 많이 활용하고 있다. 이는 항공 고고학 (Aerial Archaeology)라고 불리는데, 일반적인 카메라 외에도 다중 스펙트럼 및 초분광 센서, 열적외선 다중 스펙트럼 스캐너(TIMS), 컬러 적외선 필름(CIR film) 등을 함께 활용하기도 한다. 항공사진은 유적 등의 야외 조사를 위한 기초 자료로 주로 사용되는데, 이를 통해 유구 뿐 아니라 도로, 도랑, 계곡 등 고지형을 확인할 수 있다. 이를 현재의 사진과 과거의 사진으로 시기별로 분석하여 유적과 주변 경관의 변화 양상을 파악하기도 한다. 이는 스톤헨지와 같이 주변 유적과의 관계, 경관과 입지 등을 분석하는데 용이하게 활용된다.

영국의 문화재청인 히스토릭 잉글랜드(Historic England)에서는 '하늘에서 본 영국(Britain from Above[57])'이라는 사이트를 통해 영국 전역을 비롯한 프랑스, 독일,

---

57) 하늘에서 본 영국(Britain from Above) https://www.britainfromabove.org.uk/en

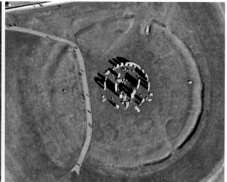

그림 4. 스톤헨지 항공사진 비교 연구(좌 1906년, 우 2006년) ㅣ 출처 Damian Grady © Historic England Archive

이란 등 여러 나라의 항공사진을 아카이빙하여 서비스하고 있다. 해당 사이트에는 1919~1952년까지 에어로필름 컬렉션(Aeorofilm Collection)에서 촬영한 항공사진 95,000여 장을 디지털화하여 서비스하고 있는데, 키워드 검색과 지도 검색이 가능하여 원하는 장소의 옛날 사진을 쉽게 검색할 수 있다는 장점이 있다. 이러한 사진은 옥스퍼드 대학 에어(HEIR) 사이트[58] 등 여러 고고학, 문화유산 관련 아카이브 사이트를 통해 수집할 수 있다. 항공사진은 유적 지표 조사 시에도 참고가 되지만, ArcGIS 등의 프로그램을 통해 과거에서 현재에 이르는 사진을 오버랩하여 해당 유적의 변화상을 분석하는데도 많이 활용되고 있다.

한편 매장된 유구는 농작물의 생장에 영향을 주어 크롭 마크(crop mark)를 형성하게 되는데[59], 항공 촬영을 통해 이를 관찰하여 새로운 유적을 발견하기도 한다. 영국 히스토릭 잉글랜드에서는 ArchGIS 웹기반 '항공 고고학 맵핑(Aerial

---

58) 옥스퍼드 대학 고고학 아카이브 HEIR 사이트 http://heir.arch.ox.ac.uk/pages/home.php

59) 환호 구덩이 상부의 농작물은 충분한 영양과 수분 공급으로 성장이 잘 되는데 반해 성벽 유구 상부의 농작물은 가늘고 작게 성장하는데, 이러한 농작물의 생장 차이가 관찰되는 것을 크롭 마크라고 한다. 이는 특히 곡물, 감자, 콩 작물에 더욱 잘 나타나며, 기후의 영향을 많이 받아 농작물의 생장에 막대한 영향을 미치는 가뭄 시 더 잘 관찰된다.

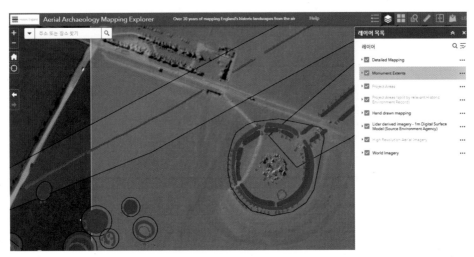

그림 5. 항공 고고학 맵핑 시스템 ㅣ 출처 Aerial Archeology Mapping Explorer

Archeology Mapping Explorer[60])' 오픈 리소스 사이트를 서비스하고 있는데, 이를 통해 항공사진, 라이더, 조사 범위, 수치지도 등을 레이어별로 검색할 수 있고, 데이터를 추가로 맵핑할 수도 있다. 이와 같은 방법들은 우리나라의 경주, 부여 등 고도(古都) 지역에 적용하여 과거에 남아 있었던 유적의 흔적을 찾고, 사진 자료가 남아있는 시기부터 현재에 이르기까지 변화 양상을 분석하는데 유용하게 활용될 수 있을 것이다. 원격 탐사는 단순해 보이는 기술이지만 이를 통해 도로나 수로, 논, 밭, 제방, 둑 등의 흔적을 다수 발견할 수 있는데, 우리나라의 고도도 이에 적합한 환경을 가지고 있다. 이를 위해서는 과거 사진을 아카이빙하고 필요한 지역을 찾아 시대 순으로 비교해 볼 수 있는 환경 구축과 이에 대한 해석 방법의 연구가 필요하다.

---

60) Aerial Archeology Mapping Explorer
   https://www.arcgis.com/apps/webappviewer/index.html?id=d45dabecef5541f18255e12e5cd5f85a

(2) 라이더(Lidar)

라이더는 Light Detection And Ranging의 약자로, 레이저광을 활용하여 반사되는 레이저가 돌아오는 시간, 파장, 주파수, 편광의 변화 등을 통해 대상물까지의 거리, 농도, 형상 등에 대한 3차원 데이터를 획득하는 기술을 말한다. 라이더는 일반적으로 항공 라이더와 육상 라이더로 구분된다. 우리가 일반적으로 라이더라고 부르는 기술은 항공라이더이며 라이더를 인공위성, 항공기, 드론 등에 탑재하여 기상관측, 지형측량, 식생분포 등에 활용하는 것을 말한다. 반면에 라이더를 지상에 고정하여 사물이나 건물 등 비교적 작은 범위를 정밀하게 측량하기 위해 사용하는 것은 지상라이더라 하는데, 이는 최근 자율주행자동차에 많이 이용되고 있으며, 후술하는 '3D 스캔' 또는 '3D 레이저 정밀측량'과 같은 원리라 할 수 있다.

우리나라에서는 라이더를 문화유산 측량과 기록을 위해 주로 사용하고 조사를 위해서는 잘 활용하지 않는데, 영국 등 국외에서는 지상에서는 육안으로 확인하기 어려운 새로운 유적을 찾고 주변 경관을 함께 파악하기 위한 용도로 활발하게 사용되고 있다. 대표적인 예로 스톤헨지 리버사이드 프로젝트(Stonehenge Riverside Project, 2003~2009[61])에서 라이더 조사를 통해 스톤헨지 주변의 서클을 추가로 확인한 성과가 있었다. 폴란드 국립유산 GIS 시스템[62]에는 다양한 지도 레이어 중 라이더 데이터를 포함하고 있는 등 많은 유럽 국가에서 이를 문화유산 기록과 조사에 활발히 활용하고 있다.

또한 라이더는 나무 등 수풀을 통과해 아래의 지형을 파악할 수 있는 장점이

---

61) Payne A, 2006, Stonehenge Riverside Project, West Amesbury and Greater Cursus, Wiltshire: Report on Geophysical Surveys, Research Department Report Series No. 41/2007, English Heritage: London.
62) 폴란드 국립유산 GIS 시스템 https://mapy.zabytek.gov.pl/nid/

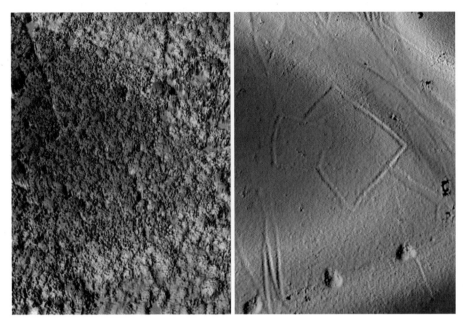

그림 6. Lidar 산림 투과 측량 현황 및 유적 확인 사례 © Historic England
출처 Historic England https://historicengland.org.uk/research/methods/airborne-remote-sensing/lidar/

있는데, 이를 통해 확인 가능한 유적은 고분과 같은 마운드, 환호 등 도랑, 둑, 구덩이, 주거지, 건물지, 성벽, 경작지, 도로 등으로 다양하다. 확인할 수 있는 유적의 시기 또한 신석기 시대부터 현대까지 그 범위가 매우 넓다.

라이더의 장점은 크게 세 가지로 분류할 수 있다. 첫째, 라이더는 고해상도로 빠르고, 정확한 측량이 가능하며 2D 및 3D 등 다양한 결과물을 획득할 수 있다. 라이더는 일반적으로 초당 20,000~100,000 포인트를 측정할 수 있는데, 오차범위가 수직 ±15cm, 수평 ±40cm로 정확도가 매우 높다.

둘째, 라이더는 산림 등 장애물을 투과하여 지표면의 측량이 가능하다. 라이더는 발사된 레이저 펄스 값 등 다양한 데이터 처리 방법을 통해 지형을 파악해 내는데, 나무와 같은 장애물이 있더라도 그 사이로 들어간 레이저를 통해 장애물 아래의 지형을 파악할 수 있다. 이와 같은 원리로 경작 중인 논밭의 지면 데이터도 측량이 가능하다.

셋째, 라이더를 이용하면 사유지 및 접근 불가 지역에 대한 조사가 가능하다. 영국도 한국과 마찬가지로 사유지에 문화재가 존재하여 조사에 어려움을 겪는 경우가 많은데, 라이더를 이용하면 사유지를 침범하지 않고도 유적의 흔적을 조사할 수 있다. 다만 라이더는 잎이 넓은 나무나 낮은 관목, 식물이 있는 경우에는 측량이 힘들고, 비가 오거나 땅이 젖어 있을 때에는 측정이 불가하다는 단점이 있다. 라이더의 적외선 광선은 물에 흡수되어 돌아오지 않아 데이터가 없는 것으로 처리되는데, 이를 통해 해당 부분이 강 혹은 습지임을 확인할 수 있다.

이와 같은 라이더의 특성은 산림, 경작지 등 장애물이 있는 지역의 지표조사에 적합하다. 하지만 라이더를 잘 활용하기 위해서 해상도, 등고선의 간격, 음영, 색상 등의 기능을 유적 성격에 따라 적절히 사용할 수 있어야 한다. 데이터 값 중 구덩이와 나무뿌리 및 그루터기, 현대와 과거의 도로 등 비슷한 유형의 결과를 구분할 수 있어야 한다. 영국 등 유럽에서는 고고학 조사에 라이더를 적용한 수년간의 경험을 바탕으로 이러한 데이터 처리와 해석법에 대한 노하우가 확보되어 있다. 우리도 이와 같이 라이더의 기능을 제대로 활용하기 위해서는 지금부터라도 여러 고고학 조사에 적용하여 우리나라 유적과 지형 데이터의 특징을 추출하고 해석하기 위한 노력을 기울여야 한다.

(3) 물리탐사

물리탐사는 지하레이더 탐사(GPR, Ground Penetrating Radar)와 자력탐사, 전기비저항 탐사 등이 주로 활용되고 있는데, 영국 등 유럽 여러 대학과 연구 기관들은 다중 채널 등을 이용하여 더 넓은 면적을 고해상도로 빠르게 조사하기 위한 다양한 방법들을 개발, 고고학 조사에 적용하고 있다.

유적 등에 대한 물리탐사 시에 라이더, 지형 스캔, 원격탐사, GIS, 위성 등 다른 기술을 함께 활용하여, 더욱 정확하고 다양한 데이터를 취득하고 있다. 이를 통해 고고학자들은 지하 유구는 물론 지상에 잔존한 구조물과 주변 경관을 함께 분석하여[63], 유적과 그 일대에 대한 전반적인 정보를 파악한다. 최근에는 무인항공기(UAV, 드론)에 GPR 장비를 탑재하여 채석장 등 지상 물리탐사가 어려운 지역에 대한 고고학적 지질 데이터를 획득하는 실험적인 연구도 진행되었다.[64]

영국 버밍엄 대학과 오스트리아 LBI(Ludwig Boltzman Institute for Archaeological Prospection and Virtual Archaeology, 고고 물리탐사 및 가상 고고학 연구소) 등 다수 기관은 영국 스톤헨지에 대해 대규모 물리탐사를 실시하고(2010~2013년), 스톤헨지를 비롯한 주변 경관 전체에 대한 고고학 지도를 제작, 스톤헨지와 주변 유적의 관계에 대한 연구를 진행하였다.[65]

노르웨이 푸루룬드(Furulund) 중세 교회 유적에서는 고해상도 GPR 탐사와 함께 휴대용 형광분석기(pXFR, portable Xray fluorescence)를 활용한 토양 성분분석을 실시하여, 지하 유구의 성격을 추정하는 연구를 진행하였다.[66] 연구팀은 해당 조

---

63) Opitz, R. and Herrmann, J., 2018, Recent Trends and Long-standing Problems in Archaeological Remote Sensing. Journal of Computer Applications in Archaeology, 1(1), pp.19-41.

64) Saponaro, A.; Dipierro, G.; Cannella, E.; Panarese, A.; Galiano, A.M.; Massaro, A, 2021, A UAV-GPR Fusion Approach for the Characterization of a Quarry Excavation Area in Falconara Albanese, Southern Italy. Drones.

65) 오현덕, 2021, 앞의 논문.

66) Cannell, R.J.S., Gustavsen, L., Kristiansen, M. and Nau, E., 2018, Delineating an Unmarked Graveyard by High-Resolution GPR and pXRF Prospection: The Medieval Church Site of Furulund in Norway. Journal of Computer Applications in Archaeology, 1(1), pp.1-18.

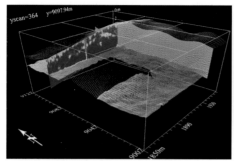

그림 7. GPR 물리탐사 및 지형 스캔 복합 데이터
출처 Opitz, R. 등, 2018, 앞의 논문.

그림 8. GPR 장비 탑재 무인항공기
출처 Saponaro, A. 등 , 2021, 앞의 논문.

사를 통하여 칼슘, 인산염, 구리 등 토양 성분의 위치와 깊이를 확인할 수 있었는데, 이를 GPR 물리 탐사 결과와 종합하여, 무덤, 인골, 건물지 등 유구의 성격을 추정하는데 활용하였다.

그 밖에 영국 옥스퍼드 대학, 요크 대학 등에서는 물리 탐사에 대한 강의를 개설하고, 물리 탐사 방법론과 데이터의 처리, GPR 데이터 슬라이스 생성, ArcGIS 맵핑 등에 대한 실습을 실시하고 있으며, 이에 대한 교수법을 연구한 논문들도 다수 발표되었다.[67] 이처럼 유럽에서의 물리탐사는 지구물리학자만의 기술이 아닌 고고학 전공자가 함께 연구하고 해석하는 야외 조사의 중요한 방법 중 하나로 활용되고 있다.

(4) 딥러닝(Deep Learning)

인공지능(Artificial Intelligence, 이하 AI)은 컴퓨터에 인간의 지능 활동을 인공적으로 구현한 것을 말한다. 인공지능 기술에는 머신러닝(기계 학습)과 딥러닝(심층 학

---

67) Kvamme, K., 2018, Getting Around the Black Box: Teaching (Geophysical) Data Processing through GIS. Journal of Computer Applications in Archaeology, 1(1), pp.74-87.

습)이 포함되는데, 머신러닝은 컴퓨터가 주어진 데이터를 학습하여 판단하고 활용하는 방식을 말한다. 딥러닝은 머신러닝의 한 분야로, 수많은 데이터 속에서 스스로 패턴을 발견해 분별하는 기술로 머신러닝보다 한 단계 발전된 방식으로 볼 수 있다. 이러한 인공지능의 구현을 위해서 인간의 신경망 네트워크(Artificial neural networks)를 모방한 다양한 알고리즘과 시스템 등을 개발·활용하고 있다.

딥러닝 기술을 고고학에 적용한 사례로 특정 유구 자동 인식 연구 사례를 들 수 있다. 이 연구는 네덜란드 중앙에 위치한 위트레히트(Utrechtse)와 벨루베 (Veluwe) 지역 삼림 지대에 분포한 무덤과 숯가마를 대상으로 하였다. 연구진은 이 지역에 대한 라이더 데이터에 딥러닝 알고리즘을 적용하여 특정 유구를 자동으로 인식할 수 있는 연구를 실시하였다.[68]

딥러닝 기술을 통해 이미지를 분류해 내기 위해 일반적으로 사용하는 알고리즘은 CNN(Convolutional Neural Networks)인데, 이 연구에서는 R-CNNs (Regions-based Convolutional Neural Networks)을 적용하였다. 이는 단순히 이미지를 분류하는 CNN방식과 달리 이미지 내에서 객체를 식별하고 구분할 수 있다는 장점이 있다. 연구팀은 WODAN(Workflow for Object Detection of Archaeology in the Netherlands)이라고 하는 워크플로우를 개발하여 관련 데이터들을 기계 학습시키고, 발생하는 오류를 지속적으로 수정해 나갔다.

이 연구를 통해 연구진은 무덤과 밭 유적 등을 자동으로 구분하는데 성공하였으나, 숯가마는 훈련 데이터의 부족으로 자동 인식에 성공하지 못했다. 연구팀은 향후 라이더 데이터 전처리 방식 등 학습 데이터 세트 및 클래스 수를 늘림으

---

68) Verschoof-van der Vaart, W.B. and Lambers, K., 2019, 「Learning to Look at LiDAR: The Use of R-CNN in the Automated Detection of Archaeological Objects in LiDAR Data from the Netherlands」 『Journal of Computer Applications in Archaeology』 2(1), pp.31-40.

로써 유구 자동 인식 기능을 더욱 향상시킬 것이라고 밝혔다. 이 연구는 다소 실험적이기는 하지만 고고학 조사에 딥러닝 기술을 적용하여 다양한 유적과 유물의 데이터를 스스로 분석할 수 있다는 가능성을 입증한 예라 할 수 있다.

2) 데이터 수집과 기록

유럽도 우리와 유사하게 발굴현장 등에서 유구와 유적의 현황을 기록하기 위해 3D 스캔이나 사진 측량 기법(Photogrammetry)을 많이 사용하고 있으며, 드론 등의 장비를 함께 활용하고 있다. 그 밖에도 무인항공기 측량((UAV survey)을 많이 활용하는데, 이는 앞서 살펴본 라이더를 드론 등에 탑재하여 현장 정밀 실측과 동시에 3D 모델, 비디오, 이미지 및 디지털 표면 모델(DSM, Digital Surface Model), 포인트 클라우드(Point Cloud, 개체 표면 측정 점의 그룹) 등의 데이터를 수집, 생성하는 것을 말한다. 유럽에서는 이러한 무인항공기 측량을 활용하여 유적의 정밀 기록 뿐 아니라 유적 주변 지형을 3D로 분석하고, 현장을 주기적으로 모니터링하는 등 다양한 고고학 조사의 방법으로 사용하고 있다.

(1) 3D 스캔

3D(Three Dimensions), 즉 삼차원 입체 영상은 이미 국내외 문화유산 분야에서 다양하게 활용되고 있는 기술이라 할 수 있다. 3D 콘텐츠의 종류는 3D 스캔을 통한 이미지 및 영상, 이를 3D 프린트를 사용해 프린팅 한 결과물, 그리고 3D 모델링 프로그램을 통해 제작한 3차원 그래픽이나 애니메이션 등이 있다.

3D 스캔(3D scanning)은 3차원 스캐너를 이용하여 레이저나 패턴광 등을 대

상물에 투사하여 대상물의 형상 정보를 취득, 디지털 정보로 전환하는 모든 과정을 통칭하는 것으로, 흔히 '3D 레이저 스캔', 혹은 '3차원 정밀 측량' 등으로 불리기도 한다. 우리는 이러한 3D 스캔 기술을 문화유산 분야에 적용할 때, 주로 해당 문화재를 정밀하게 기록하여 도면(2D)을 작성하거나, 이를 활용해 디지털 가상 복원 혹은 시뮬레이션 등 3D 모델링을 제작하고, 복제품을 3D 프린팅 하는 목적 등으로 활용한다.

문화유산 분야에서 주로 활용되고 있는 3D 스캔 방식은 크게 지상 라이더를 이용한 것과 사진 측량을 이용한 방식으로 나눌 수 있다. 시간이 지날수록 스캔 장비와 기술이 발전하여 더욱 빠르고, 정밀하고, 선명하고 또 비용 대비 효율적으로 변해가고 있는 추세이다. 사진 측량 기법은 일반 사진 혹은 비디오 등 2D 데이터에서 3D 이미지를 추출할 수 있는 장점이 있는데, 유럽 등에서는 주로 Metashape(구 Photoscan), Recap, RealityCapture, 3df zephyr 등의 사진 측량 프로그램을 문화유산 분야에 사용하고 있다.

국외에서는 이러한 3D 스캔 기술에 대해 다양한 장비와 기술력을 갖추고 있으며, 문화유산에 적합한 방식을 지속적으로 개발하고 있다. 스캔 방식은 고정형, 이동형(핸디형) 뿐 아니라 공중 및 수중 드론 등 다양한 방법으로 고해상도의 정밀 스캔 데이터를 획득하고 있다. 노르웨이의 블루에 로보틱스(Blueye Robotics)팀은 2015년 수중 3D 스캔 드론을 개발하여 트론헤임(Trendheim) 주변의 난파선을 정밀 스캔하였다.[69] 미니애폴리스 연구소(Minneapolis Institute of Art)는 유물을 스캔할 때 로봇 턴테이블과 스윙 암을 사용하여 자동으로 유물을 돌려가며 사진 측량

---

69) 노르웨이 블루에 로보틱스 수중 드론
    https://sketchfab.com/blogs/community/capturing-3d-photogrammetry-using-underwater-drones/

그림 9. 수중 드론 난파선 3D 스캔 현황
출처 https://sketchfab.com/blogs/community/capturing-3d-photogrammetry-using-underwater-drones/

할 수 있는 장비[70]를 개발하는 등 문화재의 성격에 맞추어 다양한 기술이 개발되고 있다.

또한 유럽에서는 3D 스캔 기술을 단순히 문화재 정밀 측량만을 위해 사용하는 것이 아니라 다양한 고고학 조사와 연구를 위해 활용하고 있는데, 관련 사례로는 3D 스캐너를 활용하여 육안으로 식별하지 못하는 흔적이나 글자 등을 찾아 해독하는 연구 등이 있다. 또한 연구자들은 벽화, 조각, 토기, 자기 등 스캔 대상 문화재에 따라 다양한 스캐너를 적용하여 어떤 장비와 프로그램이 적합한지 등에 대한 연구를 진행하고 그 결과를 논문으로 발표하기도 한다.

몇 가지 관련 연구를 살펴보면, 우선 사람의 눈으로 식별하기에 희미해진 암석 벽화를 3D 스캔 기술로 복원한 사례가 있다. 영국 요크대학교 연구팀에 의해

---

70) 미니애폴리스 유물 사진측량 https://sketchfab.com/blogs/community/robot-photogrammetry-minneapolis/

그림 10. 프랑스 남부 알프스 선사시대 암석 벽화 3D 스캐닝 ㅣ 출처 Walsh, K 등, 2016, 앞의 논문.

진행된 이 연구는 프랑스 남부 알프스의 선사 시대 암석 벽화를 대상으로 하였으며, Artec White-Light Scanner와 Faro Laser Scanner 등의 스캔 장비를 사용하였다.[71] 이와 더불어 플러그인 응용 소프트웨어 디 스트레치(D-Stretch)를 활용하여 <그림 10>과 같은 벽화에 대한 선명한 이미지를 확보하는 연구 성과를 거두었다.

한편 3D 스캐닝을 통해 유물 표면의 사용흔 분석을 시도한 연구도 진행되었

---

71) Walsh, K., Mocci, F., Defrasne, C., Dumas, V. and Masinton, A, 2016, Interpreting the Rock Paintings of Abri Faravel: laser and white-light scanning at 2,133m in the southern French Alps, Internet Archaeology 42.

다. 연구팀은 로마 카피톨린 박물관(Capitoline Museums)의 흑유 자기를 대상으로, 이를 정밀 스캔하고 표면의 흔적을 자동으로 식별하는 프로그램을 개발하였다.[72] 이를 위해 다양한 스캐너를 실험적으로 적용하였는데, 연구팀은 이 연구에 효과적인 스캐너는 Breuckman Smartscan-HE white-light scanner와 GOM Atos triple-scan이라고 결론지었다. 연구진은 이와 같이 여러 가지 장비와 기술을 적용하여, 흑유 자기 표면의 지문, 단순 스크래치, 칼자국, 글자 등의 사용흔을 자동으로 감지하고 그들이 겹쳐 있을 때 생성된 순서를 식별하는데 성공하였다고 밝혔다. 이러한 연구는 자기 등 유물을 어떻게 생산하고 사용하였는지, 사용하던 자기를 무덤에 부장하였는지 혹은 무덤에 부장하기 위해 이를 별도로 생산하였는지 등 당시 사회상을 연구하는 데 도움이 된다.

한편 영국 옥스퍼드대학교, 미국 UCLA, 하버드 대학 등에서는 전 세계 35개 기관의 설형문자 점토판과 실린더 320,000여 건에 대해 3D 스캔 기술을 이용하여 디지털화하는 프로젝트를 진행하였다(설형문자 디지털 도서관 이니셔티브[73], The Cuneiform Digital Library Initiative). 이는 깨지고 부스러지기 쉬운 고대 설형문자 유물을 영구적으로 보존하는 작업임과 동시에, 전 세계의 관련 유물을 통합·공유함으로써 이에 대한 연구 자료를 DB화하였다는 점에서 의미가 크다 할 수 있겠다.

3D 스캔 자료는 연구자들이 육안으로 식별하기 어려운 글자나 점토에 새겨진 새로운 흔적을 확인하고, 원통형인 실린더 유물의 이미지를 평면화시켜 관찰할 수 있음으로써 문자 판독 등에 유용하게 활용되었다. 실제 이를 통해 특정 시기에 문자 일부가 지워지고 새로 새겨진 흔적 등 당시의 역사를 파악할 수 있는

---

72) Banducci, L.M., Opitz, R. and Mogetta, M. 2018, Measuring Usewear on Black Gloss Pottery from Rome through 3D Surface Analysis, Internet Archaeology 50.

73) 설형문자 디지털 도서관 https://cdli.ucla.edu/?q=about

재미있는 사실들이 보고되기도 하였다. 이는 고대 수메르어에 대한 메타데이터 기반 어휘와 문법을 분석하고, 초기 국가 형성기의 문서를 해독하기 위한 중요한 선행 작업으로 평가된다. 그 밖에 옥스퍼드대학 애쉬몰리언 박물관 등에서 고대 금석문을 3D 스캔 기술로 해독하는 등 유럽에서 3D 스캔 기술은 단순 기록을 위한 수단이 아니라 여러 고고학적 조사와 연구에 활발하게 활용되는 기술이라 할 수 있다.

한편 유럽의 문화유산 3D 스캔 데이터들은 유로피아나, 아리아드네, 스케치팝(Sketchfab[74]), 3D홉(3DHOP[75]), 3D 아이콘(3D ICONS Ireland)[76], 3D 웨어하우스(3D Warehouse[77]) 등 여러 플랫폼을 통해 무료 또는 유료로 서비스되고 있는데, 이는 3D 데이터를 통합 관리하고 관계 연구자나 대중에게 널리 공유할 수 있는 기회를 제공한다는 점에서 높이 평가할 만하다.

(2) 애플리케이션(Application)

애플리케이션(앱)은 스마트폰이나 태블릿 등 모바일 디바이스에 사용되는 응용프로그램으로, 안드로이드용과 IOS용으로 구분된다. 문화유산 관련 애플리케이션은 우리나라를 비롯한 전 세계 박물관 등에서 유적이나 소장품 해설을 위해 많이 개발되는 양상이다. 일반적으로 이와 같은 애플리케이션은 박물관의 기본 정보나 유물 혹은 유적의 설명, 사진, 위치 정보 등에 대한 GPS 기반 검색 기능을 제공하는 사례가 많다.

---

74) Sketchfab https://sketchfab.com/store/3d-models/cultural-heritage-history
75) 3DHOP http://vcg.isti.cnr.it/3dhop/index.php
76) 3D ICONS Ireland http://www.3dicons.ie/
77) 3D Warehouse https://3dwarehouse.sketchup.com/

이와 더불어 유럽에서는 로마 유적지나 유물 등을 가상현실이나 증강현실로 둘러볼 수 있는 애플리케이션을 개발하기도 하였다. 대표적인 가상현실 애플리케이션은 Soundgate, Tour of Athens, Athens in VR, Lithodomos Engage, Lithudomos Engage 등이 있고, 증강현실 애플리케이션에는 Galma Upsala, Artefact AR 등을 들 수 있다.

그 밖에 유럽에서는 고고학 조사를 위한 애플리케이션을 개발하기도 하였는데, 아이딕(iDig[78])이라고 하는 앱과 터키 차탈회위크(Çatalhöyük) 발굴현장[79] 기록화 앱이 있다. 이들은 핸드폰 혹은 태블릿을 활용하여 발굴현장을 기록하고, 조사하는 용도로 개발되었다. 아이딕 앱은 아테네 아고라 발굴현장에 시험적으로 적용되었는데, 흔히 고고학자들이 발굴 조사를 기록하는 야장(조사 수첩)의 기능을 제공한다. 가령 유구 혹은 유물의 출토 위치에 대한 GPS 좌표, 층위 등의 위치 정보와 사진, 동영상 등을 함께 저장할 수 있고, 이를 팀원들과 바로 공유할 수도 있다. 이와 더불어 유구별, 날짜별 데이터를 쉽게 찾아볼 수 있고, 작성된 도면의 레이아웃을 비교하여 층위별로 분석하거나, 단면을 잘라 볼 수 있는 기능도 제공한다. 발굴 조사에서 생성되는 방대한 사진, 도면, 기록 등의 관리는 언제나 고고학자들에게 도전적인 과제인데, 이와 같은 애플리케이션을 활용하면 더욱 효율적으로 발굴 데이터를 관리하고, 유적을 해석하는데 도움이 될 것이다.

그 밖에 애플리케이션을 유물에 적용한 연구도 있다. 레스터 대학 연구진은

---

78) Uildriks, M. 2016, iDig - Recording Archaeology: a review, Internet Archaeology 42. https://itunes.apple.com/us/app/idig-recording-archaeology/id953353960?mt=8. Free app. Size: 22.8 MB. Version 5.0.2. Requires iPad with iOS 5.1 or later.

79) Taylor, J.S., Issavi, J., Berggren, Å., Lukas, D., Mazzucato, C., Tung, B. and Dell'Unto, N. 2018, The Rise of the Machine': the impact of digital tablet recording in the field at Çatalhöyük, Internet Archaeology 47.

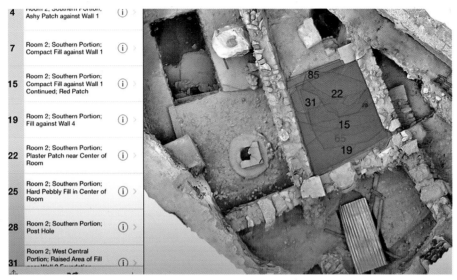

그림 11. idig 애플리케이션 현황 ㅣ 출처 https://youtu.be/gyBPYfEFE-k

ARM사와 공동으로 아크아이스캔(Arch-I-Scan[80])이라는 '로만 도자기 식별 애플리케이션'을 개발하였다. 이는 영국 혁신 지식 프로젝트(Innovate UK Knowledge Transfer Partnership project)의 지원을 받아 진행된 연구로, 레스터 대학 주어리 월 박물관(Jewry Wall Museum)의 로마 도자기를 대상으로 하였다. 연구진은 로마 도자기 데이터를 알고리즘을 대입한 머신러닝 기술을 통해 학습시키고, 해당 애플리케이션을 이용하여 유물을 자동으로 검색할 수 있는 기능에 대한 연구를 진행하였다.

아크아이스캔 앱을 통해 유물을 촬영하면 유사한 형태의 도자기를 자동으로

---

80) Tyukin, I., Sofeikov, K., Levesley, J., Gorban, A.N., Allison, P. and Cooper, N.J. 2018, Exploring Automated Pottery Identification [Arch-I-Scan], Internet Archaeology 50.

검색하여 관련 정보를 사용자에게 제공하는 시스템이다. 연구자는 향후 런던 박물관 등 다른 박물관의 데이터를 지속적으로 학습시켜, 유럽의 다양한 로마 도자기를 통합 검색할 수 있는 기능을 제공할 예정이라고 밝혔다. 이와 같은 애플리케이션은 수많은 고고학 데이터를 사용자가 편리하게 검색·분석할 수 있는 기능을 제공한다.

3) 데이터 구축과 분석

발굴조사 등을 통해 생성되는 방대한 고고학 정보들의 관리와 분석은 유럽에서도 가장 우선적으로 해결하여야 할 과제로 인식되었다. 디지털고고학이 본격화된 계기도 이를 저장하고 분석할 수 있는 컴퓨터와 저장매체의 등장에서 비롯되었으며, 현재 유럽 대학의 디지털고고학 강의 중에서 가장 많은 비중을 차지하는 수업 내용도 데이터 베이스이다. 이처럼 고고학에 있어서 관련 자료를 데이터화하여 저장하고 또 효과적으로 검색하는 기능은 고고학 데이터를 안정적으로 보존하는 일일 뿐 아니라, 이를 효율적으로 분석하기 위한 필수 단계에 해당된다.

이를 위해 유럽에서는 아날로그 자료의 디지털화와 아카이빙을 진행하였으며, 최근에는 이를 더욱 효과적으로 수행할 수 있는 데이터 마이닝, 텍스트 마이닝, 시멘틱웹, 클라우드, 머신러닝 등의 기술을 적극 도입하고 있다. 데이터 분석과 관련하여서는 유적의 공간 분석을 위해 GIS를 활용하고 있는 점은 우리와 유사하나, 그 밖에 유물의 형식 분류 등 다양한 데이터를 분석하고 알고리즘을 직접 개발하여 적용하고 있는 점은 차이가 있다.

(1) 데이터 마이닝(Data mining), 텍스트 마이닝(Text mining)

데이터 마이닝과 텍스트 마이닝은 빅데이터 기술 중 하나로 방대한 데이터를 분석하여 통계학적 정형성을 도출하는 목적으로 많이 활용되고 있다. 데이터 마이닝은 여러 데이터 가운데 숨겨져 있는 정보를 추출해 내고 데이터들의 숨겨진 패턴과 상관관계를 찾아내는 것을 말한다. 파이썬(python), 알(R), 에스에이에스(SAS) 등의 프로그램을 활용하는 데이터 마이닝은 알고리즘을 활용하여 데이터를 분석한다는 점에서 머신러닝과 유사하지만, 스스로 학습하여 결과를 도출하는 점에서 차이가 있다.

텍스트 마이닝은 텍스트를 분석하여 특정 패턴이나 관계를 추출하고 그 안에서 의미 있는 정보나 가치를 발굴해 내는 것인데, 이를 활용하면 단어빈도 분석, 문서 요약, 분류, 군집, 특성 추출 등이 가능하다. 데이터 마이닝이 방대한 데이터베이스에서 관심 있는 패턴을 찾아내는 기술이라면 텍스트 마이닝은 텍스트를 분석하고 구조화하여 원하는 의미를 찾아내는 기술이다. 데이터 마이닝은 실생활에서 소비층 분석, 고객 분류, 판매 예측 모델의 개발 등 마케팅 분야에 주로 활용되고 있으며, 텍스트 마이닝은 고객 후기를 분석하여 고객 만족도를 평가하는 등의 텍스트 분석에 적용되고 있다.

IBM의 왓슨 익스플로러(Watson Explorer Content Analytics)는 대표적인 텍스트 마이닝 플랫폼으로 영어, 프랑스어, 독일어, 한국어, 중국어, 일본어 등 16개 언어를 지원하며, 문서, 이메일, 데이터베이스, 보고서 등 다양한 콘텐츠를 수집, 분석하는 기능을 제공한다. 유럽에서 텍스트 마이닝 기술은 고고학 분야에서 방대한 발굴조사보고서 및 문서, 사진 등의 데이터를 검색, 분류하는데 활용되고 있다.

대표적인 사례로 영국 고고정보 데이터 서비스 ADS(Archaeology Data

Service[81])와 미국 디지털 고고학 정보 사이트 tDar(Digital Archaeological Record[82])를 들 수 있다. 이들은 발굴조사 및 유적·유물의 여러 정보를 취합·서비스하는 사이트로, 데이터 마이닝과 텍스트 마이닝 기술을 적용하여 메타데이터를 수집하고 특정 데이터를 추출, 이를 문화재 유형별·분야별로 분류하는데 활용하였다. 영국 ADS는 API(Application Programming Interface[83])를 통해 유적의 메타데이터를 자동으로 생성하는데 활용하였다. 이처럼 데이터·텍스트 마이닝 기술은 글자가 많고 시대별·유형별 특징이 명확히 구분되어 있는 고고학 정보를 추출하는데 적합하며, 이를 적극 활용하여 메타데이터를 수집·통일하기 위한 목적으로도 활용이 가능하다. 이 기술은 유물의 분포 범위와 시기적 특징을 추출하거나, 금석문 혹은 사료의 특정 단어의 빈도수와 패턴을 분석하는 등 다양한 연구에 적용이 가능하다.

(2) 시멘틱 웹(Semantic Web)

시멘틱 웹(Semantic Web)은 컴퓨터가 스스로 정보를 해석하고 그 정보를 서로 주고 받으면서 주어진 업무를 처리하는 차세대 지능형 웹을 말한다. 그동안 사람이 일일이 정보를 입력하여 저장하고, 이를 검색하여 결과를 도출하던 방식을 컴퓨터가 대신해 주는 것이라 할 수 있다.

문화유산과 관련한 시멘틱 웹 기술은 여러 사이트에 흩어져 있는 문화유산 관련 데이터를 한 곳에 모으는 '데이터 통합·검색'을 위해 주로 사용되고 있다.

---

81) 영국 고고정보 데이터 서비스 ADS(Archaeology Data Service) https://archaeologydataservice.ac.uk/
82) 미국 디지털 고고학 정보 사이트 tDar(Digital Archaeological Record) https://www.tdar.org/
83) 응용 프로그램 프로그래밍 인터페이스. 응용 프로그램에서 사용할 수 있도록, 운영 체제나 프로그래밍 언어가 제공하는 기능을 제어하는 인터페이스

사람이 물리적으로 한 웹사이트에 데이터를 업로드하는 방식과 달리, 시멘틱 웹을 이용하면 컴퓨터가 스스로 여러 사이트의 정보를 수집하여 통합할 수 있다. 문화유산 분야의 대표적인 정보 통합 도구(온톨로지)로 CIDOC CRM(Conceptual Reference Model)[84]이 있다. 이는 ICOM(International Council of Museums)의 후원 하에 운용되고 있는 일종의 사회적 기업인 CIDOC CRM Special Interest Group에 의해 개발되었으며, 2006년 공식 ISO 표준 21127로 승인되었다. 유럽의 다수 박물관과 도서관, 갤러리 등은 이를 시멘틱 프레임 워크로 활용하여, 문화유산 정보를 맵핑하고 통합하는 목적으로 사용하고 있다.

유럽의 시멘틱 웹의 사례로는 유로피아나(Europeana[85])사이트가 가장 대표적이며, 그 밖에 아리아드네(Ariadne[86])사이트, 독일 디지털 도서관(German Digital Library[87]), 영국 옥스퍼드 대학의 클라로스(CLAROS[88])와 스웨덴 고덴부르크시 박물관(Gotenburg City Museum[89])데이터베이스 등을 들 수 있다.

유로피아나 사이트는 유럽연합 문화유산 디지털 통합 정책으로 탄생한 디지털 도서관으로, 유럽 4천 여 개 박물관, 미술관, 도서관 등의 자료 약 5천 9백만 건에 대한 디지털 콘텐츠를 서비스하고 있다. 고고, 미술, 건축, 자연사 등 문화유산을 비롯한 영화, 음악, 도서 등의 이미지, 텍스트, 사운드, 비디오, 3D 등의 자료 열람과 다운로드가 가능하다. 유로피아나의 콘텐츠는 한 서버에 일괄적으로

---

84) CIDOC CRM http://www.cidoc-crm.org/

85) 유로피아나(Europeana) https://www.europeana.eu/en

86) 아리아드네(Ariadne) 사이트 http://ariadne2.isti.cnr.it/

87) 독일 디지털 도서관(German Digital Library) https://www.deutsche-digitale-bibliothek.de/

88) 클라로스(CLAROS) www.clarosnet.org

89) Dana Dannells, Mariana Damova, Ramona ́Enache, and Milen Chechev. 2011. A Framework for Improved Access to Museum Databases in the Semantic Web」 In Recent Advances in Natural Language Processing (RANLP). Language Technologies for Digital Humanities and Cultural Heritage (LaTeCH).

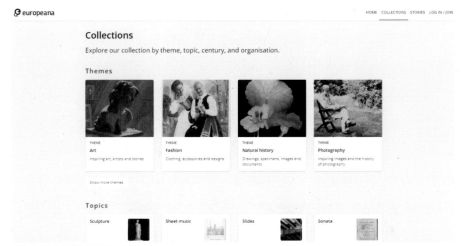

그림 12. 유로피아나 사이트 ㅣ 출처 europeana

저장되어 있는 것이 아니라 여러 기관의 네트워크를 통해 호스팅되는 시멘틱 웹 방식을 사용한다. 각 기관의 데이터들은 유로피아나 데이터 모델(EDM, Europeana Data Model)과 Linked Open Data(LOD)이라는 프레임 워크를 바탕으로 수집, 연결, 맵핑되어 사용자에게 전달된다. 사용자는 오픈 데이터(LOD) 방식으로 수집된 메타데이터(이미지 포함)를 검색할 수 있고, 이에 대한 자세한 정보는 링크를 통해 해당 기관에서 얻을 수 있다.

유로피아나는 2005년부터 유럽연합의 유럽 문화유산 콘텐츠 통합 프로젝트 (Communication i2010: Digital Libraries)에 의해 개발되어 2008년 개설되었으며, 이후 다양한 서비스를 지속적으로 추가하고 있다. 최근에는 시멘틱 웹에서 한층 발전한 인공지능, 빅데이터, 데이터 마이닝, 메타데이터 자동 보완 기술 등을 적용한 유로피아나 통합 서비스 프로젝트(Europeana Generic Services Projects)를 추진 중(2020년~)에 있다.

아리아드네(Ariadne) 사이트는 유럽 고고정보 통합 사이트로, 23개 국가 41개 기관의 데이터를 CIDOC CRM(Conceptual Reference Model)을 적용하여 통합한 시멘틱 웹 사이트이다. 해당 사이트는 2013년부터 유럽연합의 호라이즌 2020 프로젝트의 일환으로 개발되었으며, 이후 아리아드네 플러스(Ariadne Plus, 2019~2022년)로 업그레이드하고 서비스를 다양화하였다. 아리아드네 사이트에서는 20만 여개 고고학 보고서, 이미지, 지도 등의 메타데이터를 지도, 도표 등 시각화 자료와 함께 검색할 수 있다. 이 사이트는 3D 등 비주얼 미디어, 문화유산 클라우드 시스템, 3D 지형도 등 다양한 서비스를 함께 제공하고 있어, 유럽 전역의 발굴조사 정보를 검색하고 비교·분석하기에 매우 유용하다.

클라로스(CLAROS) 웹사이트는 유럽 및 아시아 일대 고대 그리스 로마 유물을 모아 놓은 웹사이트로, 옥스퍼드 대학 이리서치 센터(e-Research Centre)와 공학과학과, 인터넷 연구소 등의 여러 기술자와 박물관의 협업을 통해 만들어졌다. 2008~2011년 개발된 이 사이트는 시멘틱웹 및 멀티 도메인 기술을 사용하여 여러 박물관의 유물 약 2만 여점에 대한 정보를 통합하여 서비스한다. 해당 사이트에서는 유물의 기본정보를 비롯하여 시기와 위치, 소장 박물관 등을 함께 검색할 수 있어 시기별, 지역별 분석이 가능하다. 이는 시멘틱 웹 기술을 사용한 초창기 모델로 사이트의 구성은 비교적 기초적인 수준이지만 해당 기술을 적용한 것에 주목할 만하다. 프로젝트의 수석 연구원인 옥스퍼드 대학 도나 컬츠(Donna Kurtz) 교수는 이와 같은 기술적 시도가 유물 간 유사성과 계통 연구에 도움이 될 것이며, 이들의 상관관계를 파악하여 세계 문화의 흐름을 밝힐 수 있을 것이라 기대하였다. 이처럼 시멘틱 웹은 흩어져 있는 방대한 양의 데이터를 통합하는 데에도 유용하지만, 향후 이러한 기술과 데이터가 축적되면 국내 뿐 아니라 국외 고고학 자료를 비교·연구하고 이들의 관계와 전파 양상 등을 분석하는 데에도 유익하게 활용될 수 있을 것이다.

(3) 머신러닝(Machine Learning)

머신러닝은 인공지능의 한 분야로 기계학습이라고도 하는데, 컴퓨터가 데이터를 분석하고 스스로 학습하는 과정을 거쳐 일정 패턴을 인식하고 결과를 도출하는 기술을 말한다. 이를 위해 컴퓨터가 학습할 수 있도록 알고리즘과 데이터를 입력하고, 이를 기반으로 스스로의 성능을 향상시키는 시스템 모델을 구축하는 방식이다.

고고학 분야에서 머신러닝의 사용은 아직 시범적 적용 단계라 할 수 있다. 유럽에서 머신러닝을 활용한 사례는 마이크로소프트사에서 몽생미셸 프로젝트를 들수 있는데, 드론으로 취득한 3D 스캔 데이터를 렌더링할 때 머신러닝 기술을 사용하였다. 그 밖에 일부 학술 논문에서 머신러닝을 적용한 연구가 발표된 바 있다.

스톡홀름 대학 및 캐나다 대학 연구자는 소셜 네트워크상의 인골 관련 데이터를 머신러닝을 통해 학습시키고, 이를 토대로 '인골 불법 거래를 판별해 내는 연구'를 발표하였다.[90] 이들은 우선 데이터 마이닝을 통해 인스타그램(Instagram) 등 각종 소셜 네트워크상의 인골, 뼈 등과 관련된 자료를 최대한 수집하고, 이를 머신러닝 플랫폼인 텐서플로우(Tensorflow)와 구글 인셉션 V3(Google Inception-v3 model)를 이용하여 학습시켰다. 연구진은 복잡한 결과물을 다시 t-SNE(t-distributed stochastic neighbor embedding) 알고리즘을 통해 2차원으로 압축하고, 시각화하여 일정 클러스터로 분류하였다.

이 연구를 통해 인스타그램 속 사진의 두드러진 특징과 시각적 유사성을 머

---

90) Huffer, D. and Graham, S., 2018. Fleshing Out the Bones: Studying the Human Remains Trade with Tensorflow and Inception. Journal of Computer Applications in Archaeology, 1(1), pp.55-63.

신러닝을 통해 컴퓨터 스스로 학습·검토하여, 특정 사진이 인골 불법 판매 중임을 자동으로 감별해 내는 결과를 도출하였다. 가령 두개골의 위치 설정, 박물관 진열장을 모방한 선반과 판매를 암시하는 재료의 배열, 배경이 흐릿하고 대상물이 선명한 사진 등이 인골을 불법 판매하는 사진일 확률이 높았고, 이를 컴퓨터가 스스로 찾아낼 수 있도록 기계학습을 시킨 것이다. 연구자들은 향후 이와 같은 머신러닝 기술이 인골의 성별, 연령, 키 추정 등의 연구에도 활용될 수 있을 것이라 기대하였다. 이처럼 머신러닝 기술은 수많은 데이터 속에서 특정한 유물이나 유적 등의 고고학적 정보를 선별, 분류하는 연구에 적용이 가능할 것으로 보인다.

(4) 알고리즘(Algorithm)

알고리즘은 인공지능 기술의 기본 요소로, 특정한 문제를 해결하기 위해 설계한 절차와 방법, 명령어들로 구성된 일련의 순서화된 절차를 말한다. 알고리즘을 프로그래밍하기 위해 주로 사용되는 언어는 파이썬(Python), C언어, 자바(Java) 등을 들 수 있는데, 우리 주변에서는 흔히 소셜네트워크 상의 노출과 마케팅 등에 해당 기술이 많이 적용되고 있다.

유럽에서는 이러한 알고리즘 기술을 이용하여 유적이나 유물의 특정 패턴을 연구한 사례들이 있다. 우선 토기[91]나 화살촉[92] 등 유물의 형식을 알고리즘을 설계하여 분류한 예가 있으며, 연구자들은 이를 위해 K-means clustering 알고리즘, Markov Chain Monte Carlo Methods(MCMC), Multiple Imputation(MI) 방식 등을 사용하였다. 그 밖에 고대 도로에 대한 알고리즘 분석을 통해 당시 목재

---

91) Christmas, J. and Pitts, M.E.J. 2018, Classifying and Visualising Roman Pottery using Computer-scanned Typologies, Internet Archaeology 50.

92) Tuncali Yaman, T., 2019. A Model-Based Statistical Classification Analysis for Karamattepe Arrowheads. Journal of Computer Applications in Archaeology, 2(1), pp.12-20.

운반 등 경제 활동에 최적화된 경로를 추정한 연구[93] 등이 있다. 알고리즘은 머신 러닝이나 딥러닝 기술에 비해 비교적 간단하게 개발할 수 있고 적용이 편리한 장점이 있다. 따라서 해당 기술은 유물이나 유적의 특정한 속성에 대해 명령어를 설계하여 자동으로 분류해 내는 연구에 적합하며, 현재 고고학 분석의 기본적인 방법론에 해당되는 유물과 유구의 형식 분류에 적용이 가능하다.

4) 디지털 복원과 시각화

디지털고고학의 복원과 시각화는 고고학 조사와 연구 결과를 시각화하여 고고학적 해석에 사용하거나 연구자와 일반인을 위한 이미지 자료로 활용하는 것으로, 주로 3D 모델링과 컴퓨터 그래픽, 디지털 이미지(일러스트레이션) 및 애니메이션 등을 활용하여 유적이나 유물을 복원(reconstruction)하거나 재현(representation)하는 것을 말한다. 그 밖에 항공사진이나 라이더 데이터 등을 활용하여 고지형을 복원하거나, 유물이나 유구를 관련 속성과 시기 등에 따라 시각적으로 군집화, 체계화하는 것도 넓은 범주의 시각화에 해당한다.

유럽 고고학에 있어 '디지털 시각화'는 가상 고고학(Virtual Archaeology)이라고도 불리며 매우 중요한 분야 중 하나로 연구되고 있다. 유럽의 고고학자들은 이와 관련하여 컴퓨터 기반 시각화와 가상 고고학에 대한 런던 헌장(2009년)과 세비야 원칙(2011년)을 통해 문화유산 연구, 해석, 보존, 관리와 대중의 이해를 위해 시각화 기술을 적절하게 활용하여야 한다고 강조하였다.

---

93) Field, S., Heitman, C. and Richards-Rissetto, H., 2019. A Least Cost Analysis: Correlative Modeling of the Chaco Regional Road System. Journal of Computer Applications in Archaeology, 2(1), pp.136-150.

(1) 고고학의 시각화

고고학 정보의 시각화(Visualisation in Archaeology, VIA)에는 여러 가지 방법이 있는데, 우리와 유사하게 2D 실측 도면과 3D 스캔·모델링이 대표적이며 그 밖에 복원 일러스트레이션과 축조 과정을 재구성한 이미지, 스토리텔링 삽화 혹은 영상, GIS 지도 및 인포그래픽 등 매우 다양하다. 영국의 문화청 히스토릭 잉글랜드(Historic England)는 이러한 문화유산 시각화 사업을 별도 과제로 진행하고 있는데, 우리와 다른 몇 가지 사례로 유적 복원 시각화와 스토리텔링 삽화·영상 등이 있다.

유적 복원 이미지 시각화는 건축 유적 등 상부가 남아 있지 않은 유적에 대한 이미지를 일러스트레이션 등으로 이해하기 쉽게 복원하는 것을 말한다. 이는 단순히 유적 상부의 복원도를 그리는 것이 아니라 당시의 모습을 함께 재현하는 경우가 많으며, 기술적 과정을 표현하는 기술 복원(Technical Reconstruction)도 포함된다. 이를 위해 일러스트레이터들이 참여하기도 하는데, 이러한 이미지들은 매우 간단하지만 해당 문화유산을 직관적으로 이해 할 수 있는 필수적인 요소들을 모두 포함하고 있는 것이 특징이다. 그 밖에 3D 모델링 등을 이용하여 유적 상부를 복원하는 사례가 많은데 이 때 투시도나 단면을 보여주는 기법을 활용하여 이해를 돕고 있다.

이와 더불어 유적과 그 속에 담긴 이야기에 대한 스토리텔링 삽화(웹툰)나 애니메이션 동영상을 제작하여, 단순한 역사적 사실만 전달하는 것이 아니라 시각적 정보와 더불어 이를 더욱 쉽고 재미있게 스토리텔링하기 위한 노력을 기울이고 있다. 이러한 시각화에 대한 다각적인 노력은 고고학적 정보의 해석과 연구는 물론 대중의 이해를 돕기 위해 매우 효과적인 방법이다. 우리도 이러한 사례를 참고하여 유적과 유물에 대한 시각화 자료를 다양하게 생성할 필요성이 있다.

그림 13. 영국 Manningham 건물 복원 시각화 ㅣ 출처 Historic England

그림 14. 로마 Carnuntum 유적 복원 시각화 ㅣ 출처 LBI ArchPro

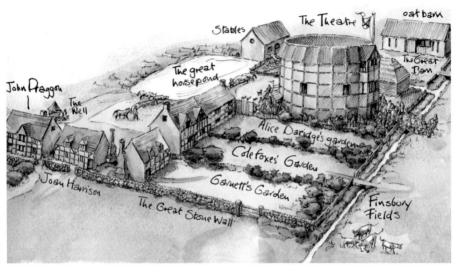

그림 15. 유적 복원 이미지화 사례 (엘리자베스 극장) ㅣ 출처 Historic England

(2) 3D 모델링

3D 모델링은 시각화의 대표적인 기술 중 하나이다. 3D 모델링이란 컴퓨터상에서 3차원 도안을 제작하는 것으로, 대상물을 3차원으로 표현하거나 가상으로 만들어내는 것을 말한다. 고고학 분야에서 3D 모델링은 유적이나 유물의 현황도를 제작하거나 복원하기 위해 주로 활용되고 있으며, 간혹 복원 시뮬레이션을 위해 사용되기도 한다. 3D 모델링의 제작 방식은 크게 두 가지가 있는데, 사진 측량이나 3D 스캔 데이터를 이용하여 실제 대상물을 모델링하는 것과 3D 모델링 소프트웨어를 활용하여 3차원 형상을 개발하는 것을 들 수 있다.

유럽에서 문화재 3D 모델링을 위해 주로 사용하는 사진측량 프로그램은 Metashape와 ReallityCapture가 있으며, 3D 스캔 데이터 처리는 Leica

Cyclone, Scene, ReCap 또는 Meshlab를, 3D 모델링 프로그램은 SketchUp, 3DS Max, Blender 등을 많이 활용하고 있다. 그 밖에 ArcGis나 AutoCAD 프로그램 상의 3D 기능을 활용하여 발굴 유적의 3차원 지형도를 제작하거나 상부가 유실된 부분을 추정하기도 한다. 3D 모델링 콘텐츠의 종류는 3차원 이미지와 영상이 있는데, 이는 컴퓨터나 웹사이트, 애플리케이션, 멀티미디어 등을 통해 구현될 수 있으며 가상현실(VR)이나 증강현실(AR), 몰입형 인터페이스 등에도 다양하게 활용할 수 있다.

유럽에서 3D 모델링을 적용한 사례는 온오프라인에서 흔히 접할 수 있는데, 폼페이 유적 등 발굴 유적의 3D 모델링을 비롯하여 아크로폴리스 등 건축 유적, 세계유산 등으로 지정된 중세 도시 역사지구 등 다양한 문화유적에 대한 3D 모델링이 구축되어 있다. 가장 대표적인 사례는 1996년 시작된 국제 이니셔티브 프로젝트인 '다시 태어난 로마(Rome Reborn) 프로젝트'가 있는데, 이는 AD 320년 콘스탄티누스 황제의 시선으로 바라본 당시 로마제국을 파노라마 형식으로 3D 모델링한 것이다. 수많은 고고학자와 역사학자, 건축학자, 3D 모델러가 참여한 이 프로젝트는 문화유산 3D 모델링의 초기 형태로 2019년 가상현실로 개발되는 등 지속적인 발전을 거듭한 가장 대표적인 사례라 할 수 있다.

그밖에 미국 비영리 단체 사이아크(CyArk)는 국제기념물유적협의회(ICOMOS)와 협력하여 전 세계의 위험에 처한 여러 유적지를 레이저 스캔하고 이를 3D 모델링으로 구현하는 프로젝트를 진행하고 있다. 사이아크는 개발, 기후 변화, 지진, 홍수, 테러, 전쟁 등 수많은 위협으로부터 유실될 수 있는 문화유산을 2017년부터 지속적으로 3D 스캔하여 현재는 200개 이상의 데이터를 구축하였다. 대상 문화유산은 기원전 3000년 스코틀랜드의 신석기 시대 정착지인 스카라 브레(Skara Brae)와 같은 고대 유적지에서부터 폼페이, 바빌론, 런던타워, 시드니 오페라 하우스에 이르기까지 다양하다. 이들은 지상 및 드론의 고해상도 이미지를 비롯하여 라이더, 레이저 스캐닝 등 최첨단 캡쳐 기술을 사용하여 유적의 정확한 3D 표면 모델을 개발하고, 이에 대한 도면 생성은 물론 모델링 영상, 가상현실까지 구축하고 있다. 이들은 홈페이지를 통해 시기별 3D 모델링 프로젝트와 결과물을 서비스[94]하고 있는 한편, 이를 구글 아트앤 컬쳐에도 함께 공유하고 있는 점이 주목된다.

이처럼 유럽에서는 문화유산에 대한 3D 스캔 및 모델링 데이터를 모아 놓은 플랫폼이 몇 개 있는데, 대표적으로 구글 아트앤 컬쳐(Google Art & Culture)[95]와 유로피아나 사이트를 들 수 있다. 구글은 앞서 살펴본 사이아크와 사우스 플로리다 대학, 디지털 유산 및 인문학 컬렉션(The Digital Heritage & Humanities Collections) 등과 협업하여 세계 주요 유적과 유물의 3D 스캔 보존 또는 모델링으로 복원한 데이터를 제공하고 있다. 구글 어스에서는 스톤헨지 등 문화유적의 3D 모델링 데이터를 지도 기반으로 서비스하고 있다.

한편 유럽 최대 문화유산 디지털 콘텐츠 웹사이트인 유로피아나에서는 유럽 주요 박물관과 연구소의 3D 콘텐츠를 10만개 이상 서비스하고 있다. 프랑스 파리에 본사를 두고 있는 스케치팝 사이트에는 영국 박물관 등 전 세계 400여 개 박물관 및 연구소 등과 협업하여 3D 모델링 데이터를 무한 업로드 할 수 있게 하고, 이를 일반에게 공유하고 있다. 이 사이트에는 3D 데이터 뿐 아니라 문화, 예술, 자동차 등 분야별 가상현실 및 증강현실 콘텐츠도 함께 제공하고 있다. 문화재청에서 현재 다양한 문화재에 대한 3D 기록화 사업을 추진하고 이를 국가문화유산포털 등에서 서비스하고 있는데, 발굴조사기관이나 박물관, 국립문화재연구

94) 사이아크(CyArk) https://cyark.org/explore/

95) 구글 아트앤 컬쳐(Google Art & Culture) https://artsandculture.google.com/project/openheritage

원 등 여러 기관에서 생산한 3D 스캔 및 모델링 콘텐츠들도 유럽과 같이 통합·관리하고 서비스할 필요가 있다.

5) 전시·교육

유럽에서 전시와 교육을 위해 적용되는 기술은 3D 모델링과 프린팅, 가상현실, 증강현실, 혼합현실, 멀티미디어, 몰입형 초실감 기술, 인공지능 등이 대표적이다. 멀티미디어 기술에는 DID(Digital Information Display), 프로젝터, 페퍼의 유령, 홀로그램 등이 있으며, 몰입형 초실감 기술은 이러한 멀티미디어와 문화재 성격에 부합하는 공간적 몰입감을 함께 구현한 사례들이 있다.

유럽 고고학자는 대중을 위한 전시와 교육 등을 고고학의 궁극적인 목표로 여기고, 많은 사람들이 고고학 조사와 연구의 결과를 알고 역사와 문화유산에 대해 이해하고 참여할 수 있도록 권장하고 있다. 대중을 위한 디지털고고학을 '디지털대중고고학(Digital public Archaeology, DPA)'이라 불리는데, 이는 최근 10년 동안 생겨난 새로운 분야 중 하나이다.[96] 유럽에서 디지털 기술은 대중을 위한 전시와 교육에 매우 유용하게 활용되고 있는데, 그 중 우리나라와 다른 몇 가지 적용례를 기술별로 검토해 보면 다음과 같다.

---

96) Richardson, L 2013, A Digital Public Archaeology?. Papers from the Institute of Archaeology, 23(1): 10, pp. 1-12.

(1) 3D 프린팅

영국에서 3D 프린트는 상당히 대중화되어 있다. 공공 도서관에서 3D 스캔과 모델링에 대한 무료 시민 강좌를 쉽게 접할 수 있고, 인쇄물을 출력하듯이 3D 프린터를 사용할 수 있다. 실제로 3D 모델링과 프린트를 개인적인 취미로 삼고 드론 등 본인만의 제품을 만드는 사람도 있다. 옥스퍼드대 도서관에서는 학생과 교직원들의 수업이나 연구 자료를 위해 적은 비용으로 3D 프린트를 사용할 수 있도록 하고 있다. 이렇게 학교나 공공도서관에서 3D 프린트를 하는 경우에는 프린트 가능한 크기 25~40㎠의 체코 프루사(Prusa) 제품을 많이 사용하고 있다.

이러한 3D 프린트 기술은 문화유산 분야에서도 활발하게 사용되고 있다. 단순히 축소 모형을 실험적으로 프린트하는 것뿐 아니라 실제 문화재를 복원하기 위한 용도로 많이 활용되고 있다. 크기가 1m 이상 되는 것들도 출력할 수 있는 3D 프린터가 개발되어[97], 축소 모형이 아닌 실물 크기의 문화재 복원에도 많이 적용되고 있다. 이렇게 프린트된 결과물들은 수업시간에 직접 만져보고 관찰할 수 있는 교재로 활용되거나, 시각 장애인을 위한 전시품이 되기도 한다. 유럽 박물관에서 이러한 사례는 쉽게 접할 수 있는데, 대표적으로 스페인 마요르카의 마나코르 박물관(Manacor Museum)의 3D 복제품을 통해 '만질 수 있는 유물 전시[98]' 등을 들 수 있다.

3D 프린트 기술을 문화재 복원에 적용한 사례는 2015년 ISIS(무장테러단체)의 공격으로 파괴된 시리아 팔미라유적[99]을 들 수 있다. 옥스퍼드 디지털고고학

---

97) 독일 BigRep사 3D 프린터 https://3dprintingindustry.com/news/3d-printer-bigrep-24745/
98) 마나코르 박물관 3D 프린트 터치 전시
    https://sketchfab.com/blogs/community/the-museum-where-touching-heritage-is-recommended/
99) 팔미라 유적은 시리아 유프라테스강과 지중해 동부 해안 사이에 위치, 신석기 정착 및 청동기 종교 예배 장소로, 2~3세기 로마시대 교역의 중심지, 문화, 종교, 언어 등 융합도시로 1980년 유네스코 세계문화유

그림 16. 팔미라 개선문 3D 프린팅 ㅣ 출처 The Institute for Digital Archaeology

연구소(Institute for Digital Archeology)는 하버드대학, 두바이 미래 박물관(Dubai's Museum of the Future) 등과 함께 5,000여 대의 3D 카메라를 활용하여 훼손이 더 진행되기 전에 해당 유적을 기록·보존하였으며, 그 중 가장 상징적인 유구인 '개선문(The Triumphal Arch)'을 실물의 2/3크기(높이 5.5m)로 3D 프린트 복원하였다 (2016).[100]

이를 위해 원재료인 이집트 대리석을 사용하였으며, 3D 로봇팔로 프린트 한 후 원래 질감을 표현하기 위해 후처리 작업을 거쳤다. 이는 2016년 4월 1일 런던 트라팔가 광장에 처음으로 전시되었고, 이후 뉴욕, 워싱턴, 피렌체, 두바이, 베른,

산 등재됨.

100) 옥스퍼드 디지털고고학 연구소 http://digitalarchaeology.org.uk/media

그림 17. 3D 프린팅 로봇팔
출처 The Institute for Digital Archaeology

제네바, 룩셈부르크 등에 순회 전시되며 전 세계 많은 사람들에게 '평화의 상징'으로 알려졌다.

한편 이탈리아 보존·복원 연구소(Italian Institute of Conservation and Restoration)는 ISIS의 공격으로 파괴된 시리아 팔미라(Palmyra)의 2세기 로마 조각상 일부를 3D 프린트로 복원하였다.[101] 그 밖에 이탈리아 만토바의 산 마티노 성당(Castello di San Martino dall'Argine)의 조각상의 유실된 머리부를 3D모델링으로 복원하고 3D 프린트한 사례도 있다.[102]

이러한 방식은 문화재를 실제 복원하는 것에 비해 비용을 절감하고 색깔을 달리하여 원래의 문화재와 복원부의 차별성을 명확히 할 수 있고, 거치하는 방식을 택해 복원과 접착으로 인한 직접적인 훼손을 최소화할 수 있는 장점이 있다. 우리도 유럽의 사례와 같이 유물

101) 시리아 팔미라(Palmyra) 로마 조각상 3D 프린트 복원
   https://www.dailymail.co.uk/news/article-4231386/Italian-teams-restore-damaged-busts-ancient-Syrian-city.html
102) 이탈리아 산 마티노 성당 조각상 3D 복원
   https://www.digitalmeetsculture.net/article/3d-printing-applied-to-cultural-heritage/

이나 초석, 기둥 등 3D 프린트가 가능한 대상을 선별하여 문화재 복원에 효과적으로 활용할 수 있을 것으로 생각된다.

(2) 가상현실

가상현실(이하 VR)은 Virtual Reality의 줄임 말로, 컴퓨터를 이용해 만든 가상의 이미지를 다양한 장비를 사용하여 실제처럼 느낄 수 있도록 한 기술을 말한다. VR 콘텐츠의 종류는 실제 촬영한 360° 이미지 혹은 3D로 모델링한 이미지, 애니메이션 등 동영상으로 제작한 형식이 있다.

VR 구현 방식은 크게 3가지로, 머리에 안경형 HMD(Head Mounted Display) 장비를 착용하고 시야를 외부로부터 차단하고 보는 방식, 일반 모니터를 통해 보는 디스플레이 방식, 사용자가 조정할 수 있는 인터랙티브 방식 등이 있다.

① HMD VR

HMD VR은 가상현실을 구현하는 방식 중 가장 대표적이고 일반적인 형태로, 머리에 착용하는 안경형 디스플레이를 통해 사용자에게 가상 세계를 보여주는 것을 말한다. 장비의 종류에 따라 마이크, 스피커 등이 함께 장착되어 있으며, 손으로 조정할 수 있는 컨트롤러(햅틱)를 함께 사용하기도 한다.

유럽의 관련 사례로는 영국박물관, 러시아 에르미타주 미술관, 독일 노이에스 박물관 및 VR 박물관(The VR Museum of Fine Art) 웹사이트[103] 등이 있다. 영국박물관은 오큘러스 기어(Oculus Rift/Gear) HMD와 블루버드(Boulevard) 플랫폼을 기반으로 전시실 VR 투어를 제공하는데, 어디서든 링크를 통해 접속할 수 있다

---

103) The VR Museum of Fine Art 웹사이트
    http://store.steampowered.com/app/515020/The_VR_Museum_of_Fine_Art/

는 장점이 있다.[104] 해당 VR은 영국박물관 전시관에 대한 3D 모델링 콘텐츠를 제공하는데, 전시관을 둘러보다 원하는 전시물을 확대하거나 돌려서 볼 수 있으며, 오디오를 통해 설명을 함께 들을 수 있다.

② 모니터 디스플레이 VR

모니터 디스플레이 VR은 일반 모니터를 통해 가상현실을 보는 것을 말하는데, 컴퓨터 혹은 핸드폰으로 볼 수 있는 웹(앱) VR과 전시관 등에 대형 모니터나 프로젝터를 이용하는 방식이 있다. 프로젝터를 활용한 가상현실은 3면 혹은 4면, 360° 화면 등을 이용하여 일반 모니터에 비해 현실감과 몰입도를 높일 수 있다.

일반 컴퓨터 모니터로 볼 수 있는 웹 VR 사례는 전 세계 유명 박물관과 유적 전시관 등에서 쉽게 확인할 수 있는데, 영국 자연사 박물관[105], 미국 스미스소니언 자연사 박물관[106], 프랑스 루브르 박물관[107] 등이 있다. 프로젝터를 활용한 몰입형 VR 사례로는 영국 스톤헨지 방문자센터, 프랑스 로만 박물관 등을 들 수 있다.

스톤헨지 유적은 다양한 가상현실 콘텐츠를 서비스하고 있는데, 먼저 스톤헨지 방문자센터 내의 몰입형 VR과 홈페이지와 구글 어스를 통한 웹 VR이 있다. 스톤헨지 방문자센터는 스톤헨지의 경관을 해치지 않도록 유적으로부터 약 2.5km 떨어져 있는데, 내부 전시관에는 전체 원형 벽면 패널을 이용하여 마치 스톤헨지 내부에 들어와 있는 것과 몰입형 가상현실 체험을 제공한다. 프로젝터 영상은 약

---

104) 오큘러스 기어 https://www.oculus.com/experiences/rift/1177199742298383/
　　영국박물관 VR 투어 https://www.youtube.com/watch?v=pWmGbpOqrNM&t=26s
105) 영국 자연사 박물관 VR https://sketchfab.com/models/b2f3e84112d04bf1844e7ac2c4423566
106) 미국 스미스소니언 자연사 박물관 VR http://naturalhistory.si.edu/vt3/
107) 프랑스 루브르 박물관 VR http://www.youvisit.com/tour/louvremuseum

그림 18. 스톤헨지 웹 VR 전시 현황

3분으로 스톤헨지의 시기별 변천 과정을 3D 모델링으로 구현하고 있다. 스톤헨지 웹 VR[108]은 잉글리시 헤리티지(English Heritage) 사이트에서 확인할 수 있는데, 마우스를 클릭하여 스톤헨지를 둘러볼 수 있음은 물론 유구의 일부를 클릭하여 해당 부분에 대한 설명을 읽거나 동영상(유튜브)을 시청할 수 있다는 장점이 있다. 구글 어스에서도 지도 기반으로 스톤헨지 360° VR을 볼 수 있다.

③ 인터랙티브 VR

인터랙티브 VR은 사용자가 단순히 가상현실을 보는 것에 그치지 않고, 컨트

---

108) 스톤헨지 웹 VR https://www.english-heritage.org.uk/visit/places/stonehenge/history-and-stories/
stonehenge360/

롤러를 이용하여 환경을 조정하거나 모션감지 센서를 활용하여 가상공간을 직접 체험하는 방식을 말한다. 이는 주로 게임과 같은 형태로 사용자와 양방향으로 소통하는 시스템이 많은데 다음과 같은 몇 가지 사례를 들 수 있다.

스웨덴 샌비 보그 프로젝트(Sandby borg project)[109]는 리나우스 대학(Linnaeus University), 칼마 카운티 박물관(Kalmar County Museum) 등 5개 기관의 전문가들이 참여한 철기 시대 유적 발굴 프로젝트이다. 발굴조사 뿐만 아니라 대중이 참여하고 방문하거나 펀딩에 동참하는 다양한 프로그램이 운영되었는데, 인터랙티브 VR도 그 중의 하나이다. VR 콘텐츠[110]는 HMD(HTC Vive 제품)와 컨트롤러를 이용하여 3D 그래픽으로 재현한 발굴 현장을 걸어 다니면서 검이나 동전 등 유물을 발굴하는 방식이다. 이는 사용자들에게 마치 실제 발굴을 하는 듯한 가상 체험을 제공하며, 해당 유적과 출토된 유물을 자연스럽게 학습할 수 있는 좋은 교육 콘텐츠가 된다.

미국 워싱턴 DC의 뉴지움(Newseum)에서는 2017년 '베를린 장벽 탈출 가상 현실(VR)[111] 체험전(2017.7.26.~12.31.)'을 개최하였다. 박물관은 HTC vive사와 파트너쉽을 맺고 VR 장비와 핸드 모션 컨트롤러를 사용하여 냉전시대 베를린 장벽을 체험하는 7분짜리 게임 콘텐츠를 제작하였다. 이는 특정 공간에서 HMD 장비를 장착하고 컨트롤러를 조작하여, 베를린 장벽 아래 비밀 통로를 찾아 탈출하는 일종의 게임 방식이다. 해당 VR은 게임의 형태로 체험자에게 재미를 주는 것은 물론, 냉전 시대 베를린 장벽의 모습과 당시 역사적 상황을 자연스럽게 전달할 수

---

109) Papmehl-Dufay, L. and Söderström, U. ,2017, Creating Ambassadors Through Digital Media: reflections from the Sandby borg project, Internet Archaeology 46.

110) 샌비보그 프로젝트 발굴현장 가상현실 https://youtu.be/BW_7nkEzBfQ

111) 베를린 장벽 탈출 가상 현실(VR) https://youtu.be/7MjY5KwxtxQ

그림 19. 샌비보그 발굴현장 VR | 그림 20. 샌비보그 발굴 VR 체험 모습

출처 Daniel Lindskog, Sandby Borg - A Virtual Connection, https://youtu.be/BW_7nkEzBfQ(2018.04.06.)

있는 스토리텔링 가상현실(VR)의 사례이다.

스웨덴 오스터리우스 박물관(Osterleus Museum)[112]에는 모션 감지 센서를 활용하여 직접 참여할 수 있는 디스플레이 가상현실(VR) 체험 프로그램을 제공하고 있다. 해당 VR[113]은 스웨덴의 유명한 청동기 시대 유적인 키빅 무덤(Kivik Grave) 석판에 새겨진 청동기시대 그림을 모티브로, 춤을 추는 듯한 사람 행렬을 3D 애니매이션으로 제작하였다. 관람객은 이를 스크린으로 보면서 동작을 직접 따라 할 수 있는데, 이는 모션 감지센서를 통해 화면 속으로 전달되어 행렬 중 한 사람으로 함께 표현된다.

참여자들은 시각, 청각은 물론 직접 몸으로 그 동작을 따라하면서 실제 청동기 시대 춤을 추는 듯한 의식에 참여하게 된다. 이를 기획한 오스터리우스 박물관은 참여자를 대상으로 설문조사를 하였는데, 많은 사람이 이를 단순히 눈으로 보는 것에 비해 더욱 재미있고 깊은 관심을 가지게 되며 역사의 일부분이 된 것 같

---

112) Ljungar-Chapelon, M. 2017, Virtual Bodies in Ritual Procession — Digital co-production for actors and interpreters of the past, Internet Archaeology 46.

113) 스웨덴 오스터리우스 박물관 인터랙티브 가상현실 https://youtu.be/bVFOdH8a6tg

그림 21. 키빅 무덤 인터랙티브 VR 체험 모습
출처 Ljungar-Chapelon, M. 2017, 앞의 논문

다고 응답하였다. 해당 VR은 2014년 룬드 대학(Lund University)과 오스터리우스 박물관과 학제 간 공동 연구로 추진되었으며, 디자인과학부, 인문학연구소 및 고고학·고대 역사 연구소 및 관련 기업 등 다수가 참여하였다. 이처럼 인터랙티브 VR은 고고학 관련 가상현실 콘텐츠를 게임과 같이 재미있게 즐길 수 있고, 그 속에 포함된 다양한 역사적 사실을 쉽게 전달할 수 있다는 두 가지 장점을 갖추고 있다.

(3) 증강현실

증강현실(이하 AR) 기법은 여러 디지털 디스플레이를 이용하여 현실세계에 가상의 사물이나 정보를 합성하여 보여주는 기술이다. AR 콘텐츠의 종류는 일반적으로 사진 이미지 혹은 3D 모델링 이미지, 동영상, 오디오 등이 있다.

AR 구현 방식은 스마트폰이나 태블릿을 이용하는 것이 가장 일반적이며, 박물관 등에 비치된 전용 디바이스나 모니터를 이용하는 방식도 있다. 증강현실 콘텐츠는 GPS 위치 기반 기능과 연동시켜 해당 위치에서 자동으로 필요한 정보가 디스플레이 되는 기능도 함께 사용하는 경우가 많다.

① 스마트폰·태블릿 AR

스마트폰이나 태블릿 PC는 증강현실(AR)을 구현하기 위해 주로 사용되는 기기로 관련 콘텐츠는 일반적으로 애플리케이션의 형태로 제작된다. 전시관 등 실내에서는 전시품이나 QR 코드 등에 AR 디바이스를 비추면 관련 정보가 증강현실로 보여 지는 방식을 주로 활용하고 있는데, 이는 러시아 미술관 등 전 세계 박물관이나 미술관 등에서 관련 예를 쉽게 찾아볼 수 있다. 한편 유적지에 적용되는 증강현실 애플리케이션은 스마트폰의 GPS를 기반으로 특정 위치에서 유적의 설명이나 복원된 유적의 모습을 자동으로 보여 주도록 제작된 사례가 많다. 웨일즈 CADW 애플리케이션, 영국 콘월 레스커닉(Leskernick Hill) 유적 애플리케이션을 예로 들 수 있다.

영국 웨일즈 문화청 CADW 애플리케이션[114]은 웨일즈 지방 문화재 위치(지도)와 사진, 기본 정보 등을 제공하며, 유적 근처에 가면 관련 정보가 자동으로 증강현실(AR)로 나타나도록 설계되어 있다. 해당 애플리케이션은 인터넷 연결 없이 GPS를 이용하여 사용자의 위치와 유적을 찾아가는 길(Digital Trail)을 안내하며, 드래곤 잡기와 같은 증강현실 게임 기능을 탑재하고 있다.

---

114) Rothenberg, M. 2017, Review of Cadw Mobile App [application], Internet Archaeology 44.

그림 22. 스페인 카사바트요 AR 활용현황

그림 23. 독일 베를린 자연사 박물관 AR 망원경

② 전용 디바이스 AR

박물관 등에서는 스마트폰 애플리케이션 외에 증강현실을 구현하는 전용 디바이스를 운용하기도 하는데, 일반적으로 스마트폰과 유사하거나 망원경 형태혹은 모니터를 활용한다. 이는 사용자가 직접 애플리케이션을 설치하지 않아도되어 편리하고 해당 문화재에 가장 적합한 가상현실을 구현할 수 있다는 장점이있으나, 요금이 추가로 발생하거나 조작 방법이 익숙지 않고 관리자가 충전, 소독, 고장 시 수리 등의 지속적인 관리를 해야 한다는 단점도 있다. 관련 사례로 스페인 카사바트요와 독일 베를린 자연사 박물관을 들 수 있다.

스페인 바르셀로나에는 가우디 건축물이 여럿 있는데, 그 중 카사 바트요(CASA BATLLO)는 조셉 바트요가 1903년 가우디에게 리모델링을 맡기면서 현재의모습이 되었으나, 이후 지속적으로 변형되어 현재까지 복원이 이루어지고 있다.이에 카사 바트요에서는 전용 증강현실(AR) 기기를 활용해 가우디가 설계했을 당시의 모습을 재현하고 있다. 방문자는 AR 기기를 통해 각 방의 설명을 오디오로들을 수 있음은 물론, 기기를 건물 내부에 비추어 가우디가 디자인한 실내 인테리어를 3D 모델링 이미지로 볼 수 있다. 이미지는 당시의 계단, 창문, 가구, 문고리와 타일 하나하나까지 고증을 통해 복원되었으며, 가우디가 해당 건물을 리모델링했을 당시의 모습과 그의 철학을 상세히 이해하는 데 매우 유용하다. 이와 유사한 사례로 프랑스 아비뇽 교황청이 있다.

한편 영국 웨일즈 카디프 박물관에서는 AR 전용 디바이스를 통해 전시되어있는 고래, 공룡 등의 원래 모습을 애니메이션 그래픽으로 볼 수 있다. 미술 작품이 전시되어 있는 갤러리에서 AR 전용기기를 사용하면 미술작품의 풍경이 움직이거나 주인공이 전시실을 거니는 모습을 증강현실로 체험할 수 있다.

독일 베를린 자연사 박물관은 주라스코프(Jurascopes)라 하는 모니터와 망원경을 증강현실(AR) 디바이스로 활용하였다. 박물관 메인홀에는 디플로도쿠스(Diplodocus) 등 공룡뼈가 전시되어 있는데, 증강현실 망원경과 모니터를 공룡뼈에 비추면 공룡의 원래 모습이 복원되며 살아 움직이는 애니메이션을 볼 수 있다. 이처럼 증강현실 기술을 이용하면 다양한 기기와 콘텐츠를 통해 사용자에게 새로운 정보와 생생한 경험을 제공할 수 있다.

(4) 혼합 현실

혼합 현실(이하 MR)은 현실과 가상의 디지털 정보를 혼합 또는 병합하여 보여주는 것으로, 증강현실과 가상현실의 업그레이드 버전이라 할 수 있다. MR 콘텐츠는 시각적 이미지를 기본으로, 인간의 오감 중 하나인 청각, 후각, 촉각 등의 요소를 가미한 것이 많다.

혼합현실을 구현하는 대표 기기로는 홀로렌즈와 포토닉스 칩 등이 있는데, 이는 가상현실 HMD와 같이 시야를 완전히 차단하지 않고 투명한 유리를 통해 증강현실을 보는 원리이다. 특히 마이크로소프트사에서 개발한 홀로렌즈는 모션(손짓)으로 조작할 수도 있고 음성인식 기능과 내장 스피커를 모두 갖추고 있다. 이 외에도 혼합현실을 구현하기 위해 촉각을 느낄 수 있게 특수 고안된 장갑과 햅틱, 냄새를 맡을 수 있는 분사 장비, 소리를 들을 수 있는 각종 오디오와 스피커 등이 활용되기도 한다.

홀로렌즈를 활용한 예로 마이크로소프트사가 프랑스 세계유산 몽생미셸(Abbaye du Mont-Saint-Michel)에 적용한 홀로렌즈 프로젝트가 있다. 마이크로소프트사[115]는 프랑스의 Musée des Plans-Reliefs 박물관과 함께 프랑스 노르망디

---

115) 몽생미셸 혼합현실 https://www.microsoft.com/inculture/arts/le-mont-saint-michel-mixed-reality/

그림 24. 몽생미셸 홀로렌즈 현황© Microsoft/Youtube
출처 https://sketchfab.com/blogs/community/capturing-3d-photogrammetry-using-underwater-drones/

에 위치한 몽생미셸[116]에 대한 홀로렌즈 전시를 개최(2018.10.~2019.2.)하였다. 이후 이 전시는 시애틀의 MOHAI 박물관(역사 산업 박물관, The Museum of History & Industry)에 다시 선보이게 되었다(2019.11.23.~2020.1.26).

이 전시에는 1600년 대 수도사들이 만든 몽생미셸 수도원의 1/144 축소 모델이 전시되었는데, 이를 홀로렌즈를 통해 보면 건물 각 부분의 명칭과 기능을 가상현실 이미지로 자세히 볼 수 있고 내장된 3D 오디오로 설명을 들을 수 있다. 관람객은 홀로렌즈를 착용한 상태에서 슬라이딩 제스처 등 손짓으로 원하는 콘텐츠를 선택할 수 있다. 마이크로소프트사는 이를 제작하기 위해 드론과 카메라를 이용하여 몽생미셸 수도원을 수십 만 장 촬영하였고, 인공지능(AI) 기술을 적용하

---

116) 몽생미셸은 '미카엘 천사의 산'이라는 뜻으로, 708년 오베르 주교의 꿈에 미카엘 천사가 나타나 바위섬에 예배당을 지으라는 계시를 받아 축조되었으며, 966년 베네딕트 수도회의 수도원이 세워지는 등 이 후 지속적으로 증·개축되어 현재의 모습이 되었음

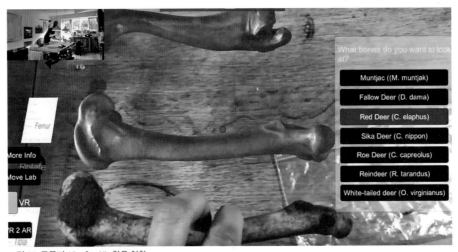

그림 25. 동물뼈 ARtefactKit 활용 현황

출처 Stuart Eve, The ARtefactKit. Heritage Jam Entry 2017, https://youtu.be/Y_yE-TkDn5I

여 3D로 렌더링하여 이를 홀로렌즈 콘텐츠로 제작하였다[117]. 이처럼 혼합현실 기기는 증강현실과 가상현실 기술을 복합적으로 구현하여 사용자들에게 다양한 정보를 효과적으로 전달하는데 매우 유용하다.

① 후각 MR

문화유산에 냄새를 느낄 수 있게 하는 후각 혼합현실(MR) 기법은 기본적으로 냄새 향을 분사하는 방식으로 구현된다. 후각 MR은 런던 자연사 박물관 티라노사우르스 렉스전(2001), 영국 요크 요르빅 바이킹 센터(1990~현재), 뉴욕 메트로폴리탄 뮤지엄(2015) 덴마크 아르후스 모에스가드 박물관(2014~현재) 등에서 사용되

---

117) 몽생미셸 혼합현실 제작 과정 https://www.holoforge.io/work/history-and-culture-through-mixed-reality

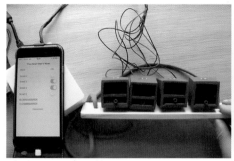

그림 26. 모에가스르 MR 장비   그림 27. 후각 MR 체험 모습

출처 Heritage Jam, Dead Man's Nose - Stu Eve, https://youtu.be/6yEy9rippJk(2015.09.25)

었다. 특히 요크 요르빅 바이킹센터는 재현된 바이킹 마을을 관람차를 타고 둘러
보면서 시각, 청각, 후각 등의 4D 혼합현실을 체험할 수 있다.

　　유물키트(ARtefactKit)[118]는 후각 MR 애플리케이션으로 2017년 요크 대학에서
주최하는 디지털고고학 대회인 '헤리티지 잼(Heritage Jam)'에서 1위를 차지한 프
로그램이다. 개발자는 스튜어트 이브(Stuart Eve)로 엘-피 고고학(L-P Archaeology)
에 근무하는 고고학자이다.

　　아이폰으로 구동되는 이 애플리케이션은 동물 뼈 조사를 목적으로 제작되었
으며, 증강현실과 후각 및 청각 혼합현실 기능을 모두 구현한다. 앱 내 증강현실
스케일을 통해 동물뼈의 크기와 각도를 측정할 수 있고, 저장된 다양한 뼈 이미
지와 비교해 봄으로써 어떤 동물의 무슨 뼈인지 확인이 가능하다. 이 앱에는 해당
동물의 움직임을 보고, 소리를 듣고, 후각 장치를 이용해 냄새를 맡는 기능이 추
가로 내장되어 있다. 이 애플리케이션 제작에 사용된 프로그램은 OpenContext

---

118) 유물키트(ARtefactKit) 혼합현실(MR)
　　　https://www.dead-mens-eyes.org/the-artefactkit-heritage-jam-2017-winner/

GeoJSON API, Utility 3D, Apple ARkit, Geoson Api 등이 있다.

개발자는 이 외에도 덴마크 모에가스르 고고학 트레일(Moesgård Archaeological Trail, Denmark)의 '죽은 사람의 냄새(Dead Man's Nose (DMN) project)' 프로젝트를 진행하였다. 이는 요크 대학에서 주최하는 디지털고고학 대회인 '헤리티지 잼(Heritage Jam)'의 2015년 수상작으로[119], 휴대용 냄새 분사 장치를 목에 걸고 유적지를 답사하는 후각 MR 이다. 냄새 분사 장치는 팬이 달린 소형 박스에 향주머니를 넣은 것으로 핸드폰과 블루투스 장비(BluetoothLE chip)로 연결되어 해당 유적지에 가면 GPS에 반응하여 관련 향을 분사한다. 사용자는 주거지에서 나는 냄새, 무덤에서 나는 시체 썩는 냄새 등을 경험할 수 있다. 이는 비록 실험적인 연구이지만 이와 같은 아이디어를 적극 활용하면 유적지를 생생하게 체험할 수 있는 재미있는 혼합현실 콘텐츠 개발이 가능할 것이다.

② 청각 MR

문화유산에 청각 즉 사운드를 재생하는 기법은 혼합현실 중 가장 많이 사용되는 기법으로 일반적으로 박물관에서 스피커와 음향 시스템을 전시 콘텐츠와 함께 구현하는 것을 들 수 있다. 그 밖에 가상현실과 증강현실 등 시각 효과와 더불어 청각적 요소를 가미하는 사례가 있다.

요크 공동묘지(York Municipal Cemetery) 애플리케이션은 위치기반 AR로, 공동묘지 내 특정 무덤을 지나가면 해당 무덤과 주인공에 대한 사진과 도면, 설명을 볼 수 있고(시각), 동시에 그 무덤의 주인공들을 가장한 음성(청각)이 재생된다.[120]

---

119) Eve, S. 2017, The Embodied GIS. Using Mixed Reality to explore multi-sensory archaeological landscapes, Internet Archaeology 44.

120) Eve, S. 2017, 앞의 논문.

이는 오디오 가이드의 업그레이드 버전이라 할 수 있는데, 유적지 내에서 스마트폰의 화면을 보면서 정보를 검색하는 것이 아니라 해당 위치에서 자동으로 관련 설명을 들을 수 있다는 장점이 있다. 이 앱은 당시 사람들이 어떻게 살다 죽었는지, 당대 역사적 배경과 그 속에 묻힌 사람들의 이야기를 스토리텔링하여 무거운 주제를 재미있게 전달한다. 이처럼 청각 MR은 단순한 기술이지만 위치 연동 기능과 스토리텔링 요소 등을 가미하여 유익한 혼합현실 콘텐츠가 될 수 있다.

(5) 인공지능

인공지능(Artificial Intelligence, 이하 AI)은 컴퓨터가 인간과 같이 사고, 학습, 판단하는 방식을 연구하는 컴퓨터 공학 기술의 한 분야로, 머신러닝과 딥러닝 기술을 포함한다. 문화유산 분야에서 인공지능 기술의 사용은 아직 많지 않은데, 딥러닝 기술을 적용한 사례로 '라이더 데이터를 활용한 특정 유구 자동 인식 연구[121]'와 머신러닝 기술을 적용한 '프랑스 몽생미셸 3D 데이터 렌더링[122]' 등이 있다.

인공지능 기술을 교육·전시에 활용한 사례로 IBM 왓슨의 인공지능 대화형 오디오 가이드, '보이스 오브 아트(The Voice of Art[123])'가 있다. 이는 브라질 피나코테카 데 상파울루 박물관(Pinacoteca de São Paulo Museum)의 대화형 오디오 가이드로, 인지 컴퓨팅(Cognitive computing) 기능을 사용하고 있다. 이 기능은 데이터 기계 학습, 추론, 자연어 처리, 음성 인식, 인간과 컴퓨터의 상호 작용, 다이얼로그 및 내레이션 생성을 포함한다.

머신러닝을 바탕으로 '보이스 오브 아트'는 사용자의 음성 질문에 맞는 답변

---

121) Verschoof-van der Vaart, W.B. and Lambers, K., 2019. 앞의 논문.

122) 마이크로소프트 https://www.holoforge.io/work/history-and-culture-through-mixed-reality

123) 보이스 오브 아트(The Voice of Art) https://youtu.be/ogpv984_60A

을 스스로 찾아 오디오 가이드로 들려준다. 이는 사용자가 소장품에 대해 질문하면 IBM 블루믹스(Bluemix) 클라우드의 인공지능 서비스로 전달되어 언어와 질문을 인지하고, 왓슨 API(Application Programming Interface)를 통해 실시간 나래이션으로 답변하는 시스템이다. 2017년 IBM은 박물관 큐레이터 및 관련 학자들과 함께 박물관의 전시물 관련 책자, 신문, 인터넷 등의 다양한 정보를 6개월 동안 왓슨에게 학습시켜 해당 인공지능 대화형 오디오 가이드를 개발하였다. 브라질은 박물관 방문율이 28%밖에 되지 않는데, '보이스 오브 아트' 출시 이후 피나코테카 데 상파울루 박물관의 방문자수가 200% 증가하는 효과를 거두었다. 인공지능은 방대한 데이터를 충분한 시간동안 기계 학습시켜야 되는 등 다소 난이도가 높은 기술이지만 다양한 형태로 개발이 가능하여 앞으로 발전 가능성이 무궁무진할 것으로 보인다.

(6) 멀티미디어

멀티미디어는 컴퓨터를 매개로 영상, 음성, 문자 등 다양한 정보 매체를 복합적으로 만든 장치나 소프트웨어를 말한다. 이는 모니터, 프로젝터, 음향 시스템(오디오 가이드, 스피커), DID(Digital Information Display), 홀로그램 등을 포함하며, 유럽의 문화유산 교육과 전시 분야에서 가장 널리 활용되고 있는 방법이다. 멀티미디어는 단순한 기술이지만 최근에는 몰입형 환경과 모션 감지 센서, 서라운드 음향 시스템 등을 함께 활용한 실감 콘텐츠를 구현하기 위해 많이 사용되고 있다.

유럽의 박물관에서 멀티미디어를 활용하는 방법은 크게 세 가지로 구분할 수 있다.

첫째, 정보의 시각화(Information Visualisation)이다.

이는 멀티미디어의 가장 기본적인 역할로, 최근에는 시각화와 더불어 청각,

촉각 등을 활용하여 관련 정보를 더욱 쉽고 효과적으로 전달하는 기법이 발달하였다. 콘텐츠 내용 또한 역사적 사실을 단순히 전달하는 영상보다는 3D 모델링을 활용해 문화재의 복원된 모습을 다양한 각도로 보여주거나, 당시 모습을 재현하고 스토리텔링을 가미한 사례가 많았다.

둘째, 몰입형 인터페이스(Immersive Interface)의 제공이다.

이는 여러 개의 프로젝터와 음향 시스템을 활용하여 사용자가 전시 영상에 몰입할 수 있는 환경을 제공하는 것을 말한다. 대표적인 예로 우리에게 미디어아트로 익숙한 미술 작품을 대형 스크린 등에 투사하는 AMIEX(Art&Music Immersive Experience)를 들 수 있다. 이는 다수의 프로젝터를 벽, 바닥, 천장 등에 영사하고 그에 어울리는 음향 효과를 함께 제공하여 관람자로 하여금 완전한 몰입감을 느낄 수 있도록 한다. 문화유산 역시 3D 등으로 제작된 영상을 멀티미디어를 활용한 몰입형 인터페이스에 구현함으로써 마치 해당 문화재를 직접 보는 듯한 몰입감을 제공할 수 있다.

셋째, 인터랙티브 체험형 전시(Interactive Exhibits)이다. 과거에는 사용자에게 일방적으로 정보를 주는 방식이 많았지만, 최근에는 터치스크린, 모션 감지 센서, 사물 연동 인터랙티브 기능 등으로 사용자와 쌍방향으로 소통하는 방식의 멀티미디어가 늘어나고 있다. 사용자는 기기를 직접 조작거나 게임 등의 방식을 통해 직접 참여하고, 이를 통해 시각, 청각, 촉각, 후각 등 다양한 경험을 즐길 수 있다.

덴마크 모스가드 박물관(Moesgaard Museum[124])에는 터치스크린, 모션 감지 프로젝터, 사물 연동 인터랙티브 기능 등 다양한 멀티미디어를 활용한 쌍방향 전시와 유물(복제품)을 만져보거나 죽은 사람의 냄새를 맡는 등 촉각, 후각 MR 기법의

---

124) 덴마크 모스가드 박물관(Moesgaard Museum) https://www.moesgaardmuseum.dk/en/

전시를 선보이고 있다. 독일 베를린 스파이 박물관에서는 멀티미디어 장비를 통해 암호 해독, 모스 신호 보내기, 레이저 미로 탈출하기 등의 다양한 게임을 체험할 수 있다(부록 2-3 참조).

멀티미디어 콘텐츠를 구현하는 방식은 DID장비, 모니터, 스크린, 터치스크린, 프로젝터, 홀로그램, 각종 음향시스템, 미디어 테이블, 디오라마 테이블 등으로 매우 다양하다. 콘텐츠 내용은 단순한 정보 전달을 위한 사진, 동영상을 비롯하여 이를 재구성한 그래픽 복원, 배우들이 유물을 사용하거나 그 유적에 있는 장면을 재현한 영상(영국 메리로즈 박물관), 애니메이션 스토리텔링(영국 코벤트리 교통 박물관) 등으로 매우 다양하다(부록 1-6 참조).

① DID(Digital Information Display)

DID는 디지털 정보를 디스플레이하는 기기를 통칭하는 장비로, '정보의 시각화(Information Visualisation)'에 기본이 되는 하드웨어이다. DID 기기는 LED 모니터 등 각종 영상장치, 멀티비전, 라지 포맷 디스플레이, 터치스크린, 미디어 월, 키오스크 등 다양한 종류가 있다. 디지털 사이니지(Digital Signage)라고도 불리는 DID는 전 세계적으로 문화유산 전시·교육 분야에 가장 널리 사용되는 기기로 유럽에서는 이를 여러가지 방식으로 활용하고 있다.

터치스크린은 박물관에서 주로 사용되는 DID 장비인데, 같은 사용 방식이라도 콘텐츠의 내용과 구성에 따라 활용 방법이 달라진다. 영국 메리로즈 박물관에는 난파선에서 발견된 유물과 함께 이를 사용하는 방법을 재현한 동영상을 검색할 수 있는 터치스크린을 비치하였으며(부록 1-11 참고), 런던 박물관에는 유물과 이를 사용한 사람들을 디지털 모션 디스플레이(Digital Motion Display Device)를 통해 매칭시켜 보는 체험형 터치스크린을 전시하고 있다(부록 1-3 참고).

독일 스파이 박물관, 프랑스 로만 박물관 등에서는 쇼케이스 전면 유리에 전시물의 영상물을 보여주는 디지털 쇼케이스를 활용하고 있다. 그 밖에 증강현실(AR) 패널 등 국내에서 접하기 어려운 새로운 형식의 DID를 많이 개발·활용하고 있다(그림 28, 29). 한편 일반 모니터 등 단순한 DID 장비도 어디에 어떻게 디스플레이 하느냐에 따라 그 효과가 크게 달라진다. 런던 해양 박물관에는 모니터를 바닥에 눕혀서 파도가 치는 바다를 재현하고(부록 1-8 참고), 코벤트리 교통 박물관은 거울과 유사한 DID와 모션감지 센서를 함께 사용하여 사람이 근처에 가면 거울 속에서 사람이 등장하는 상황을 연출하고 있다(부록 1-6 참고). 이처럼 유럽 박물관은 DID 기기를 우리에 비해 다양하게 활용하고 있는데, 우리도 이를 문화재에 따라 다양하게 활용하면 더욱 효과적인 전시·교육 방안이 될 수 있을 것이다.

② 프로젝터

프로젝터는 컴퓨터, 카메라, 캠코더 등의 영상이나 이미지를 영사하는 장치로, 박물관과 같은 실내 전시 공간에서 이를 활용하여 정보를 전달하는 예를 쉽게 발견할 수 있다. 프로젝션은 영상을 큰 화면으로 볼 수 있는 장점이 있는데 해상도와 기능이 점점 발전되고 있으며, 최근에는 모션감지 센서를 함께 활용하는 사례가 많다. 문화유산 분야에서 프로젝터의 활용 목적은 크게 정보 전달, 스토리텔링, 복원(재현)으로 나눌 수 있다. 유럽의 박물관은 일반적으로 프로젝터를 통해 유물이나 유적의 이미지 혹은 동영상을 전시하는데, 최근에는 3D로 복원된 시뮬레이션 영상과 당시의 역사를 애니메이션 혹은 재현 영상으로 제작한 스토리텔링 콘텐츠가 다수를 차지한다.

프로젝터는 일반적으로 벽에 설치된 스크린에 영사하는 경우가 많지만 유럽에서는 매우 다양한 대상을 향해 영사하는 것이 특징이라 할 수 있다. 예를 들면,

프로젝터를 분사되는 물에 영사하거나(폴란드 린쿠 박물관), 복원된 배와 같은 유적 또는 유물(영국 메리로즈 박물관, 프랑스 로만 박물관), 건물의 파사드나 내부, 바닥, 천정 등에 영사하는 것이다. 한편 프로젝터를 3~4면의 대형 멀티스크린에 영사하여 몰입감을 더하거나(프랑스 로만 박물관), 채석장 등 특별한 공간에 활용하여 미디어 아트를 구현(프랑스 아를 채석장)하기도 한다.

유럽의 박물관은 프로젝터를 단순히 벽에 영사하지 않고 다양하게 활용하는 것이 특징이다. 런던 전쟁박물관은 전쟁 벙커의 느낌을 전달하기 위해 프로젝터로 군인들의 그림자를 벙커 벽에 영사하고 있다(그림 32). 관람객들은 포화 소리를 들으며 벙커 속을 걸어가게 되는데, 군인들의 그림자가 빠르게 지나가는 모습을 보고 마치 전쟁을 경험하는 것 같은 생동감을 느끼게 된다. 이처럼 유럽의 박물관에서는 프로젝터를 단순히 영상을 보여주는 기기로만 사용하지 않고, 당시 역사적 상황을 재현하는 등 다양한 방식으로 활용하고 있다.

한편 유럽에서 프로젝션 맵핑 기술은 유적이나 유물 혹은 당시 지형이나 경관을 복원하기 위해 많이 활용되고 있다. 박물관은 유적과 유사한 지형의 3D 디오라마를 제작하여 천장형 프로젝터로 3D 모델링된 유적의 모습을 영사하여 입체감 있는 전시를 구현한다. 이와 같은 기법은 유적과 주변 지형을 쉽게 보여줄 수 있고 시간 순으로 변화되는 모습을 전달하기에도 용이하다. 사용자는 모션감지 센서를 활용하여 직접 프로젝션을 조정할 수도 있다.

영국 포츠머스 메리로즈 박물관은 1500년대 난파선을 발굴하여 복원해 놓았는데, 배의 규모가 전시관 3층 높이에 이른다. 관람자는 반파된 난파선 가운데를 지나가며 마치 난파선 내부를 걸어가는 것과 같은 경험을 하게 되는데, 일정 시간마다 조명이 어두워지면서 난파선 내부 선실에 당시 배에 있던 사람들의 모습을 프로젝션 맵핑으로 보여준다. 이는 프로젝터를 전시물에 직접 영사하는 방식으

그림 28. 전면 유리 패널 디지털 쇼케이스

그림 29. 대형 증강현실(AR) 패널

그림 30. 입체 디오라마 프로젝션 맵핑(스톤헨지)

그림 31. 천장을 향한 프로젝터(코벤트리 교통박물관)

그림 32. 프로젝션 활용 병커 재현(런던 전쟁박물관)

그림 33. 프로젝터와 유물 전시(런던 전쟁박물관)

그림 34. 메리로즈호 프로젝션 맵핑 현황 I 출처 ⓒ SYSCO Story Engineering

로 선상에서 닻을 올리고, 선실에서 음식을 만드는 등 당시 배안에서 일어났던 사건을 영상으로 재현하여 이해하기 쉽게 전달하고 있다. 이러한 전시 기법은 단순히 복원된 배와 관련 정보를 전달하는 것이 아니라, 프로젝션 영상과 음향을 활용하여 당시 생활상을 흥미롭게 복원하고 있다.

영국의 로만 바스 유적에는 발굴 당시 확인된 미네르바 신전의 박공이 발굴되었다. 박공은 일부만 남아 있어 전체 모습을 알 수 없는데, 프로젝션 맵핑 기법을 활용하여 박공의 원래 모습을 복원하고 있다(그림 35). 이는 유물에 물리적인 복원을 하지 않고도 원래의 모습을 재현한 사례로, 복원에 따른 손상과 이질감이 없고 시대 순으로 박공의 변화 양상을 쉽게 보여주는 효과가 있다.

독일 페르가몬 다스 파노라마 박물관은 이와 유사한 방식으로 로마 조각상에 프로젝터를 활용하여 원래의 색상을 복원하고 있다. 로마 조각상은 하얀색이 아니라 채색이 되어 있었는데, 프로젝션 맵핑을 활용하여 이를 복원한 것이다. 또한 프랑스 님 로만 박물관에는 비석에 흐릿해진 글자를 프로젝션 맵핑으로 복원해 보여주고 있다. 금석문은 전문가가 아니면 글자를 읽기 어렵고, 마모가 심할 때는 육안으로 보이지 않는 경우가 많은데 프로젝터를 활용하면 이러한 단점을 보완할 수 있다. 이처럼 유럽에서는 유적과 유물의 복원, 채색, 글자 등의 표현을 위해 프로젝션 맵핑 기술을 적극 활용하고 있으며, 이는 유물의 손상 없이 관람객들에게 정보를 쉽게 전달할 수 있는 좋은 전시 기법이라 할 수 있다.

그림 35. 로만 바쓰 신전 박공 프로젝션 맵핑 복원

모션감지 프로젝션은 프로젝터와 모션감지 카메라 등을 활용하여 움직임에 반응하는 기술로, 터치형 미디어 테이블, 사물연동 인터랙티브, 가상 체험 등에 활용될 수 있다. 미디어 테이블은 천장형

그림 36. 로마 조각상 의복 맵핑 복원

프로젝터를 활용하여 테이블에 영사하는 방식인데, 모션감지를 활용하여 테이블을 터치스크린처럼 활용할 수 있다. 이는 지리적 정보와 함께 유적 현황과 주변 경관 등을 설명하는데 효과적이다(아이슬란드 정착 박물관).

사물 연동 인터랙티브는 사진이나 유물(모형) 등의 사물을 해당 위치에 놓으면 이를 감지하여 프로젝터가 자동으로 영사되는 기술을 말한다. 이는 단순히 버튼을 눌러 영상을 재생하는 것에 비해 관람객이 궁금한 사물을 직접 만져볼 수 있는 아날로그식 경험과 결합되어 더욱 기억에 남는 콘텐츠가 될 수 있다(옥스퍼드 씨티 박물관). 모션감지 프로젝터는 사람의 움직임을 감지하여 프로그램 된 동작을 인식하게 되는데, 이와 같은 기술은 X-BOX 등 게임기에 많이 활용되고 있다. 런던 육군 박물관에서는 이를 활용한 군인들의 행군 게임을 개발하였다. 이처럼 모션 감지 기능을 적절히 활용하면 문화유산에 대한 간접 체험을 해 볼 수 있는 인터랙티브 콘텐츠를 제작할 수 있다.

③ 페퍼의 유령(Pepper's Ghost) 기법

페퍼의 유령(Pepper's Ghost, 페퍼스 고스트) 기법은 19세기 영국의 발명가 존 헨리 페퍼(John Henry Pepper)가 개발한 것으로, 프로젝터를 영사하는 유리의 각도를 이용하여 영상이 마치 허공에 떠 있는 것처럼 보이게 하는 착시현상 기술이다. 이는 반사되는 유리의 특성을 이용한 것인데, 이를 발전시킨 것이 플로팅 홀로그램(floating hologram) 기법이다. 최근에는 투명 모니터(transparent display)가 개발되어 이와 같은 기능을 대체하고 있다.

페퍼의 유령 기법을 활용한 전시 사례로 영국 포츠머스 디데이스토리(D-Day Story) 박물관을 들 수 있다. 이 박물관은 노르망디 상륙작전에 대한 전시관으로, 전시관 내에는 상륙작전 시 사용되었던 상륙용 주정(Landing craft 7074)이 전시되어 있다. 일정 시간이 되면 전시관이 어두워지며 아무것도 없던 배안에서 상륙을 초조하게 기다리는 군인들의 모습이 음향 효과와 함께 나타난다. 상륙용 주정 안에는 약 45° 각도로 비스듬하게 유리 패널이 설치되어 있는데, 관람객에게는 보

| 그림 37. 상륙주정 전시 모습 | 그림 38. 페퍼스 고스트 기법 활용 현황 |

이지 않다가 영상이 상영되면 보이기 때문에 군인들의 모습이 갑자기 나타난 것과 같은 효과를 나타낸다. 이 외에도 디데이스토리 박물관은 다양한 프로젝터를 이용한 스토리텔링 중심의 전시로, 2018년 영국 에이브이 어워드(AV AWARD) 상을 수상하였다. 페퍼의 유령 기술은 이처럼 예기치 않은 장소에 설치하여 관람객의 호기심과 집중을 유도하거나 허공에 떠 있는 영상을 구현하여야 할 때 적합한 전시 기법이 될 수 있다.

④ 홀로그램

홀로그램은 3차원 영상으로 된 입체 이미지로, 문화재 분야에서는 주로 특수 유리 쇼케이스를 제작하여 유물 등을 입체감 있게 디스플레이하는 방식으로 많이 활용하고 있다. 최근에는 홀로그램을 영상으로 제작하여 움직이는 동영상을 보여주거나, 1~4면 디스플레이 혹은 사람 크기 등으로 다양하게 제작하여 실제와 유사한 효과를 구현하기도 한다.

영국 로만 바쓰(Roman Bath) 전시관에는 목욕탕 내부의 모습을 홀로그램으로 재현하고 있다. 로만 바쓰 건물 내에는 목욕탕과 탈의실, 수영장, 사우나실의 유

그림 39. 스타방거 박물관 홀로그램 활용현황

구가 일부 남아 있는데, 홀로그램 기법을 이용하여 사우나를 하거나, 옷을 갈아입고, 마사지를 받는 로마 시대 사람들의 모습을 음향 효과와 함께 전시하고 있다. 이는 4개의 프로젝터를 일정 빛과 각도에서 비추어 로마 시대 사람들이 그 공간 속에 있는 듯한 느낌을 준다. 이처럼 홀로그램 기법은 단순히 유물을 3D로 보여주는 것뿐만 아니라 당시 생활상을 재현하는 용도로도 활용이 가능한데, 이는 유구에 직접적인 훼손이 없고 관람객들에게 더욱 실감나는 경험을 제공해 준다는 장점이 있다.

그림 40. 로만 바쓰 유적의 홀로그램
출처 SYSCO Story Engineering

그림 41. 로만 바쓰 홀로그램 구현 현황

(7) 몰입형 초실감 기술

유럽 박물관에서 실감 콘텐츠와 몰입형 전시를 자주 접할 수 있는데 그 중에서도 '몰입형 초실감 기술'을 구현한 박물관이 있다. 이는 문화재 성격에 부합하는 공간적 몰입감과 다양한 기술을 복합적으로 활용한 것으로, 런던 미쓰라움 로마 신전 박물관, 독일 베를린 페르가몬 박물관 다스 파노라마, 배넉번 전투 방문자 센터, 노르웨이 망자의 박물관 등을 들 수 있다.

영국 런던 미쓰라움 로마 신전 박물관(London Mithraeum Bloomberg Space)은 신전 유구를 이전 복원한 몰입형 전시관이다. 이 전시관은 신전과 유사한 직육면체 전시 공간 내에서 15분 간격으로 조명과 연기 등을 활용해 신전을 복원하는 퍼포먼스를 보여준다. 이전 복원한 유구 상부에 빛과 그림자를 활용하여 신전의 기둥을 복원하는 방식인데, 이는 마치 신전이 눈앞에서 되살아나는 듯한 실감나는 경험을 관람객에게 제공한다. 관람객은 로마 신전과 유사한 공간 속에서 유구만으로는 이해하기 어려운 로마 신전의 원래 모습을 입체적으로 체험하는 몰입감을 느낄 수 있다(부록 1-9 참고).

독일 페르가몬 다스 파노라마 박물관(Pergamon museum. Das Panorama)은 3D로 제작된 고대 로마 도시를 실사로 프린트하여 약 30m 높이의 대형 원통형 공

그림 42. 런던 미쓰라움 유구 이전 복원(전) 그림 43. 런던 미쓰라움 유구 이전 복원(후)
출처 위키피디아

간 벽면에 360°로 전시하였다. 관람객들은 3층의 가설 전망대에 올라가 이를 관람하는데, 압도적인 전시관 크기로 실제 고대 페르가몬 도시를 바라보는 것과 같은 몰입감을 느낄 수 있다. 전시는 디지털 영상이 아님에도 불구하고 포로 로마노와 로마 사람들의 모습 등을 조명 및 음향효과와 함께 전시함으로써 관람객들이 실제 로마 도시를 내려다보고 있는 것과 같은 경험을 할 수 있다(부록 2-1 참고).

노르웨이 망자의 박물관(Dead Man's Corner Museum)[125]은 세계 2차 대전에 관한 전시관인데, 당시 사용되던 비행기 모형에 탑승하여 전쟁터로 출격하는 체험을 할 수 있다. 관람객들이 비행기에 탑승하면 4D 라이드와 같이 비행기 선체가 움직이는데, 비행기 창문을 모니터로 구성하여 바깥 풍경을 재현하고, 실감나는 사운드와 조명, 연기 등을 이용해 실제 전쟁 속을 비행하는 듯한 경험을 할 수 있다. 관람객들은 실제 비행을 한 듯한 몰입감을 느낌과 동시에 당시 긴박하고 치열했던 전쟁의 역사를 몸소 체험, 이해할 수 있다.

글라스고의 배넉번 전투[126] 방문자 센터(Battle of Bannockburn visitor Centre)에서는 몰입형 전시공간 속에서 전투 시뮬레이션을 관람하고 전투 전략 게임에 참여할 수 있는 인터랙티브 체험 전시를 개발하였다. 배넉번 전투는 사실상 관련 유물이 거의 발굴되지 않았는데 이러한 단점을 초실감형 인터랙티브 콘텐츠로 재구성하여 보완하였다. 관람객들은 전시관 내 여러 개의 대형 스크린 속에 둘러쌓여 3D 모델링으로 재현된 당시 전쟁 상황을 실감나는 사운드와 함께 보고, 전략을 세우는 게임에 참여할 수 있다. 이러한 방식들은 국내에서는 살펴볼 수 없는 초실감형 콘텐츠로 당시 문화재 환경과 유사한 몰입형 공간을 재현하고, 이에 부

---

125) 노르웨이 망자의 박물관 https://dday-experience.com/en/dead-mans-corner-museum/

126) 배넉번 전투(Battle Bannockburn)는 스코틀랜드 스털링 배넉번에서 1314년 6월 23일에서 24일 사이에 벌어진 잉글랜드와 스코틀랜드의 전투로, 스코틀랜드에 독립을 안겨준 역사적인 전투.
https://www.nts.org.uk/stories/banish-boredom-at-bannockburn, https://youtu.be/tt-1bNnJ-u4

그림 44. 독일 다스 파노라마 관람 현황

그림 45. 노르웨이 망자의 박물관 몰입형 비행 체험
출처 https://youtu.be/xrlql3b5k1s

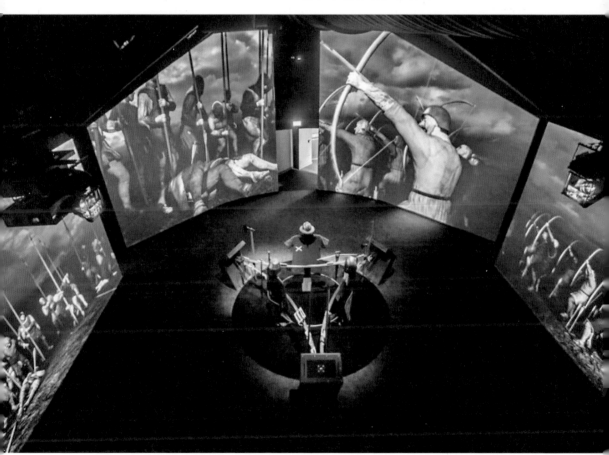

그림 46. 배넉번 전투 인터랙티브 전시 ㅣ 출처 https://www.nts.org.uk/stories/banish-boredom-at-bannockburn

합하는 적절한 기술을 함께 구현하는 것이 핵심이라 할 수 있다. 국내에도 단순히 몰입형 공간 속에서 영상을 보여주는 것에 그치지 않고, 해당 문화재의 성격에 맞추어 이를 충분히 전달할 수 있는 몰입형 환경과 요소들을 종합적으로 구현하는 것이 필요하다.

3. 디지털고고학 교육 현황

유럽 대학에는 약 200 여 개의 고고학 관련 학과(산하 연구소 포함)가 있다. 그 중 옥스퍼드 대학 등 영국 및 유럽 주요 대학은 디지털고고학(Digital Archaeology) 관련 강의를 개설하고 있다. 일부 학과에서는 이에 대한 석·박사 학위 과정도 별도로 운영하고 있다. 유럽의 고고학계에서 디지털 기술들은 단순한 보조 수단이 아니라 고고학 조사와 연구, 활용을 위하여 배워야 하는 필수 과목으로 인식된다.

특히 유럽에서는 발굴조사보다는 비파괴 조사인 라이더나 물리 탐사 등의 원격 조사를 많이 실시하고, 조사 전후 ArcGis 프로그램을 활용하여 도면을 작성하거나 분석하기 때문에 이를 다룰 수 있는 능력은 고고학자로써 반드시 필요하다. 디지털고고학자 콜린 몰간(Colleen Morgan, 요크 대학교)과 스튜 이브(Stu Eve, 본머스 대학교)는 "이제 우리는 모두 디지털고고학자입니다(We are all digital archaeologists now)[127]"라고 하였다. 이는 이제 고고학 분야에 디지털 기술이 기본 요소가 되어 누구나 이를 사용할 수 밖에 없는 현실을 반증한다 할 수 있다.

---

127) Colleen Morgan, Stuart Eve, 2012, DIY and digital archaeology: what are you doing to participate?, World Archaeology Volume 44, 2012 - Issue 4.

관련 연구자들은 매해 CAA 등 디지털고고학 유명 학회지와 컨퍼런스에 논문을 발표하고, 직접 프로그래밍이나 콘텐츠를 개발하기도 한다. 이와 같이 유럽의 디지털고고학은 고고학의 한 분야로 연구·교육되고 있으며, 대학에서는 관련 전공자들을 매해 배출하고 있다. 이는 결국 다양한 기술을 적용한 고고학 조사, 활용 등의 연구로 이어지고, 새로운 기술을 시도하고 개발하는 결과로 이어진다.

영국과 유럽의 '디지털고고학' 관련 주요 대학과 강의 내용을 살펴보면 다음과 같다. 디지털고고학 강의와 과정이 개설되어 있는 유럽의 주요 대학으로는 영국의 요크대학교(University of York), 런던대학교(University College London), 케임브리지 대학(University of Cambridge), 브래드포드 대학(University of Bradford), 에딘버러 대학교(University of Edinburgh), 카디프 대학교(University of Edinburgh), 글라스고 대학교(University of Glasgow), 덴마크의 아르후스 대학교(Aarhus University), 네덜란드의 라이덴 대학교(Leiden University), 스웨덴의 웁살라 대학교(Uppsala University), 룬드 대학교(Lund University) 등이 있다.

각 대학의 디지털고고학 강의 커리큘럼을 조사한 결과, 대부분의 학과에서 공통으로 포함하고 있는 강의 내용은 라이더, 원격 탐사, 토탈스테이션 등 '현장 조사 기술(Field Survey Technology)'과 GIS 등을 이용한 '분석(Analysis)', 3D 스캐닝, 사진 측량법(photogrammetry)과 같은 '데이터 수집', 3D 모델링과 시뮬레이션, 디지털 이미징과 같은 '시각화(Visualisation)' 등이 있다.

유럽 주요 대학별 디지털고고학 강의 내용을 살펴보면 다음 <표 7>과 같다.

대학명	디지털고고학 강의명
영국 케임브리지 대학교	GIS, agent-based simulation, network analysis, spatial statistics, remote-sensing, and digital support for fieldwork tasks
영국 요크대학교	Analysis and Visualisation, Spatial Analysis in GIS, applications, database design and management, Graphics Information System(GIS) technology, CAD and computer modelling systems, Virtual Reality and 3D Modelling for Archaeology, Digital Imaging
영국 글라스고 대학교	remote sensing, spatial analysis, Scientific imaging, Digital Imaging and sensing, Digital Knowledge Creation, Interactive media and Archaeological Storytelling
네덜란드 라이덴 대학교	Computer-based tools such as spatial analysis, 3D modelling, simulation, image analysis, remote sensing, spatial analysis and data management, machine learning, Archaeogaming
스웨덴 룬드 대학교	GIS, disitalisation, data collection, analysis, modelling, Visualisation, GPS, total station, photogrammetry, CAD, database management

그 외 강의 내용은 대학마다 차이가 있는데, 그 내용으로는 프로그래밍, 머신러닝, 애플리케이션 등 높은 수준의 기술을 적용한 분석법과 개발법, 인터랙티브 미디어(Interactive media), 스토리텔링(Storytelling), 고고학 비디오 게임(Archaeogaming) 등 대중을 위한 '활용'에 대한 강의가 있다. 최근에는 디지털고고학 관련 강의를 온라인으로 개설하는 대학도 있으며, 오데이트(ODATE)[128]와 같은 디지털고고학 교육 사이트도 있다.

2020년 독일 밤베르크 오토프리드리히 대학교(Otto-Friedrich-Universität Bamberg)의 고고물리탐사 교수 틸 손맨(Till F. Sonnemann)은, 관련 교육기관을 대상으로 '유럽 디지털고고학 강의(Catching the Vibe-Teaching 'Digital Archaeology' at European Universities[129])'에 대한 조사를 실시하였다. 틸 손맨 교수는 유럽의 고고학 관련 교육을 실시하는 212개 대학과 연구소를 대상으로, '디지털고고학 강의'의 주제와 기술에 관한 설문 조사(21가지 항목)를 실시하였다. 그 중 18개국 46개 기관이 이 설문에 응답하였는데 틸 손맨 교수는 이 조사를 통해 유럽 대학의 디지털고고학의 경향과 접근방식을 확인할 수 있었다. 이 설문의 주요 분석 결과와 디지털고고학 교육의 현황을 살펴보면 다음과 같다.

먼저 '디지털고고학'의 정의에 대한 답변은 다음과 같다. 교육기관들은 전반적으로 디지털고고학을 '고고학을 위해 다양한 디지털 기술을 적용하는 것'으로 해석하는 경향이 가장 컸고, 그 밖에 '디지털 형태의 고고학적 기록'으로 한정하는 의견도 있다.

---

128) ODATE(The Open Digital Archaeology Textbook) : https://o-date.github.io/draft/book/index.html
129) Catching the Vibe - Teaching 'Digital Archaeology' at European Universities
 [https://www.academia.edu/52493536/Catching_the_Vibe_Teaching_Digital_Archaeology_at_European_
 Universities]

표 8. 디지털고고학 과정별 학생 수

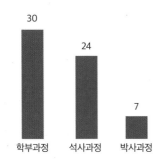

표 9. 디지털고고학 강의별 학생 수

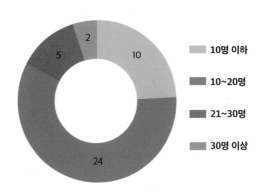

○ 디지털 형태의 모든 고고학적 기록(every archaeological record in digital form)

○ 디지털 기술이 사용되는 모든 고고학적 활동(every archaeological activity in which digital techniques are used)

○ 과거를 이해하기 위한 디지털 기술(digital techniques, approaches to understand and communicate the past)

○ 기술적 방법을 통한 고고학적 재고(rethinking archaeology through orientated methods, applications)

○ 디지털 기술, 데이터 분석과 처리, 시각화를 위한 정량적 도구를 통해 고고학을 재해석하는 가이드라인(a guideline rethinking archaeology through digitally orientated methods applications quantitative tools for analyses and processing, visualisation)

대학의 디지털고고학 과정별 학생의 분포 수는 학부생이 가장 많았고, 다음으로 석사, 마지막으로 박사 순이었다. 학생수는 학부생이 평균 30명, 석사과정

표 10. 유럽 디지털고고학 강의 주제 현황

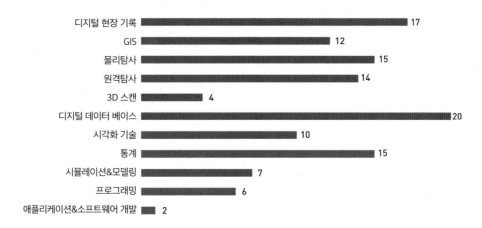

표 11. 유럽 디지털고고학 강의에 주로 사용되는 소프트웨어

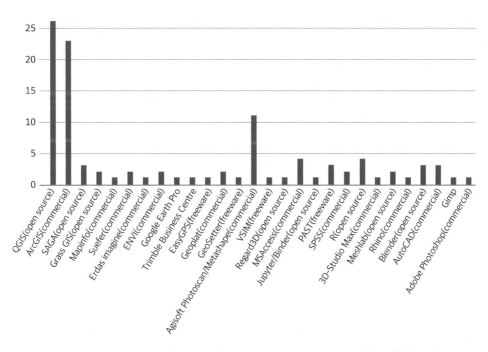

은 평균 24명, 박사과정은 평균 15명을 차지하였다. 디지털고고학 강의별 평균 학생 수는 10~20명이 과반 이상이었으며, 그 다음으로 10명 이하, 21~30명, 30명 이상 순으로 나타났다.

다음 도표는 각 학과의 디지털고고학 강의 현황을 나타낸 것인데, 가장 많은 강의 주제는 디지털 데이터베이스(Digital Data Bases)이다. 이는 무수한 고고학 정보를 입력, 저장, 검색하는 것으로 고고학 조사와 연구의 기본이 된다. 다음으로 디지털 현장 기록(Digital Field Recording)이 많았는데, 이는 토탈스테이션, 3D스캔, 사진 측량 등을 모두 포함한다. 물리탐사와 통계 강의가 그 뒤를 이었고, 그 다음으로는 원격탐사, GIS, 시각화 관련 강의가 있다.

디지털고고학 강의에서 주로 사용되는 소프트웨어는 QGIS 프로그램이 가장 많았고, 다음으로 ArcGIS와 Photoscan이, 그 다음으로는 MSAcess, R 등 여러 통계 프로그램이 있으며, AutoCAD가 뒤를 이었다

이 조사 결과를 통해 유럽 교육기관의 디지털고고학 수업의 전반적인 동향과 구체적인 강의 주제, 사용하는 기술을 파악할 수 있다. 우선 유럽의 대학에서는 학부 과정에서 디지털고고학을 가장 많이 다루고 있으며, 평균 학생 수는 강의당 10~20명 정도이다. 디지털고고학 강의로 가장 많이 포함되는 기술은 디지털 데이터베이스(Digital Data Bases)로, 여러 고고학 자료를 데이터화하고 저장하거나 찾아보기 위해 필요한 매우 기본적인 기술이 해당된다. 다음으로는 3D나 사진 측량 등 디지털 기록에 관한 것과 원격탐사와 GIS 기술 등이 있는데, 이들은 모두 발굴 현장 조사 시에 유용하게 활용될 수 있는 것이다. 디지털고고학 강의에서 주로 사용되는 소프트웨어 또한 현장을 기록하거나 분석하는 QGIS, ArchGIS, Photoscan 등의 프로그램을 가장 많이 활용했다.

유럽 대학에서 가장 중점적으로 강의하는 주제는 현장 조사와 기록 그리고

GIS 등 '야외 조사'에 관한 내용이다. 그 다음으로는 디지털 이미징, 3D 모델링, 시뮬레이션과 같은 '시각화' 관련 수업이 비중 있게 다루어지고 있다. 이는 유럽의 고고학계가 고고학 조사와 연구에만 그치지 않고, 당시 역사를 복원하고 해석하거나 이를 대중에게 활용하기 위한 노력을 기울이고 있음을 대변해 준다. 이는 대중고고학의 일부로 대학에서도 이와 관련된 수업을 개설하는 등 고고학 전공자들이 교육 과정에서부터 이를 학습하고 있었다.

이상 유럽의 디지털고고학 관련 연구 동향과 정책·제도 그리고 교육기관과 학계의 연구 동향 등에 대해 종합적으로 살펴보았다. 유럽의 디지털고고학은 1960년대 컴퓨터가 등장한 시기부터 시작되어 현재에 이르기까지 고고학의 한 분야로 연구되며 비약한 발전을 거두었다. 이는 1992년 다양한 과학적 방법들을 고고학 조사로 인정한 '발레타 협약'을 기점으로 더욱 활발한 양상을 보인다. 이후 디지털 기술을 적용한 고고학 조사와 연구, 대중을 위한 활용 프로그램, 고고 정보 통합 사이트 구축 등 여러 가지 의미 있는 성과들이 도출되었다.

영국과 유럽은 이를 위해 다양한 정책을 펼치고 관련 제도를 마련하는 등 디지털고고학 활성화를 위한 범 유럽 차원의 노력을 기울이고 있다. 또한 유럽 주요 대학의 고고학과 등에서는 디지털 기술 관련 강의를 개설하고, 고고학 전공자의 교육과 훈련을 통해 미래 디지털고고학 전문 인력을 지속적으로 양성하고 있다. 이처럼 유럽은 정책과 제도, 예산, 교육 그리고 고고학자들의 관심과 노력이 서로 톱니바퀴처럼 돌아가며 디지털고고학을 성장시키고 있다.

이상 유럽의 디지털고고학 연구, 정책과 제도, 교육 이 세 가지 분야를 검토한 결과를 요약하면 다음과 같다. 유럽 디지털고고학 관련 연구는 수년간의 성과가 축적되어 현재는 고고학의 한 분야로 자리 잡았으며, 디지털고고학과 관련한 새로운 기술 적용 시도와 연구가 많이 진행되고 있음을 알 수 있다. 고고학자들이 실제 고고학 조사와 연구에 필요한 여러 가지 기술을 적용하고 있는 점이 주목할 만한데, 관련 사례로는 발굴현장 기록에 필요한 애플리케이션(iDig), 로만 도자기 식별 애플리케이션(Arch-I-Scan), 딥러닝과 라이더 기술을 융합한 유적 자동 인식 프로그램(WODAN) 등이 있다. 기술보다는 문화재를 중심으로 기술을 적용하는 유럽의 이러한 접근 방식은 해당 문화재를 더욱 잘 이해하고, 해석할 수 있는 성과를 가져왔다.

고고학자는 직접 조사나 연구에 필요한 기술을 습득하여, 이를 적절히 적용하고, 필요 시 관련 프로그램을 개발하는 연구를 진행하고 있다. 최신 기술을 좇아가기 보다는 해당 문화재를 해석하는데 가장 적합한 기술을 고고학 연구자들이 선택하여 사용하고 있는 것이다. 이러한 고고학자들의 고민은 전시 등 대중을 위한 활용에도 반영되는데, 단순히 고고학적 정보를 사실 그대로 전달하기보다는 해당 문화재를 가장 잘 표현하는 다양한 기술적 방법들을 활용하여 당시 역사를 재현하고, 스토리텔링하고 있다.

그 밖에도 고고학 전공자들은 다양한 사례를 연구한 케이스 스터디, 기술 개발, 인공지능 등 기술을 사용했을 때의 윤리 혹은 법적 문제, 대중을 위한 활용 방법 등 디지털고고학과 관련한 다방면의 연구를 추진하고 있다. 이러한 연구 동향은 유럽연합의 '에포크 프로젝트' 등 디지털고고학에 대한 범 유럽 차원의 전폭적인 지원과 대학, 박물관, 연구기관 등의 고고학자와 기술 분야 연구자들의 관심과 협력이 있었기에 가능했던 것이다.

또 다른 유럽 디지털고고학 연구의 특징은 물리탐사와 토양 분석 등 융·복합 연구, 라이더를 통한 지표조사, 머신러닝을 통한 유물 검색, 딥러닝을 통한 유적 자동 인식, 고고학 데이터 통합을 위한 시멘틱 웹 등 여러 가지 기술을 적용하고 있는 점을 들 수 있다. 유럽 디지털고고학에 주로 활용되고 있는 기술을 우리나라와 비교해 보면 다음 <표 12>와 같이 요약할 수 있다. 한국은 GIS, 3D, 가상현실, 증강현실 등 몇 가지 기술만 활용되고 있는데 반해 유럽은 머신러닝, 딥러닝, 데이터마이닝 등 우리나라보다 다양한 기술을 고고학에 적용하고 있다. 라이더, 인공지능, 혼합현실 등의 기술도 우리보다 더욱 여러 가지 방식으로 적용되고 있다.

표 12. 한국과 유럽의 디지털고고학 적용 기술 비교

한국	GIS	3D	물리탐사	VR	AR	MR	인공지능	라이더						
유럽	GIS	3D	물리탐사	VR	AR	MR	인공지능	라이더	머신러닝	딥러닝	데이터마이닝	텍스트마이닝	빅데이터	시멘틱웹

한편 유럽은 디지털 문화유산 관련 정책을 꾸준히 진행하고 범 유럽 데이터 통합과 이를 통한 일자리 창출, 관련 분야 성장과 경제 발전을 추구하고 있다. 영국과 유럽연합은 '디지털 도서관(2005년)' 전략, '문화재 디지털 보존에 대한 디지털화 및 온라인 접근성 권고(2006)', '문화는 디지털이다(2017)' 등의 정책을 지속적으로 발표하고, 디지털 유산의 중요성과 이를 보존·통합·공유하기 위한 회원국들의 협조와 행동을 촉구하였다. 이를 통해 유럽 문화유산 콘텐츠 통합 플랫폼인 유로피아나와 고고정보 통합 아카이브인 아리아드네 사이트가 개설되는 등 괄목할만한 성과들이 도출되었다.

이에 대한 제도적 뒷받침을 위해 '유럽 고고학 아카이브 모범 사례 표준 및 가이드' 등 디지털고고학 관련 지침과 규정을 정비하였다. 영국과 유럽은 고고학 조사 기술별 표준 지침 및 모범 사례 등 고고학 조사와 연구에 직접 적용할 수 있는 유용한 가이드라인과 모델을 제시하여, 연구와 조사에 도움을 주고 있다. 이와 더불어 디지털 데이터와 콘텐츠의 성격상 발생할 수 있는 저작권과 개인정보 침해 등과 관련한 규정을 정비하여, 이들의 권리를 보호함과 동시에 문화유산과 관련한 데이터들을 많은 사람들이 접근하고 재사용할 수 있는 제도적인 틀을 마련하였다.

영국 등 유럽은 디지털고고학 분야 장려 정책과 제도 개선 등을 위해 대규모 예산을 중장기적으로 투자하고 있다. 영국의 문화재청인 히스토릭 잉글랜드는 2019-2020년 기준, 전체 예산 56,400,000 파운드(약858억) 중 약 13%인 7,300,000 파운드(약111억)를 디지털 사업 분야에 투입하고 있다. 유럽 연합의 문화유산 디지털 프로젝트 관련 예산은 호라이즌 2020(Horizon 2020 Societal Challenge) 프로그램과 유럽 연결 펀드(Connecting Europe Facility, CEF), 기타 유럽 구조 및 투자 펀드 등을 통해 현재까지 첨단 디지털화 기술 및 혁신적인 문화 프로젝트에 2억6천5백만 유로(약 3504억 원)를 투자하였다.

유럽의 디지털고고학 교육 현황을 살펴본 결과, 주요 대학 고고학과 등 문화재 관련학과에서 '디지털고고학' 관련 커리큘럼을 개설하고, 고고학 전공자가 직접 기술을 다루고 조사와 연구에 적용할 수 있도록 훈련하고 있다. 영국 및 유럽의 고고학과 커리큘럼에는 ArcGIS, 라이더 등 고고학 조사에 필요한 기술 강의가 기본적으로 포함되어 있으며, 대학에 따라 3D 스캔 및 모델링 복원과 시뮬레이션, 가상현실, 증강현실 등 활용 분야에 대한 강의를 개설하고 있다. 영국 요크대학교 등 주요 대학에서는 디지털고고학 석·박사 학위 과정을 별도로 개설하고 이에 대한 전문가와 심도 있는 논문을 지속적으로 배출하고 있다. 고고학 전공자에 대한 교육, 훈련 과정을 통해 더욱 다양한 연구가 진행되고, 실효성 있고 가치 있는 연구 성과들로 연계되는 양상을 보인다.

이처럼 영국과 유럽은 디지털 기술을 문화유산에 효과적으로 활용하기 위해 학계와 관계 기관, 정부가 함께 노력하고 있다. 이를 통해 유적 등 고고유산을 체계적으로 보존하고, 관리하며, 많은 사람들이 쉽게 접근하고 활용할 수 있는 환경을 조성하고 있다. 이를 위해 시행된 정책과 제도, 예산과 교육 등은 결과적으로 문화 융성과 일자리 창출에 기여, 국가 경제 발전으로 이어지는 선순환을 일으키는 것으로 분석할 수 있다.

IV

8

디지털고고학[130]
국내 활용 방안

4
3
2

---

130) 본 장에서 비교 예시로 제시한 유럽의 사례는 대부분 'Ⅲ장 유럽 연구 분야별 기술 적용과 정책·제도 분석'에서
언급한 내용으로 인용문 및 세부 사항은 Ⅲ장에 수록하였음을 밝힌다.

1. 고고학 조사와 연구 방안

디지털 기술은 데이터 수집, 분석, 해석 및 기록 등 여러 분야에서 전통 고고학을 보완할 수 있을 것으로 기대된다. 다양한 기술적 방법은 방대한 양의 고고학 정보를 보존·관리할 수 있음은 물론, 이를 다각도로 비교·분석할 수 있음에 따라 현재까지 진행하지 못했던 새로운 연구가 가능하다.

앞 장에서 살펴 본 바와 같이 영국과 유럽에서는 디지털 기술을 고고학 조사와 연구에 활용하여 새로운 프로젝트를 진행하고, 획기적이고 새로운 연구를 시도하고 있다. 유럽은 디지털 기술을 적용하여 더욱 편리하고 정밀하게 고고학 데이터를 수집하고, 아날로그 방식으로 하기 어려운 자료에 대한 분석을 통해 고고학 연구의 수준을 한층 높일 수 있었다. 이와 같은 연구 성과는 대부분 유럽 주요 대학의 고고학 전공자들에 의해 발표되고 있다는 점이 주목할 만하다. 유럽에서는 고고학 연구자가 조사와 연구에 필요한 디지털 기술을 직접 선택하여 적용함으로써, 해당 유적이나 유물을 더욱 효과적으로 조사·분석할 수 있다.

우리도 이와 같이 고고학 조사와 연구에 적절한 디지털 기술을 활용하기 위해 고고학계의 노력이 필요하다. 고고학에 기술을 적용하는 것을 단순히 기술을 보유한 회사나 개발자에게 맡겨 두는 것이 아니라 고고학자 스스로 해당 조사와 연구를 위해 필요한 기술을 사용하거나 개발할 수 있어야 한다. 유럽과 같이 디지털고고학은 고고학자를 주축으로 연구하되, 필요시 기술 분야의 연구자나 연구기관 등과 협업하는 구조가 되어야 한다. 이를 위해서는 고고학 전공자의 기술 역량을 한층 끌어올릴 필요가 있다. 현재 발굴조사기관 등에서는 직접 핸디형 3D 스캐너를 다루거나, 사진 측량을 실시하여 도면을 작성하는 등 고고학 연구자들이 필요한 기술을 습득하여 현장에 직접 적용하고 있다. 앞으로 더욱 고도화된 고고학 조사와 연구를 위해서는 고고학 전공자들에게 이와 같은 기술 교육과 훈련을 체계적으로 진행할 필요가 있다. 특히 고고학 연구의 근간이 되는 대학의 관련 학과에서는 이에 대한 전문 교육과정 개설을 통해 디지털고고학의 미래 인재를 양성하는데 관심을 기울여야 할 것이다.

이번 장에서는 디지털고고학 활성화를 위해 대학 등에서의 고고학 전공자들에 대한 교육과 전문 인력을 양성하는 방안에 대해 검토하고, 디지털 기술을 더욱 효과적으로 국내 고고학 조사와 연구에 적용할 수 있는 구체적인 방안을 제시하고자 한다.

1) 디지털 기술의 국내 고고학 적용 방안

Ⅲ장에서 살펴본 바와 같이 유럽은 다양한 디지털 기술을 적용하여 고고학 조사, 연구, 분석, 기록, 보존, 복원 등을 위해 활용하고 있다. 특히 고고학 조사와 연구를 위해 주로 활용되는 기술은 물리탐사, GIS, 라이더, 머신러닝 등 인공지능, 애플리케이션 등이 있으며, 유적 등의 기록을 위해서는 3D 스캔과 사진 측량법, 무인항공기(UAV) 측량을, 복원을 위해서는 3D 모델링과 프린팅 등이 사용되고 있다. 유럽의 학계는 우리나라와 유사한 기술을 사용하더라도 고고학 연구 분야와 대상에 따라 해당 기술을 다양하게 적용하고 있다.

우선 라이더 기술은 국내에서는 문화재 정밀 측량 등에 일부 사용되고 있으나, 유럽에서는 유적 기록과 분석에 기본적으로 이를 사용한다. 특히 라이더는 산림이 우거진 넓은 면적의 유적 등을 지표 조사하는데 많이 활용되고 있었으며, 이를 통해 지상에서 확인하기 어려운 유적의 흔적을 새롭게 확인하고 있다. 라이더 기술은 유적과 주변 지형을 3D로 복원하고 경관과 가시권을 분석하는 등 다양한 고고학 연구에 활용되고 있으며, 라이더 데이터 획득 방법과 해석 방법, 수풀 필터링 방법 등 유적 조사를 위한 기술과 노하우가 상당 수준으로 정리되어 있다.

3D 기술은 우리나라와 유사하게 사용되고 있으나, 유적이나 유물의 측량과 실측 뿐 아니라 고해상도 정밀 스캔 기능을 적용하여 자기 사용흔 분석, 희미해져 잘 보이지 않는 벽화나 고대 문자 판독 등 인간의 눈으로 확인할 수 없는 세밀한 부분에 대한 연구를 위해 많이 활용되고 있다. 유럽에서는 고고학적 정보의 시각화를 매우 중요시 여겨 3D 모델링 기술을 유물이나 유적의 복원 시뮬레이션과 역사 재현을 위해 많이 활용하고 있다.

인공지능 분야는 우리나라의 경우 인공지능 대화형 전시 콘텐츠(전곡선사박물관) 등 전시에 활용한 사례가 있으나 국내에서 해당 기술을 문화재에 적용한 사례는 드물다 할 수 있다. 유럽에서는 Ⅲ장에서 살펴본 바와 같이 머신러닝을 통한 불법 문화재 판매 포착이나, 딥러닝을 활용한 특정 유구 자동 인식 프로그램 혹은 유물 형식 분류 등 실제 인공지능 기술을 적용한 다양한 연구가 진행되고 있다. 데이터 마이닝과 텍스트 마이닝은 여러 기관에서 보유하고 있는 발굴조사보고서 등의 메타데이터를 수집, 자동 생성하는 목적으로도 활용했다.

국내에서 고고학 관련 애플리케이션은 주로 박물관의 유물이나 유적의 안내를 위한 것이 대다수인데, 유럽에서는 이와 함께 유적을 증강현실 혹은 가상현실로 체험하거나 오디오가이드로 활용할 수 있는 등 다양한 종류의 애플리케이션을 개발, 보급하고 있다. 특히 고고학자가 발굴조사 내용을 기록하거나 사진을 찍어 유물을 검색하는 것, 증강현실을 활용하여 동물뼈를 비교 관찰할 수 있는 등 고고학 조사와 연구를 위한 애플리케이션도 개발된 바 있다.

이번 장에서는 앞장에서 살펴볼 유럽의 디지털고고학 분야의 연구 현황 분석을 바탕으로, 국내 고고학 조사와 연구를 위해 도입이 필요한 몇 가지 방안을 검토해 보고자 한다. 방안 도출을 위해 고려한 사항은 우리나라 고고학 조사와 연구를 위해 필요한 것으로, 국내 유물과 유적의 성격에 부합하는 적합한 기술을 적용하는 것을 우선적으로 검토하였다. 또한 실현이 불가능한 기술보다는 현재 유럽에서 연구되어 실제 개발이 가능하고, 우리나라 발굴 현장과 고고학 관련 연구에 활용이 가능한 것을 제안하고자 한다.

디지털 기술을 활용한 국내 고고학 조사·연구 방안으로는 라이더를 활용한 지표조사, 원격탐사(항공사진)를 활용한 고도(古都) 등 유적 변화 연구, 3D 스캔을 이용한 유물 등 정밀 조사, 3D 모델링을 활용한 유적 복원과 시뮬레이션, 머신러닝을 활용한 유물 검색과 형식 분류, 딥러닝을 활용한 유물과 유구 자동 인식 등이 있다.

(1) 라이더(Lidar)를 활용한 지표조사

국내에서 라이더는 정밀 스캐닝을 통한 측량과 기록화 등에 주로 활용되고 있다. 2019년 국립문화재연구원에서는 독도 정밀 스캐닝을 위해 드론 라이더가 사용된 바 있으나 발굴 현장 등 고고학 조사에서 라이더의 활용은 저조한 편이다. Ⅲ장의 유럽의 사례에서 살펴본 것처럼 라이더는 넓은 지역을 한 번에 고해상도로 측량이 가능하기 때문에 더욱 정확한 기록과 보존에 용이한 장점을 가지고 있다.

라이더는 장애물이 있어도 지표면을 스캔할 수 있으므로 산림 등으로 사람이 접근하기 어렵거나 육안으로 확인하기 어려운 지역의 조사가 가능하고 소요 시간도 단축할 수 있다. 영국 스톤헨지 리버사이드 프로젝트(Stonehenge Riverside

Project, 2003~2009[131])에서는 라이더 조사를 통해 스톤헨지 주변의 서클을 추가로 확인하는 성과를 거두었다. 그 밖에 마야, 이집트 등 세계 각지에서 라이더를 활용하여 새로운 유적을 발견하였다는 뉴스를 종종 접할 수 있다.

이처럼 수풀 등 장애물을 투과할 수 있는 라이더의 강점을 잘 활용하면 현재까지 밝혀지지 않은 새로운 유적을 확인할 수 있다. 접근이 어려운 '비무장 지대(DMZ, Demilitarized Zone)'나 산림이 많이 우거진 '경주, 부여 등 고도(古都)' 지역 같은 곳이 그 예이다. 비무장 지대는 지뢰 등으로 접근이 어렵고 수풀이 많이 우거진 상태로 실질적으로 면밀한 지표조사가 어려운 지역이다. 하지만 라이더를 활용하면 이러한 문제점을 보완하여 지표의 성벽, 건물지 등 유구를 감지해 낼 수 있다. 예전에는 항공기를 띄워야 했지만 요즘은 드론이 발달하여 더욱 손쉽게 라이더를 사용하여 넓은 면적을 조사할 수 있으며, 좁은 면적에는 지상형 라이더를 적용할 수도 있다.

경주, 부여 등 고도(古都) 지역에 이러한 라이더의 기능을 적용하면 기본적인 지형 측량 외에도 유적의 새로운 정보를 확인할 수 있고, 정기적 측량을 통해 문화재를 지속적으로 모니터링 할 수도 있다. 라이더는 스캔 대상 지역의 3차원 모델 및 디지털 표면 모델(DSM) 등을 생성하는데 용이한 바, 이를 활용하여 다각적인 유적의 관계 분석과 고대 도시 지형 및 경관 분석 등이 가능하다.

라이더 기술은 대상 지역의 성격에 따라 레이저 펄스 값 등 적용 방식이 다르고, 그에 대한 해석 또한 유적과 유구의 성격에 맞추어 판단하여야 함으로 유럽과 같이 다양한 경험과 데이터의 축적이 필요한 상태이다. 앞으로는 이를 측량에만 사용하는 것이 아니라 고고학적 조사와 유적의 분석 등 다양한 방식으로 활용하

---

131) Payne A, 2006, 앞의 논문.

여, 관련 데이터를 구축하고 해당 기술의 적용 수준을 높일 필요가 있다.

(2) 3D 스캔을 이용한 정밀 조사 및 연구

3D 스캔은 현재 고고학을 비롯한 문화유산 각 분야에서 정밀 기록화를 위해 일반적으로 널리 활용되고 있는 기술이다. 현재 고고학 분야에서는 발굴 현장이나 출토된 유물에 대하여 3D로 스캔하고 이를 보고서용 도면(2D)을 만드는데 주로 사용하고 있다. 이는 빠른 시간 안에 대상물을 측량, 기록화 할 수 있다는 장점이 있지만 손 실측 시 가능했던 유적과 유물을 유심히 관찰하여 사용흔과 새로운 정보를 파악하는 과정이 생략되는 경우가 많다.

그러나 세계 곳곳의 박물관과 연구 기관은 정밀한 3D 스캔 기술의 장점을 활용하여 문화재가 가지고 있는 더 많은 정보와 세밀한 흔적을 파악하는데 사용하고 있으며, 이를 위해 적합한 3D 스캔 장비와 프로그램을 함께 연구하고 있다. 옥스퍼드대 애쉬몰리언 박물관, 설형문자 디지털 도서관 등에서는 3D 스캔을 통해 육안으로 확인하지 못한 금석문과 점토판의 글자를 읽어내고 해석하는데 성공하였다. 로마 카피톨린 박물관의 흑유 자기에 대한 3D 스캔 분석을 통해 지문, 칼자국, 사용흔, 글씨 등을 확인할 수 있었는데, 이를 프로그램화하여 자동으로 선별하는 기술로 발전시켰다.[132]

이처럼 우리도 3D 스캔 기술을 단순한 측량과 2D 도면 작성에만 사용하기보다는 '유물 정밀 조사' 등에 적극 활용하는 등 그 사용 범위를 넓힐 필요성이 있다. 최근에는 3D 스캐너가 점점 더 빠르고 고해상도가 되어가고, 비용적인 면에서도 효율적인 장비가 많이 생산되고 있다. 이러한 점을 잘 활용하면 발굴조사에

---

132) Banducci, L.M., Opitz, R. and Mogetta, M, 2018, 앞의 논문.

서 출토된 유물의 제작기법과 사용흔을 분석하거나, 사람의 눈으로 확인하기 어려운 글자, 칼자국 등의 세부 형태 등을 관찰할 수 있다.

아울러 이러한 3D 데이터가 지속적으로 축적된다면 시대별, 기종별 유물에 대한 데이터베이스를 구축할 수 있고, 이는 향후 유물의 세부 특징을 분류하고 해석할 수 있는 기초 자료가 될 수 있을 것이다. 또한 로마 카피톨린 박물관과 같이 이러한 세부 흔적에 대한 데이터를 프로그램화 한다면 일부만 잔존해 있거나 해석이 어려운 흔적들의 유사한 사례를 쉽게 확인하는 용도로도 활용할 수 있을 것이다.

(3) 3D 모델링을 활용한 유물·유적 복원과 시각화

3D 모델링은 대상물의 3D 이미지를 만드는 것으로, 국내에서는 유적 상부 복원을 위한 가상현실이나 증강현실, 전시 콘텐츠 제작 등에 주로 활용된다. 이는 주로 3D 스캔 데이터를 기반으로 하되 모델링 프로그램을 활용하여 컴퓨터 그래픽(CG, Computer Graphics)효과를 가미해 복원 이미지 혹은 영상을 제작하는 방식이다. 이를 발굴 유적에 두루 적용한다면 일러스트레이션으로 복원 모식도를 제작하는 것에 비해 당시 역사에 가까운 현황도를 복원할 수 있다. 또한 이를 단순히 유적 복원을 위한 결과물을 위해 사용하는 것 보다는 유구 축조 기법과 공정 복원 등 유적의 해석과 복원 시뮬레이션 제작 등에도 활용하여야 한다.

이는 유물과 유구의 결실부 복원 등에도 두루 활용될 수 있다. 발굴현장에서는 3D 스캔, 라이더 혹은 사진 측량 기법을 통해 획득한 3D 데이터를 ArcGIS 등의 프로그램을 통해 3차원 모델을 생성할 수 있다. 이는 유적과 주변 지형 및 경관에 대한 입체적인 현상을 파악·기록하는 것으로 이를 활용하여 유구 관계 분석 혹은 고지형 연구가 가능하다.

이렇게 제작된 3D 모델링은 대중에 대한 유적과 유물의 이해를 높이고, 전시, 교육 등 여러 가지 용도로 재사용이 가능하다. 3D 모델링 기술은 단순히 이미지와 영상으로만 제작하는 것뿐 아니라 이를 프로젝션 맵핑을 이용하여 유물 원래의 모습을 가상으로 복원하는 방법으로도 활용할 수 있다. 로만 바쓰 유적에는 유실된 로마 신전의 박공에 3D 모델링 이미지를 프로젝터로 영사하여 원래의 모습을 가상으로 복원하였고, 독일 페르가몬 다스 파노라마 박물관에서는 로마 조각상에 프로젝터를 영사하여 원래 의복을 재현하였다.

이처럼 3D 모델링은 유적이나 유물의 유실된 부분을 3D모델링하여 가상으로 복원하는 방안으로도 활용이 가능하다. 가령, '치미'만 남은 목조 건축의 지붕을 복원하거나 흐려진 단청, 훼손된 비석의 글자 등을 3D 모델링을 활용하여 재현할 수 있다. 이는 실제 물리적인 복원을 하지 않음에 따라 비용적인 면에서도 효율적일 뿐만 아니라 유물과 유적의 복원 과정을 동적으로 재현함으로써 보는 이의 이해를 돕는 좋은 시각화 방안이 될 수 있다.

(4) 머신러닝(Machine learning)을 활용한 유물 자동 검색

머신러닝은 사람이 처리하기에 방대하고 복잡한 양의 데이터를 처리하는 업무에 적합하다. 머신러닝 기술을 고고학에 적용한 유럽의 사례는 유물이나 유구와 관련된 데이터를 학습시켜 필요한 결과물을 도출할 때 주로 사용하는데, 우리는 이를 토기, 자기 등 유물 검색에 활용하는 방안을 고려해 볼 필요가 있다.

유럽의 대표적인 사례로 토기 자동 검색 애플리케이션, '아크에이드 (ArchAide)[133]'를 들 수 있다. 이는 유럽연합(EU) 호라이즌 2020 프로그램의 지원

---

133) ArchAide http://www.archaide.eu/

을 받아 개발된 것으로, 영국 등 5개국(이탈리아, 독일, 이스라엘, 스페인, 영국) 9개 대학, 공공 연구 센터 및 민간 기업의 35 명 이상의 연구원과 컴퓨터 과학자, 디자이너 및 비디오 제작자가 참여한 대대적인 고고학 혁신 프로젝트(Archaeorevolution project)이다. 이 애플리케이션(프로그램)은 토기 사진을 인식시키면, 그 기종과 문양을 자동으로 파악하여 유럽 각지의 유사한 유물들을 지리적, 연대적 정보와 함께 사용자에게 보여주는 방식이다. 이는 유럽 일대의 토기 형태와 문양, 인장 등 유물 데이터베이스의 머신러닝 알고리즘을 기반으로 하는데, 이를 통해 고고학자들이 발굴현장에서 출토된 토기편을 자동을 검색할 수 있고, 이에 대한 생산과 상호 교류 등을 분석·연구할 수 있다.

우리도 이러한 머신러닝 기술을 활용하여 '유물 검색 프로그램(혹은 애플리케이션)'을 개발할 필요성이 있다. 이를 통해 많은 연구자들이 파편으로 출토되는 토기, 기와 등의 정보도 쉽게 파악할 수 있을 것이다. 가령 인골에 대한 정보를 머신러닝으로 학습시킨다면 인골의 부위, 성별, 연령, 키 등을 프로그램으로 확인이 가능할 것이다. 이 기술은 가야 토기, 조선시대 분청사기 등 시대와 기종에 상관없이 적용될 수 있는데, 이는 해당 분야 전공자가 아닌 일반인에게도 유사한 자료를 검색해 볼 수 있어 유용한 검색 툴이 될 수 있다.

머신러닝은 방대한 데이터에 대한 학습이 필요함으로, 현재 국내 기술 수준에서는 고도의 학습과 분석이 필요한 연구보다는 이미 축적되어 있는 기본 데이터를 활용하는 것이 유리하다. 문화재청과 국립문화재연구원, 국립박물관과 다수의 발굴조사 기관 등에서 보유한 유물의 시대별, 유형별, 기종별 사진 및 도면 자료는 기본적으로 머신러닝의 원천 데이터가 될 수 있다. 발굴조사보고서 등에 유물 사진과 도면이 대부분 통일되어 있는 우리나라는 유럽에 비해 해당 데이터를 취득하고 일괄로 처리할 수 있는 좋은 조건을 갖추고 있다. 처음부터 완벽한 해답

을 도출하지는 못하겠지만 유물에 머신러닝 기술을 적용하여 지속적으로 학습시
킨다면, 향후 해당 유물의 생산과 공급, 분포 범위와 연대 등 더욱 심도 있는 분석
과 연구에 필요한 핵심 도구가 될 수 있을 것이다.

(5) 딥러닝(Deep Learning)을 활용한 유물·유구 자동 인식

딥러닝은 기계가 데이터 학습을 통하여 스스로 분석하고 결과를 도출하는 고
도의 인공지능 중 하나로 머신러닝보다 한 단계 발전한 기술이다. 고고학 분야에
서 딥러닝을 활용한 사례는 많지 않은데 유구나 유물을 자동으로 인식하는 딥러
닝 프로그램이 개발된 사례가 있다. 네덜란드 연구진은 라이더를 통해 획득한 데
이터에서 숯가마 등 유구를 자동으로 인식할 수 있는 딥러닝 알고리즘을 개발하
였으며[134], 영국 레스터 대학에서는 사진을 통해 로마 도자기 기종을 식별하여 자
동으로 분류할 수 있는 애플리케이션(Arch-I-Scan[135])을 고안한 바 있다.

이와 같이 우리나라에서도 딥러닝 기술을 활용하여 '유물이나 유구 자동 인
식 프로그램'의 개발이 가능할 것이다. 이는 앞서 살펴본 머신러닝 기술을 적용한
'유물 검색 프로그램'에 비해 한 단계 발전한 것이라 할 수 있다. 먼저 '유구 자동
인식 프로그램'은 발굴 현장 유적 등의 3D 스캔, 사진, 라이더 데이터 등을 두루
활용할 수 있으며, 고분, 주거지, 건물지, 가마 등 다양한 유구에 적용될 수 있다.
관련 데이터가 학습되면 넓은 면적의 유적을 조사하거나, 훼손되어 일부만 남아
있는 유구를 1차적으로 식별하는 자료로 활용할 수 있다.

한편 '유물 자동인식 프로그램'은 사진을 통해 유물을 자동으로 인식해 줌으
로써 일반인이나 연구자가 어느 시기의 어떤 유물인지 확인이 가능하고, 유물의

---

134) Verschoof-van der Vaart, W.B. and Lambers, K., 2019, 앞의 논문.
135) Tyukin, I., Sofeikov, K., Levesley, J., Gorban, A.N., Allison, P. and Cooper, N.J, 2018, 앞의 논문.

시기별, 지역별 비교 연구 자료를 확인하기 위한 용도로 활용이 가능하다. 고고학자는 대개 토기 등 유물 형식을 분류하여 시공간적 특징과 연대를 파악하는데, 이를 '형식 분류' 알고리즘에 대입하는 방안도 검토해 볼 만하다. 이는 컴퓨터 기반 분석을 통하여 유물 형식을 더욱 정확하고 체계적으로 분류할 수 있고, 다양한 통계적 해석이 가능함에 따라 새로운 유물 연구의 기회를 열어주는 유용한 방안이 될 수 있다.

아울러 이러한 연구 결과가 축적된다면 국내 뿐 아니라 일본 및 중국 등 동아시아 지역과 실크로드 등지의 유물, 유적과의 관계 연구에도 도움이 될 것이다. 물론 이러한 딥러닝 기술의 적용은 다수의 데이터와 노하우가 축적되어야 한다. 따라서 신라의 로만글라스, 구석기 시대 흑요석 등과 같이 대상 범위와 목적을 한정하여 적용하는 것이 바람직하다.

2. 대중을 위한 활용 방안

유럽 등 국외에서 디지털고고학의 범위를 논할 때 전시·교육과 같은 '대중의 참여'가 큰 비중을 차지한다. 최근에는 '디지털대중고고학(Digital public Archaeology, DPA)'이라 하여, 디지털 기술을 활용하여 고고학 정보를 대중에게 쉽고 재미있게 전달하기 위한 새로운 시도가 이루어지고 있다. 유럽의 디지털고고학에서 중요시 여기는 또 하나의 분야는 '시각화(visualisation)'이다. 이는 유적이나 유물을 복원하는 의미도 있지만 디지털로 재현한 역사를 대중이 이해하기 쉽게 전달하고자 하는 목적도 있다.

이러한 고고학자의 노력은 2009년 발표된 '런던 헌장'을 통해서도 증명된 바 있다. 이 헌장은 컴퓨터 기반 시각화를 위한 여러 기법과 그 결과물의 활용에 대한 원칙을 제시하고 있는데, 그 중 시각화의 생성 및 보급(원칙 6)은 문화유산의 연구, 이해, 해석, 보존 및 관리에 있어 최대한의 이득을 얻을 수 있도록 계획되어야 한다고 규정하고 있다. 이후 2011년에는 '가상 고고학에 관한 국제 원칙 : 세비야 원칙'을 발표하고, 가상고고학은 고고학적 근거를 바탕으로 고고유산 연구, 보존, 복원에 도움이 되고 이를 통해 대중에게 더욱 나은 이해를 제공하여야 한다는 일곱 가지 원칙을 수립한 바 있다.

2015년 유럽고고학위원회(EAC)는 '아메르스포르트 아젠더'를 발표하고 디지털 기술의 필요성과 고고학에 대한 대중의 참여와 교육을 미래 과제로 선정하였다. 2016년 영국 브라이튼에서 개최된 제17회 유럽고고학위원회(EAC)에서도 고고학자와 관련 기술 전문 연구자들이 '과거의 시각화'에 대한 현황과 전망을 논의하였다. 한편 디지털고고학 대표 학회인 CAA 또한 '대중의 관심과 참여' 유도가 고고학자의 책임이자 고고학 실천의 일부임을 강조하고, 회원들의 노력과 지원을 윤리정책(Ethics Policy)에 명기(원칙 5 참여 및 지원)하였다.[136] 그 밖의 다수의 영국 및 유럽의 디지털 문화유산 정책도 대중의 문화유산에 대한 접근성을 높이고 소외 계층 없이 되도록 많은 사람의 참여를 유도하고 있다.

유럽의 고고학 분야에서 대중의 참여 유도와 이를 위한 시각화 등의 방법론은 고고학자의 의무이자, 필수 불가결한 요소로 해석됨을 알 수 있다. 유럽의 고고학계에서 대중에게 널리 알리기 위한 고고학, 즉 '대중고고학(Public Archaeology 혹은 Community Archaeology)'은 매우 중요한 부분을 차지하며, 최근에는 디지털 기술들이 접목되어 더욱 다양한 프로그램들이 운영되고 있다. 일반적으로 고고학

---

136) Computer Applications & Quantitative Methods in Archaeology, 2021, Ethics Policy.
    https://caa-international.org/about/ethics-policy/

자나 관련 기관들은 책, 팜플렛, 전시, 강의, 미디어, 웹사이트 등을 통해 고고학적 정보와 연구결과를 대중에게 공유하거나, 발굴 조사와 현장 봉사 활동 등에 일반인을 참여시키는 다양한 프로그램을 운영하고 있다. 최근에는 이러한 프로그램이 온라인으로 진행되며 대중은 영상으로 발굴현장을 보기도 하고 온라인 콘텐츠로 고고학 강의를 듣거나, 전시를 관람하기도 한다. 3D 모델링 및 프린팅, 가상현실, 증강현실, 혼합현실, 프로젝션 맵핑, 몰입형 실감 기술 등 다양한 기술이 오프라인 전시에 적용되어 고고 문화유산에 대한 대중의 이해를 돕고 새로운 경험을 전하기 위한 노력이 이루어지고 있다.

이러한 현상은 우리나라도 예외는 아니며, 코로나 시대를 맞아 최신 기술을 활용한 다양한 디지털 전시와 비대면으로 접할 수 있는 온라인 콘텐츠들이 급격히 증가하고 있다. 이는 대중의 고고학에 대한 관심과 이를 공공에 전달하고자 하는 박물관, 발굴조사기관 등 관련 기관과 연구자들의 노력이 있기 때문이다. 앞으로는 이러한 사회의 변화 흐름과 대중의 고고학에 대한 관심 증가 등에 따라 디지털 기술을 더욱 적극적이고 효과적으로 활용할 필요가 있다. 우리 역사에 대한 대중의 이해를 돕고 흥미로운 경험을 할 수 있도록 돕는 것이야 말로 디지털고고학이 우리 사회에 기여할 수 있는 가치 있는 성과일 것이다.

최근 많은 사람들이 고고학에 대한 흥미를 가지고 있으며 최신 기술에 대한 관심이 높아졌다. 이로 인해 박물관 등 대중에게 이를 전시, 교육하는 기관에서는 더욱 세심한 고민이 필요할 것으로 생각되며, 앞으로 디지털대중고고학이 나아가야 할 기본 방향을 제시하면 다음과 같다.

첫째, 전시 등 디지털 콘텐츠를 구상할 때 해당 문화재의 의미와 가치를 가장 잘 표현하는 기술을 우선 적용해야 한다. 우리나라 가상현실, 메타버스 등 유행하는 기술을 따라 콘텐츠를 제작하는 경향이 강하다. 이보다는 대중에게 해당 문화재의 본질과 역사를 잘 표현하는 기술을 적합하게 선택하는 것에 주안점을 두어야 한다. 영국의 '디지털 정책 및 계획 가이드라인'에는 기술을 우선시하기 보다는 대중에게 어떤 이야기와 아이디어를 전달하고 싶은지를 먼저 결정한 후 이에 적합한 기술을 선택하도록 안내하고 있는데, 우리도 이와 같이 문화재를 기술보다 먼저 고려해야 한다.

새로운 기술이 유례없이 빠른 속도로 발전하고 있는 상황 속에서, 이를 고고학이나 문화유산 분야에서 모두 활용하기는 어렵다. 사물인터넷 스마트홈, 빅데이터 기반 마케팅, 자율주행자동차 등이 이미 현실 속에 사용되고 있지만, 이러한 기술을 고고학이나 문화유산 분야에 똑같이 적용하기란 사실상 불가능하다. 따라서 기술을 좇아가기 보다는 해당 문화재의 성격과 시기, 역사적 사실 등에 따라 적합한 기술을 고민하여 적용하는 것이 더욱 효과적으로 대중에게 전달하는 방법이 될 것이다.

둘째, 콘텐츠 내용은 유적이나 유물의 시대나 형태, 제작방식 등 사실적 정보만 전달하기보다 당시 사람들의 생활상 복원과 스토리텔링이 중심이 되어야 한다. 즉 문화재의 형태, 제작 연대, 축조 방식 등에 대한 일방적인 설명보다는 당시 사용되었을 때의 모습이나 사용 방법, 이를 사용하였던 사람들의 이야기와 역사에 관한 내용 중심의 콘텐츠가 구성되어야 한다.

영국의 메리로즈호 박물관에는 당시 수중에서 발굴된 선체와 관련 유물을 전시하고 있는데, 이를 단순히 진열해 놓은 것이 아니라 관련 유물을 어떻게 사용하고 제작하였는지에 대한 재현 영상을 함께 보여주고 있다. 반파된 선체에 프로젝션 맵핑 기술을 적용하여 배 안에서 당시 일어났던 일들을 짧은 영상으로 시각화하고 있다. 당시 메리로즈호 안에서 무기를 손질하고, 음식과 옷을 만드는 일 등 당시 일어났던 일들을 영상으로 재현함으로써 관람객들은 자연스럽게 당시의 역사를 이해할 수 있다. 이와 같은 스토리텔링이 가미된다면 단순한 기술을 사용하더라도 대중에게는 더욱 강렬하고 기억에 남는 메시지를 전달할 수 있다.

셋째, 문화유산 콘텐츠 제작 시 문화 소외 계층을 고려하여, 많은 사람이 차별 없이 이를 누릴 수 있는 기회를 제공하여야 한다. 디지털 기술은 그동안 하지 못했던 많은 것을 가능하게 한다. 디지털 기술은 장애인, 노령층, 빈곤층 등 문화 약자에게 더 많은 기회를 제공할 수 있다. 가령 시각 장애인을 위해 박물관에 '유물 복제품(3D 프린팅)'을 전시하는 촉각 전시부터 '오디오 설명', '수어 비디오'를 추가하는 간단한 방법까지 다양한 방안을 고려해 볼 수 있다. 또한 가상현실 등 집에서 즐길 수 있는 콘텐츠를 개발하여, 박물관에 방문하기 어려운 사람들에게도 문화 향유의 기회를 제공할 수도 있다. 이처럼 디지털 기술을 활용하여 지금까지 이를 접하기 어려웠던 문화 소외 계층에게 문화유산에 대한 새로운 경험을 제공할 수 있다.

유럽연합은 호라이즌 2020 프로그램의 일환으로, 문화 소외계층을 위한 다양한 콘텐츠와 기술을 개발한 아치(ARCHES, Accessible Resources for Cultural Heritage EcoSystems)[137] 프로젝트를 시행하였다. 이 프로젝트를 위해 영국, 스페인, 오스트리아 등 유럽의 6개 주요 박물관과 2개 기술 보유 회사, 대학 전문가 그리고 시청각 장애인 등 총 200여 명의 관련 인원이 대거 참여하였다. 이들은 주로 시청각 장애인을 위한 문화유산 콘텐츠와 기술을 개발하였는데, 문화유산 3D 복제품, 수어 아바타를 통한 문화유산 설명, 촉각 전시(tactile reliefs) 시각과 청각, 촉각을 모두 활용한 인터랙티브 멀티미디어 가이드(interactive multimedia guide), 게임을 통해 문화유산 콘텐츠를 접할 수 있는 애플리케이션 등이 있다. 이는 유럽에

---

137) ARCHES 프로젝트 https://www.arches-project.eu/

그림 47. ARCHES 게임 및 수어 아바타   그림 48. 멀티미디어 가이드(빈미술사 박물관)

출처 ARCHES 프로젝트 https://www.arches-project.eu/

서 문화유산을 접하기 어려웠던 문화 소외계층에게 새로운 경험과 가치를 전달한 성공적인 프로젝트로 평가받았다. 이 프로젝트는 수어 아바타나 시청각 인터랙티브 멀티미디어 가이드와 같은 새로운 기술과 디바이스를 개발하여 디지털대중고고학 발전에 중요한 계기를 제공하였다.

우리도 디지털 기술을 활용하여 많은 사람들이 우리의 유적과 유물을 접할 수 있도록 노력을 기울여야 한다. 박물관 등에서는 유럽의 아치 프로젝트와 같이 문화 소외계층을 위한 새로운 콘텐츠와 기술 개발에 관심을 기울여야 하며, 이를 위한 더욱 적극적인 관계 부처의 지원이 요구된다.

넷째, 고고학 프로젝트와 전시 등에 대한 대중의 흥미와 참여를 유도하는 다양한 행사를 기획, 제공할 필요가 있다. 영국에서는 스톤헨지, 블레넘 궁전 등 여러 문화유산 현장에서 연극, 공연, 전시, 꽃 박람회, 경마, 도그쇼, 마라톤, 사이클, 자동차 박람회 등 각종 행사를 개최하여 해당 문화 유적에 대한 사람들의 참여를 유도하고 있다. 이와 더불어 문화재 보호를 위한 자원 봉사와 기부를 독려하고 있다. 온라인을 통해서도 발굴현장 라이브쇼, 크라우드 펀딩(crowd funding), 개인 소장 문화재 사진 공유 등 여러 가지 채널을 통해 일반인들이 참여할 수 있는 기회를 제공하고 있다. 대중은 이를 통해 단순히 이벤트에 참여한 것이 아니라 내 손으로 문화재를 발굴하거나, 문화유산 보존에 기여했다는 자부심을 느낄 수 있다.

영국의 디지벤처(DigiVenture)는 고고학자연구소(CIFA)에 공식 등록된 영국 최초의 현장 학교(Field School)로, 2012년 세계에서 처음으로 플래그 펜(Flag Fen) 청동기시대 유적 발굴에 대한 크라우드 펀딩을 실시하였다. 이 행사를 통해 120만 파운드(약 19억 원) 이상이 모금되는 큰 성과를 거두었는데, 해당 기관은 비단 발굴 자금을 모은 것에 그친 것이 아니라 수많은 사람이 해당 유적의 새로운 역사를 찾고 보존하는 일에 동참했다는 데 의의가 있다고 평가하였다. 유럽에서는 크라우드 펀딩 등을 온라인으로 진행하여 발굴과 문화재 보존 관리 등에 필요한 기부를 받고, 이에 참여한 일반인이 향후 발굴현장을 방문할 수 있는 기회를 제공해주는 이벤트를 개최하고 있다.

영국의 국가 문화유산 리스트(NHLE, National Heritage List for England)[138] 등 유럽의 여러 웹사이트에는 일반인이 보유한 사진과 자료를 제공하여 데이터베이스에 참여할 수 있는 기회를 마련하고 있다. 이와 같은 이벤트를 통해 일반인들은 해당 문화재에 대해 더욱 관심을 가질 수 있고, 문화유산 아카이빙 작업에 동참하

---

138) 영국의 국가 문화유산 리스트 지식 공유 방법 https://historicengland.org.uk/listing/enrich-the-list/

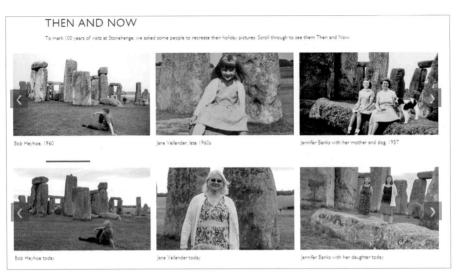

그림 49. 스톤헨지에서 찍은 시민들의 과거와 현재 사진 | 출처 English Heritage

였다는 자부심과 재미를 느낄 수 있다. 이는 또한 실제 연구자나 기관에서 소장하고 있지 않은 새로운 자료를 확보할 수 있는 좋은 기회가 되며 관련 유적에 대한 연구 자료가 더욱 풍성해 지는 효과를 거둘 수 있다.

이처럼 디지털 기술을 활용하면 대중을 위한 행사를 더욱 다채롭게 기획할 수 있다. 앞으로는 한 방향 소통보다는 대중이 문화유산 분야에 참여할 수 있는 쌍방향 소통을 지향하여야 한다. 이를 위해 박물관, 발굴조사기관 등 관련 기관에서는 온·오프라인에서 일반인이 참여할 수 있는 다양한 이벤트와 기회를 마련하여, 고고학에 대한 대중의 관심과 참여를 유도하고 이를 더욱 재미있고 가치 있게 전달하기 위해 노력하여야 한다.

다섯째, 온·오프라인으로 제작된 콘텐츠는 국내·외 많은 사람들이 접근할 수 있도록 다양한 플랫폼을 활용하여야 한다. 트위터 등 여러 소셜 미디어와 유튜브,

188   디지털고고학 개론

구글 어스 등 오픈 플랫폼은 매우 효과적인 홍보 수단이다. 에딘버러 대학의 고고학자 더그 락 맥퀸(Doug Rocks-Macqueen) 박사는 소셜 미디어를 통한 공공의 참여에 대한 논문에서 자신의 고고학 홈페이지로의 유입은 페이스북(Facebook)을 통한 것이 가장 많았음을 확인하고, 이를 적극 활용하여야 한다는 결론을 공유하였다.[139] 실제 국외에서는 각 기관의 홈페이지에 콘텐츠를 업로드 해 놓기 보다는 페이스북 등 각종 소셜 네트워크와 유튜브 등에 올리고 이를 그 기관 웹사이트에 링크해 놓는 경우가 많다. 한편 이와 같은 오픈 플랫폼은 해당 콘텐츠의 조회 수, 공유 수, 국가별 이용자 수, 유입 경로 등을 파악할 수 있어, 이를 통한 콘텐츠 사용자 분석 등에 용이한 장점이 있다.

한편 본머스 대학 연구진은 스톤헨지와 주변 유적 발굴 현황 등을 구글 어스(Google Earth[140])로 볼 수 있는 '스톤헨지 아래를 보다(Seeing Under the Stonehenge[141])' 프로젝트를 추진하였는데, 백만 명 이상이 이 사이트에 방문하는 등 매우 성공적인 성과를 거두었다. 해당 프로젝트는 많은 사람에게 고고학을 친숙하게 소개하고, 스톤헨지와 관련 역사에 대해 영감을 주었다. 이는 GIS를 활용하여 발굴 유적을 맵핑하는 기술을 학생들에게 가르쳐 새롭고 창조적인 기회를 제공하였으며[142], 평면적인 발굴 유적을 입체적으로 대중에게 소개하는 성과를 거두었다.

한편 대중을 위한 온라인 콘텐츠로 발굴 유적을 컴퓨터 기반 인터랙티브 리

---

139) Rocks-Macqueen, D., 2016. Digital Public Engagement through Social Media in Archaeology - How to Choose. Present Pasts, 7(1), p.1.

140) 구글 어스(Google Earth) https://www.google.co.kr/intl/ko/earth/

141) 스톤헨지 아래를 보다 https://microsites.bournemouth.ac.uk/seeing-beneath-stonehenge/

142) Welham, K., Shaw, L., Dover, M., Manley, H., Parker Pearson, M., Pollard, J., Richards, C., Thomas, J. and Tilley, C. 2015, Google Under-the-Earth: Seeing Beneath Stonehenge using Google Earth - a Tool for Public Engagement and the Dissemination of Archaeological Data, Internet Archaeology 40.

그림 50. 누나렉 발굴현장 복원 애니메이션
출처 Nunalleq 2020, https://nunalleq.wordpress.com/2021/04/21/nunalleq-and-the-little-ice-age-educating-youtube/

소스로 개발하는 방법도 있다. 에버딘 대학(University of Aberdeen)과 던디 대학
(University of Dundee)은 알래스카 퀸하각(Quinhagak) 지역의 마을 유적에 대한 공
동 발굴을 추진하고, 이를 애니메이션 오픈 리소스로 개발하였다. '누나렉: 우리
조상들의 마을 이야기(Nunalleq: Stories From The Village Of Our Ancestors[143])'라고 하
는 이 리소스는 알래스카 마을 유적 발굴 결과를 애니메이션 게임과 같은 방식으
로 구성하여, 발굴유적과 유물, 복원된 모습, 당시 사람들의 생활상과 스토리텔
링 등의 내용을 담고 있다. 앞서 설명한 '스톤헨지 아래를 보다'가 발굴 현황을 있
는 그대로 보여 주는 사례라면, 이는 유적과 유물의 복원된 모습과 생활상을 중
점적으로 전달하고 있다. 이 프로젝트는 발굴 현장을 대중에게 쉽게 전달하는 새

---

143) Nunalleq 2020 https://nunalleq.wordpress.com/

로운 시도이자 유익한 고고학 교육 콘텐츠로 평가되어, 2021년 미국 고고학 연구소(Archaeological Institute of America)의 디지털고고학 부문 우수 작품상(Award For Outstanding Work In Digital Archaeology)을 수상하였다.[144]

이처럼 소셜미디어 등 다양한 플랫폼을 적극 활용하면 고고학적 유적이나 유물을 대중에게 더욱 효과적으로 공유할 수 있다. 특히 발굴 유적과 유물의 특성을 고려하여 구글 어스와 누나렉과 같은 오픈 리소스를 개발하여 보급하는 것도 고려해 볼 만한 하다. 이와 같은 고고학자들의 노력은 국내 뿐 아니라 전 세계 많은 사람들에게 우리 문화유산을 알리고, 고고학 연구 성과를 공유하는 기회를 제공할 수 있다.

이상 대중에게 디지털 기술을 더욱 효과적으로 활용하기 위한 디지털대중고고학의 기본 방향과 관련 기관들의 고민과 노력이 필요한 사항을 검토하였다. 대중을 위한 콘텐츠 제작을 위해서는 항상 기술보다는 문화재가 중심이 되어야 하며, 문화재가 담고 있는 역사와 사람들에 대한 스토리텔링이 반드시 포함되어야 한다. 또한 대중의 참여 확대를 위해 여러 온라인 플랫폼을 활용하고, 다채로운 이벤트를 기획하여 참여의 기회를 넓혀야 한다. 콘텐츠들은 문화 소외 계층에게도 차별 없이 제공될 수 있도록 계획 단계에서부터 준비되어야 한다. 이러한 고고학자와 박물관 등 기관의 노력은 모두가 우리 문화유산을 누릴 수 있는 기회를 제공하고, 그 가치를 대중에게 전달하는 유의미한 작업이 될 것이다.

---

144) https://nunalleq.wordpress.com/2020/11/19/aia-award-winners/

1) 디지털대중고고학 적용 방안

Ⅲ장에서 살펴본 바와 같이 유럽은 다양한 디지털 기술을 적용하여 대중을 위한 전시·교육 등에 활용하고 있다. 가상현실, 증강현실 기술 뿐 아니라 혼합현실, 인공지능, 프로젝션 맵핑, 홀로그램, 페퍼스 고스트 기법 등 한국에서 많이 사용하지 않는 기술을 문화재 성격과 역사적 특성에 따라 다양하게 적용하고 있다.

가상현실은 국내에서는 석굴암 등 문화재의 모습을 실제로 둘러보는 것과 같은 형식이 많은 반면, 유럽은 문화재를 스토리텔링하고, 게임 등으로 체험할 수 있는 인터랙티브 콘텐츠가 많았다. 구현하는 방식 또한 국내는 HMD나 모니터를 주로 사용하는 반면, 유럽은 이와 함께 대형 스크린이나 원형 서라운드 패널을 이용하는 등 더욱 다양한 방식을 활용하고 있다.

증강현실은 국내는 야외 유적지를 가상으로 복원하거나 박물관의 문화재 정보를 검색하는 용도로 주로 활용되고 있으나, 유럽에서는 문화재의 원래의 모습(스페인 카사바트요, 독일 자연사박물관)을 재현하거나 복원하여 생생하게 보여주기 위한 방식을 많이 활용하고 있다. 사용되는 장비는 태블릿이나 핸드폰 외에 AR 전용기기(오디오 가이드 겸용)를 활용하여 개인이 일일이 애플리케이션을 다운받아야 하는 번거로움을 덜어주고 있다.

혼합현실은 국내에서는 가상현실과 바람 효과 등을 함께 활용한 사례가 있는데, 유럽에서는 후각(덴마크 모에가스르 고고학 트레일[145]), 청각(요크 공동묘지 애플리케이션), 시청각 홀로렌즈(몽생미셸[146]), 촉각 등의 다양한 기술을 복합적으로 적용하고

---

145) Eve, S. 2017, 앞의 논문.
146) Microsoft, This rare 17th century technology was brought to life using HoloLens at the Musée

있는 점에서 우리와 차이가 있다.

국내에서는 유적이나 유물을 복원하기 위해서 3D 모델링과 가상현실, 증강현실 기술을 많이 활용하고 있다. 유럽에서는 이를 비롯하여 홀로그램(로만 바쓰), 프로젝션 맵핑(메리로즈 박물관), 페퍼스 고스트 기법(D-Day Story 박물관) 등 국내보다 다양한 기술을 활용하여 문화재를 복원하고 당시 사람들의 모습 등 생활상을 함께 재현하여 전달하는데 중점을 두고 있다. 그밖에 다양한 기술과 공간을 복합적으로 활용한 '초실감 몰입형 기술(독일 다스 파노라마, 영국 미쓰라움 로마 신전 박물관)'과 전투 시뮬레이션 인터랙티브 전시(배넉번 전투 방문자 센터, 노르웨이 망자의 박물관 등) 등 국내에서 살펴볼 수 없는 다양한 방법을 시도하고 있다.

이번 장에서는 이러한 여러 가지 유럽의 디지털대중고고학 분야의 전시·교육 사례를 바탕으로 우리나라 문화재 유형과 대중의 눈높이에 적합한 여러 가지 방안을 검토해 보고자 한다. 대표적인 방안으로는 가상현실을 활용한 인터랙티브 체험 콘텐츠, 증강현실을 이용한 문화재 내부 복원, 혼합현실을 활용한 실감 콘텐츠, 3D 스캔, 모델링, 프린팅 등을 활용한 스토리텔링, 멀티미디어를 통한 생활상 재현, 몰입형 공간과 퍼포먼스를 활용한 초실감 몰입형 콘텐츠, 온라인 등 다양한 대중 참여 확대 등을 들 수 있다.

(1) 가상현실(VR)을 활용한 인터랙티브 체험 콘텐츠

가상현실 기술은 현재 국내 문화재에 가장 활발하게 적용되고 있는 기술 중 하나이다. 최근에는 손에 잡는 컨트롤러나 모션감지(적외선 카메라, 키넥트, 립모션 등) 기능을 함께 사용하여 눈으로만 보는 것이 아닌 다양한 체험을 즐길 수 있는 콘

---

des Plans-Reliefs, https://youtu.be/MGtpe0ni_nl(2018.11.12)

텐츠가 개발되고 있다. 국립해양문화재연구소의 '태안 마도 수중 발굴 VR'은 산소통 등 장비를 착용하고 바다 속에 들어가 유물을 발굴하고 인양하는 체험을 할 수 있고, 백제역사유적지구의 '부여 나성 쌓기 VR' 은 직접 성을 축조해 보고 활을 쏘아 볼 수 있다.

국내의 가상현실은 대부분 HMD 장비를 머리에 착용하는 방식인데 모션 감지 프로젝션 등을 사용하여 다양한 가상현실 방식을 활용하면 전달 효과를 더욱 높일 수 있다. 사실상 HMD 장비는 머리에 직접 착용해야 하는 접촉식으로 코로나 시대에 적합하지 않고, 초점이 부정확하거나 체험자에게 어지러움을 유발하는 문제점이 있다. 영국 배넉번 전투 방문자센터와 같이 전투 시뮬레이션을 여러 개의 스크린을 통해 전투장면을 실감나게 보여 주거나, 스웨덴 키빅 무덤의 청동기 시대 춤을 모션 감지 방식으로 따라하는 VR방식도 있다. 이는 HMD 방식에 비해 큰 화면과 음향 효과로 가상현실의 몰입감을 더하고, 관람객이 체험할 수 있는 인터랙티브 방식을 제공하여 더욱 재미있게 문화재를 경험할 수 있는 방안이 된다(Ⅲ장 5-2 가상현실 참고).

'베를린 장벽 탈출 VR'과 같이 스토리를 구성한 게임형 콘텐츠 가상현실도 있다. 이와 같은 분야는 유럽에서 '고고학 비디오 게임(Archaeogaming)'이라 하여, 컴퓨터나 박물관에서 문화유산을 소재로 하여 여러 게임을 체험할 수 있는 콘텐츠를 많이 개발하고 있다. 우리도 단순히 유적과 유물을 가상현실 장비를 통해 둘러 보는 것에 그치지 않고, 여러 가지 스토리를 담아 게임처럼 즐길 수 있는 콘텐츠의 개발도 필요하다. 다양한 미션을 수행하는 문화유산 실감형 게임 VR을 플레이스테이션과 같은 유명 게임에 버금가는 수준으로 개발한다면 어렵고 지루할 수 있는 고고학 정보를 더욱 쉽고 재미있게 체험할 수 있을 것이다.

(2) 증강현실(AR)을 이용한 문화재 내부 복원

증강현실 기술은 현재 문화재를 가상으로 복원하기 위한 목적으로 주로 활용되고 있다. 황룡사지 9층 목탑 AR(국립문화재연구원), 공주 정지산 백제 고건축 AR(한국전통문화대학교 IDH연구소), 돈의문 AR(서울시·문화재청) 등이 관련 사례라 할 수 있다. 증강현실은 유물이나 특정 사건을 재현하는 콘텐츠로 제작된 사례도 있는데, '정조대왕 수원화성 야간훈련 AR(한국전통문화대학교)', '화성성역의궤 AR(문화유산기술연구소·문화재청)' 등이 있다.

현재 국내에서는 해당 유적지에서 상부 건물 등의 모습을 복원하는데 증강현실을 많이 활용하고 있으나, 이를 문화재의 내부 복원에 적용하는 방법도 있다. 스페인 바르셀로나의 가우디 건축물 '카사 바트요'에서는 건물 내부의 모습을 AR 기기를 통해 스캔하듯 관람할 수 있다. 가우디가 만든 건물 내부의 인테리어들은 시간이 지나면서 계속 변하고 훼손되었는데, 고증을 통해 원래 모습을 확인하고, 이를 모두 실제로 복원하기 보다는 증강현실로 복원하여 관람할 수 있도록 했다. 건물 내부의 문, 천장, 계단 등은 물론이고, 장식과 소품까지 재현하였으며, 관람자는 원하는 위치에 AR 기기를 비추어 이를 확인하고 설명을 들을 수 있다 (III장 5-3 증강현실 참고).

국내에서는 궁궐이나 역사재현단지, 청동기시대 움막, 삼국시대 고상 건물 등 복원된 문화재에 이를 적용하면 내부의 모습을 복원하고, 관람객에게 더욱 다양한 정보를 몰입감 있게 제공할 수 있을 것이다. 관람자는 그 건물의 외면뿐 아니라 내부의 모습을 알 수 있고, 그 속에서 실제 생활했던 사람들의 시선을 경험할 수 있다. 증강현실 콘텐츠는 단순한 복원 이미지 뿐 아니라 당시 사람들의 생활 모습을 함께 재현할 수도 있다. 궁궐 수라간에서 음식을 만드는 모습, 주거지에서 불을 피우거나 아궁이를 떼는 모습, 대장간에서 쇠를 달구는 모습 등 해당 문화재의 기능과 역할, 역사적인 상황을 직접 재현하여 보여 줄 수 있다. 이는 문화재를 디지털로 복원함과 동시에 관람자들로 하여금 문화재 내부를 게임하듯이 둘러보며 체험할 수 있어, 자연스럽게 해당 문화재의 역사와 가치를 느끼게 할 수 있다.

(3) 혼합현실(MR)을 활용한 실감 콘텐츠

혼합현실은 현실 세계와 가상의 정보를 결합하는 것으로, 일반적으로 문화재 분야에서는 가상현실과 증강현실 기술에 청각, 후각, 촉각 등 다양한 요소를 추가한 것을 말한다. 가상현실과 증강현실이 시각적 효과에 집중된다면 혼합현실은 이보다 한층 업그레이드된 기술로, 사람의 여러 감각을 자극하여 더욱 생동감 있는 콘텐츠를 구현할 수 있다.

가장 대표적인 혼합현실 사례로는 홀로렌즈를 들 수 있다. 2017년 마이크로소프트사는 세계유산 프랑스 몽생미셸을 홀로그램으로 경험할 수 있는 전시를 개최하였는데, 홀로렌즈를 통해 몽생미셸 건축물의 세부 모습을 증강현실로 볼 수 있도록 하였다. 홀로렌즈를 착용하면 현실 공간에서 가상의 문화재를 입체적으로 보면서 손가락 슬라이딩 제스처를 통해 콘텐츠를 선택하고, 내장된 3D 오디오를 통해 설명을 들을 수 있다. 해당 전시는 몽생미셸 레플리카를 제작하고 이를 홀로렌즈와 연동하여 가상의 정보를 관람객이 직접 확인하는 방식을 채택하였다.

또 다른 혼합현실로는 후각 효과를 활용하는 방식을 들 수 있다. 문화유산에 후각 혼합현실 기법을 적용한 사례로 요크 요르빅 바이킹센터가 있는데, 이는 라이드를 타고 바이킹 마을을 둘러보며 특정 공간에서 바다 냄새 등 향을 분사하는 방식이다. 한편 요크 대학교에서는 덴마크 모에가스르 고고학 트레일의 '죽은 사람의 냄새' 프로젝트[147]를 통해 야외에서 유적지를 걸어 다니면서 오디오 설명(청각)과 냄새(후각)를 맡을 수 있는 장치를 개발하였다(Ⅲ장 5-4 혼합현실 참고). 후각 효과는 국내에서 많이 활용되지 않는 기술로 시각 및 청각 장치와 함께 구현하면 더욱 생동감 있는 경험을 전할 수 있고, 내부 전시 공간 뿐 아니라 야외 유적에서도 활용이 가능하다.

그 외 활용할 수 있는 혼합현실로 '촉각'을 들 수 있다. 이는 특정 공간에 유물이나 유적의 레플리카를 설치해 두고, 가상현실 HMD를 착용하고 이를 만져보는 방식을 들 수 있다. 유럽의 한 전시에서는 가구 등 유물을 만지거나, 고문서를 직접 넘기면서 가상의 렌즈를 통해 시각적 요소를 구현한 사례가 있다. 우리도 석굴암 등 실제로 들어가 보지 못하는 문화재나 직접 만질 수 없는 유물을 이런 식으로 재현한다면 시각뿐 아니라 촉감까지 느낄 수 있는 생생한 전시가 될 수 있을 것이다. 레플리카는 실제 재질도 유물과 유사하게 제작하는 것이 효과적인데, 이를 위해 3D 프린팅 기술을 활용해도 좋을 것이다.

그 밖에 혼합현실의 가장 쉽고 효과적인 방법은 '청각', 즉 음향 효과이다. 오디오 시스템은 현재 국내 박물관에서도 많이 사용되고 있는데, 유럽에서는 모션 감지 센서를 이용하여 관람객이 그 근처에 가면 자동으로 사운드가 재생되도록 하는 방법, 여러 대의 스피커를 활용하여 서라운드 음향 효과를 주는 방법 등 다양한 방식을 구현하고 있다. 이는 매우 단순한 효과이지만 비교적 설치가 쉽고 비용이 적게 드는 장점이 있으며, 시각적인 콘텐츠에 부합하는 소리를 들려줌으로써 관람객들로 하여금 실제 현장에 와 있는 듯한 효과를 선사할 수 있다. 우리도 유럽의 박물관들처럼 대장간의 소리, 전쟁 포화 소리, 파도 소리(어로) 등 전시 유

---

147) Eve, S. 2017, 앞의 논문.

적과 유물 콘텐츠에 맞는 음향 효과를 적용하는 방안을 적극 활용해야 한다.

(4) 3D 기술의 다양한 활용과 통합 플랫폼 마련

국내에서 3D 기술은 현재 3D 스캔을 이용한 문화재 측량과 기록에 주로 활용되고 있으며, 그 밖에 3D 모델링 콘텐츠가 전시 등에 사용되는 경우가 많다. 3D 기술은 크게 스캔, 모델링, 프린팅 등에 적용될 수 있는데, 앞으로는 현재보다 폭넓고 다양하게 활용할 필요가 있다.

우선 3D 모델링 기술은 유적·유물 복원 시뮬레이션과 실감 콘텐츠 제작에 확대 적용될 수 있다. 3D 모델링을 통하여 유적지 상부를 복원하거나(그림 51), 성벽, 석탑 등 일부만 남아 있는 문화재의 유실부(그림 52)를 복원하는데 유용하게 활용될 수 있다. 이는 실제 복원에 앞서 다양한 가능성을 반영하여 미리 모의 실험을 할 수도 있고, 이를 시각화하여 연구자나 일반인이 쉽게 이해하고 분석하기 위한 기초자료로도 활용될 수 있다. 영국 배넉번 전투 방문자 센터와 같이 3D 모델링을 활용하여 스토리텔링이 가미된 역사적 사건을 재현할 수 있고, 한발 나아가 이를 몰입형 환경에서 구현하면 더욱 생생한 전시 콘텐츠가 될 수 있다.

3D 프린팅 기술을 활용하면 유적과 유물을 실물로 복원할 수 있다. 3D 프린트 기술은 이미 많이 알려져 있지만 일반인이 접하기 힘듦으로, 이를 전시·교육 자료로 확대 적용할 필요성이 있다. 3D 프린팅 콘텐츠들은 직접 만지고 체험할 수 있는 전시에 적합하며, 특히 이는 시각 장애인 등 문화 소외 계층을 위한 좋은 자료가 될 수 있다. 그동안 시각 장애인에게 점자책으로 문화재에 대한 정보를 제공했다면, 이제는 3D 프린팅을 통해 문화재를 직접 만져보고 머릿속에 그려볼 수 있는 촉각 콘텐츠를 개발할 수 있다.

3D 프린팅 기술을 활용하면 실물 크기의 복원과 복제품을 만들 수 있는데,

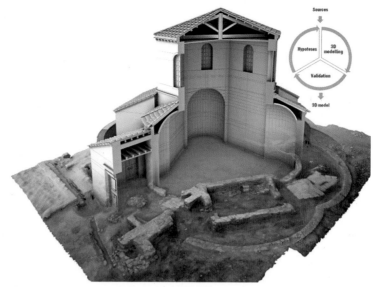

그림 51. 로마 빌라 유구 3D 모델링 복원 ㅣ 출처 GROMA, University of Bologna

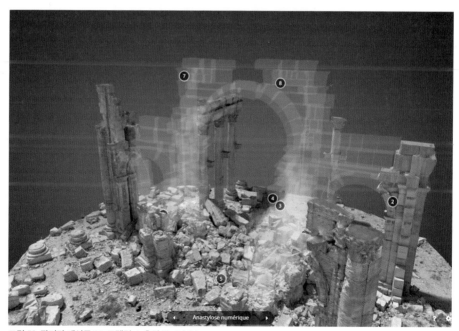

그림 52. 팔미라 개선문 3D 모델링 ㅣ 출처 Sketchfab

이는 시간적, 경제적 측면에서 문화재 복원의 효율적인 방안이 될 수 있다. 이탈리아 보존·복원 연구소는 2015년 ISIS의 공격으로 파괴된 시리아 팔미라의 2세기 로마 조각상 일부를 3D 프린터로 복원하였다. 옥스퍼드 디지털고고학 연구소는 그 중 가장 상징적인 '개선문(The Triumphal Arch)'을 로봇 팔 3D 프린터를 이용해 실물의 2/3크기(높이 5.5m)로 복원하였다(Ⅲ장 5-1 3D 프린팅 참고).

이는 실제 크기의 정교한 3D 프린팅 복원으로도 유명하지만, 테러로 훼손된 문화유산을 복원하고 세계 평화를 염원하는 메시지로 전 세계 사람들의 주목을 받았다. 이처럼 우리도 화재로 소실된 문화재를 3D 프린트로 복원하거나 실제로 가보지 못하는 북한의 문화재 등을 실물 크기로 복원·전시한다면, 그 문화재에 실린 가치를 더욱 의미 있게 전달할 수 있는 좋은 콘텐츠가 될 수 있다.

한편, 유럽의 많은 박물관이나 도서관에서는 3D 프린터로 출력한 결과물을 직접 만져보고 체험할 수 있는 교육 교재로 활용하기도 한다. 이와 같이 대중에게 '문화유산 3D 프린트 체험'의 기회를 제공하여, 유물 등을 직접 프린트해 보고 관찰할 수 있는 기회를 제공하는 것도 좋은 교육 방법이 된다. 영국의 대학 혹은 공립 도서관 등에서는 '1일 3D 프린트 체험 교실'을 많이 운영하고 있는데, 이를 통해 3D 모델링 프로그램을 간단히 배우고, 직접 유물을 프린트 해 볼 수 있다. 시간 관계상 크기가 크고 복잡한 유물은 어려울 수 있지만, 가능한 범위에서 유물을 직접 3D로 프린트 해 본다면, 그 일련의 과정을 배우고, 문화재도 쉽게 이해할 수 있는 등 대중에게 좋은 교육 효과를 가져다 줄 수 있다.

현재 박물관 등 여러 기관에서 3D 기술을 활용한 수많은 콘텐츠들을 생산하고 있지만, 이를 서비스하지 않는 경우가 많다. 문화재청에서는 국가문화유산포털 사이트에서 3D 콘텐츠 등 여러 문화재의 원본 데이터를 서비스하고 있지만, 전국의 모든 3D 콘텐츠를 통합하기에는 역부족이다. 이를 위해서 국가 차원의

'문화유산 3D 콘텐츠 통합 아카이브 플랫폼'이 필요하다. 최근 이러한 원천 데이터들은 사진과 더불어 출판, 게임, 문화 상품 등 2차적 저작물 제작에 많이 활용되고 있는 추세인데, 우리도 이를 더욱 활성화하기 위해서는 3D 콘텐츠 통합 아카이브와 같은 플랫폼 조성이 필요하다.

이와 더불어 이미 구축되어 있는 국내·외 오픈 플랫폼을 적극 활용할 필요성이 있다. 구글 아트앤컬쳐(Google Art & Culture)는 세계 주요 54곳의 유적 스캔 데이터 및 모델링 복원 콘텐츠를 서비스하고 있으며, 스케치팹(Sketchfab)은 영국 박물관 등 전 세계 400여 개 박물관 및 연구소 등과 협업하여 3D 모델링 데이터를 지속적으로 업로드하고 있다. 구글어스(Google Earth) 지도에는 3D로 모델링된 스톤헨지 등 세계 대표 문화재를 가상현실로 만나 볼 수 있다.

이와 같이 많은 사람들이 쉽게 검색할 수 있도록 다양한 플랫폼을 통해서 우리 문화유산의 3D 콘텐츠를 공유한다면, 자연스럽게 대중의 접근성을 높이고, 문화유산 콘텐츠의 재사용 기회를 넓힐 수 있으며, 이를 전 세계 사람들에게 공유, 세계 속의 우리 문화유산의 인지도를 높일 수 있다.

(5) 멀티미디어를 통한 스토리텔링과 생활상 재현

영국 등 유럽의 박물관들이 전시에 가장 많이 사용하는 기술은 모니터와 프로젝션 등을 활용한 멀티미디어 기술이다. 이들은 단순히 문화재 정보만 전달하는 것이 아니라 당시의 생활상과 사람들의 이야기를 프로젝션 맵핑, 페퍼스 고스트, 홀로그램 등 다양한 기법의 멀티미디어로 구현하고 있다. 가상현실이나 증강현실은 사용의 제약이 따르고, 많은 사람들이 동시에 이용하거나 다양한 콘텐츠를 제공하기에 부족한 경향이 있어, 국외 박물관에서는 특별한 경우를 제외하고는 대부분 멀티미디어 기술을 주로 활용하고 있다.

영국 메리로즈 박물관에는 난파선에서 발견된 유물을 전시하면서 해당 유물을 어떻게 사용하였는지 DID 기기를 통해 재현 동영상을 보여 주고 있으며, 복원된 선체에 프로젝터를 영사하여 당시 배 안의 선원들의 모습을 이해하기 쉽게 짧은 영상으로 전달하고 있다. 영국 디데이 스토리(D-Day Story) 박물관에는 노르망디 상륙작전을 펼치는 군인들의 긴장된 모습을 '페퍼의 유령 기법'으로 표현하였으며, 로만 바쓰 유적에는 당시 사람들이 목욕탕을 이용하거나 탈의하는 모습을 '홀로그램 동영상'으로 전시하고 있다(III장 5-6 멀티미디어 참고).

이처럼 우리도 유물과 유적만을 전시하는 것이 아니라 이를 실제 사용하는 모습, 제작하는 모습, 시대별 사람들의 생업, 사건 등 문화재가 담고 있는 당시 생활상과 역사적 사실을 영상 등으로 재현하고, 이를 적절한 멀티미디어 시청각 효과와 함께 전달하는 방식을 점차 확대할 필요가 있다. 가령 구석기 시대 사람들의 석기 제작 방식이나 청동기 시대 어망추를 사용한 어로 생활, 삼국시대 사용된 다양한 토기들의 취사, 저장 등 사용 방식, 전쟁에서 사용된 무구의 사용법 등 시대별, 유형별 다양한 테마로 표현이 가능하다. 이와 같은 콘텐츠는 비교적 짧은 영상이나 애니메이션의 형태가 적합하다. 유실된 유적이나 유물의 복원, 비석의 비문 등도 프로젝션 맵핑을 이용하여 재현 또는 복원할 수 있는데, 이는 실제 문화재를 복원하는 것에 비해 비용적·효과적 측면에서 매우 효율적이다.

(6) 몰입형 공간 퍼포먼스를 활용한 초실감 콘텐츠

현재 우리나라의 몰입형 실감 콘텐츠는 여러 대의 프로젝션을 케이브(CAVE)나 사각형 방의 3~6면에 영사하여 연출하는 방식이 일반적이다. 영국 등 유럽에서는 이러한 전형적인 방식을 고수하기 보다는 해당 문화재의 형태와 유사한 몰입형 공간을 제작하여 그 속에서 시각과 청각, 움직임 등 다양한 효과를 이용한 스토리텔링 콘텐츠를 제공하고 있다. 이는 관람객들로 하여금 실제 문화재 속에 들어와 있는 듯한 초실감형 몰입감을 선사하는데, 우리도 이와 같은 방식을 적극 도입할 필요가 있다.

영국 런던 미쓰라움 로마 신전 박물관은 밀폐된 전시 공간에 신전 유구를 이전 복원한 몰입형 전시관이다. 전시관 내에서는 15분 간격으로 조명과 연기, 음향 효과 등을 활용해 신전의 기둥을 입체적으로 복원해 보여준다. 이는 마치 하나의 퍼포먼스 쇼를 관람하는 것 같은 경험을 제공하며, 관람객들은 로마 신전 원래 모습을 쉽게 이해함과 동시에 유적 속에 들어와 있는 듯한 몰입감을 체험할 수 있다(Ⅲ장 5-7 몰입형 초실감 기술 참고).

노르웨이 망자의 박물관(Dead Man's Corner Museum[148])에는 세계 2차 대전에 사용되던 비행기 모형이 전시되어 있는데, 이곳에 탑승하면 전쟁터로 출격하는 비행을 체험 할 수 있다. 비행기 창문을 모니터로 구성하여 바깥 풍경을 재현하고, 사운드와 조명, 연기, 비행기 선체의 움직임을 통해 전쟁 속 포화를 뚫고 이륙, 추락하는 상황을 생생히 체험할 수 있다. 마치 놀이공원의 게임 같기도 한 이런 공간 퍼포먼스는 관람객들에게 긴박하고 치열했던 역사적 상황을 체험하게 하여 당시의 역사를 생동감 있게 느낄 수 있게 한다.

이와 같이 공간 전체가 주는 몰입감을 잘 활용한다면 더욱 더 실감나는 콘텐츠를 대중에게 제공할 수 있을 것이다. 고건축 등 유적의 원래 형태와 유사한 공간을 만들어 현장감을 더하고, 단순히 눈으로만 보여주는 것이 아니라, 소리, 움직임, 바람 등 여러 요소를 혼합하여 경험하고 체험할 수 있는 콘텐츠를 만든다면 더욱 실감나는 전시가 될 수 있다.

---

148) 노르웨이 Dead Man's Corner Museum https://youtu.be/xrlql3b5k1s

(7) 온라인 콘텐츠 등 다양한 대중 참여 확대 방안

유럽에서는 온라인 플랫폼 등을 통해 대중이 고고학에 참여하고 접할 수 있는 다양한 기회와 콘텐츠를 제공하고 있다. 온라인을 통해 발굴 현장을 방문하거나 고고학 관련 강의를 듣고, 발굴이나 유적의 보존과 관리를 위한 크라우드 펀딩 등의 기부 행사에 참여하기도 한다. 박물관 등 관련 기관에서는 유물 및 유적과 관련한 재미있는 동영상이나 애니메이션, 웹툰 콘텐츠 등을 다양한 소셜 미디어와 유튜브, 구글 어스 등 온라인 오픈 플랫폼을 통하여 지속적으로 공유하고 있다. 한편 영국 문화재청 등에서는 청소년과 일반인을 위한 문화유산 교육 교재 콘텐츠(교사용 교재, 문화유산 주제별 가이드북 등)와 이러닝 서비스를 제공하는 등 대중에게 고고학적 정보를 전달하고 또 참여시키기 위한 다각도의 노력을 기울이고 있다.

한편 옥스퍼드 대학 에어(HEIR) 사이트와 디피컬트 날리지 프로젝트(The Difficult Knowledge Project[149])사이트에서는 리포토그래프(Rephotograph) 기능을 제공하는데, 이는 비슷한 앵글에서 찍은 과거 사진과 현재의 사진을 오버랩하거나 비교해 보여주는 것을 말한다. 이를 통해 일반인들은 현대의 장소가 과거에 어땠는지 알 수 있음과 동시에, 관련 작업에 동참했다는 자부심과 재미를 느낄 수 있다. 그 밖에 스톤헨지 유적과 발굴 현황을 구글 어스를 통해 검색하거나, '누나렉: 우리 조상들의 마을 이야기'와 같이 발굴 유적에 대한 인터랙티브 교육 콘텐츠를 개발한 사례도 있다.

이처럼 우리도 온라인을 활용하여 대중을 위한 고고학 관련 다양한 콘텐츠를 제공하고, 여러 가지 프로그램과 오픈 플랫폼을 이용하여 대중의 참여를 확대

---

149) The Difficult Knowledge Project https://blogs.ubc.ca/difficultknowledge/rephotography/

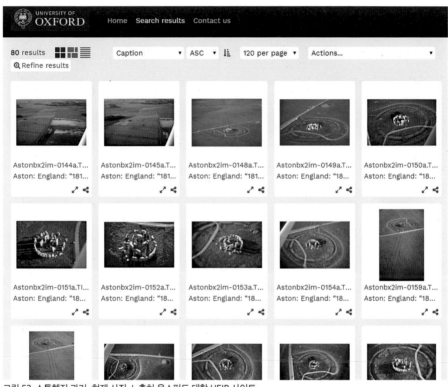

그림 53. 스톤헨지 과거~현재 사진 ㅣ 출처 옥스퍼드 대학 HEIR 사이트

하여야 한다. 현재 박물관 등 관련 기관에서는 온라인 가상 전시나 유튜브 동영상 콘텐츠를 많이 제작하고 있는데, 유럽의 사례를 참조하여 콘텐츠를 더욱 다양화할 필요성이 있다.

유튜브 콘텐츠는 영국 빅토리아 앤 앨버트 미술관의 '티푸 왕의 호랑이, 고대 악기 연주법'이나 잉글리시 헤리티지의 '빅토리아 시대 드레스 입는 법', '빅토리아 시대 팬케익 만드는 법'과 같이 유물을 있는 그대로 보여주는 것이 아니라, 실제 그 시대에 어떻게 사용하였는지, 직접 만질 수 없는 일반인들을 대신 해 큐레

그림 54. 티푸의 호랑이(고대 악기)
출처 Victoria and Alebert museum 유튜브

그림 55. 빅토리아 시대 팬케이크 만들기
출처 Englaish Heritage 유튜브

이터가 사용 방법을 알려주고 있다. 이처럼 우리도 더욱 흥미롭고 대중의 눈높이
에 맞는 다양한 형식과 주제의 콘텐츠를 개발할 필요가 있다.

또한 문화재청과 국립문화재연구원, 국립중앙박물관 등 관계 기관에서는 일
반인들을 위한 고고유산 유형별 가이드북, 이러닝 프로그램, 온라인 게임 등 다양
한 교육 콘텐츠를 제작, 공유할 필요성이 있다. 이는 초·중·고등학교 등에서 수업
교재로 활용하기에도 적합함과 동시에 국가 차원에서 대중의 문화유산에 대한
접근성을 제고시키고 이에 대한 가치를 자연스럽게 느끼도록 하는 좋은 콘텐츠
가 될 수 있다.

3. 교육과 전문 인력 양성

국내 디지털고고학에 대한 연구는 주로 기술 분야 대학에서 주도하
고 있는 것이 현실이다. 관련 대학으로는 한국과학기술원(KAIST) 문화기술대학원,

광주과학기술대학원(GIST) 융합기술연구원 등이 있으며, 그 외 대학의 디지털문화콘텐츠학과 등에서도 관련 주제를 다루고 있다. 문화재 계통학과에 디지털고고학 과정이 개설되어 있는 대학은 한국전통문화대학교의 문화유산산업학과와 고려대학교 문화유산융합학부가 있다.

그 밖에 부산대학교 고고학과 등 기존 고고학과에서도 발굴현장 혹은 보고서 발간 작업에 활용할 수 있는 다양한 기술을 강의하고 있다. 부산대학교 고고학과는 '디지털고고학' 강의를 개설하고, 유물 사진 디지털 촬영법과 포토샵, 일러스트레이션을 활용한 도면 작성과 편집법, 3D 모델링과 프린팅 등에 대한 강의와 실습을 진행하고 있다. 과거에 고고학 전공자들에게 필름 카메라 사용법, 트레이싱 펜으로 도면 작성하는 방법 등에 대해 강의하였다면, 현재는 진화된 기술에 대한 강의들이 개설되고 있는 등 대학에서도 조금씩 변화가 일어나고 있는 모습이다.

디지털고고학 관련 학과가 개설되어 있는 한국전통문화대학교와 고려대학교의 관련 전공 교과목을 살펴보면 다음과 같다.

한국전통문화재학교 문화유산산업학과의 교과목은 3D 형상측정 및 모델링, 디지털 문화유산 빅데이터 처리·분석, 디지털 문화유산 복원(영상, 음성, 그래픽), 컴퓨터그래픽스, 가상·증강현실, 디지털 문화유산업 경영·정책·기획, 디지털 전시콘텐츠 기획 및 활용, 사용자 체험플랫폼 등이 있다.

고려대학교 문화유산융합학부는 문화유산컴퓨터그래픽스, 문화유산 GIS, 문화유산 3D실측의 이해, 디지털 박물관의 이해, 디지털 아카이브개론, VR-AR의 이해와 문화유산, 디지털융합전시론, 홀로그램의 이해와 문화유산, 문화유산3D프린팅, 문화ICT벤처스타트업 등의 수업을 개설하고 있다.

두 대학 모두 '고고학 기록'에 필요한 3D 스캔과 실측에 대한 강의 내용이 포함되어 있으나, 그 외에는 대부분 가상현실, 증강현실, 홀로그램, 컴퓨터 그래픽스, 문화유산 복원, 전시 콘텐츠 기획 등 문화유산 '전시 등 활용'에 관한 교과목이 많다. 고려대는 고고학 조사와 분석에 필요한 문화유산 GIS 강의를 포함하고 있다. 두 대학은 졸업 후 학생들이 이러한 기술을 박물관 등 현장에서 활용할 수 있도록, 디지털 박물관의 이해, 디지털융합전시론, 디지털콘텐츠 기획 및 활용 등과 같은 강의도 개설하고 있다. 아울러 문화ICT벤처스타트업, 디지털 문화유산업 등과 같이 창업과 취업에 바로 적용할 수 있는 강의들도 개설되어 있다.

반면 유럽 주요 대학의 고고학과 등에는 전시 관련 강의보다는 고고학 조사와 기록에 관한 강의 교과목이 많았다. 라이더, 원격 탐사, 토탈스테이션 등 '현장조사 기술'과 GIS 등을 이용한 '분석', 3D 스캐닝, 사진 측량법과 같은 '데이터 수집과 기록', 3D 모델링과 시뮬레이션, 디지털 이미징과 같은 '시각화'수업이 일반적인 고고학과의 기본 강의에 해당된다. 그 밖에 대학에 따라 프로그래밍, 머신러닝, 애플리케이션 개발법과 인터랙티브 미디어, 스토리텔링, 고고학 비디오게임 등 대중을 위한 '활용'에 대한 강의가 개설되어 있다. 또한 QGIS, ArcGIS, Photoscan, 통계프로그램(MSAcess, RCAD), AutoCAD 등 여러 가지 기술을 운용하기 위한 기본 프로그램들에 대한 별도 강의 교과목이 개설되어 있거나, 강의 내용 안에 포함되어 학생들이 이를 기본적으로 다룰 수 있도록 훈련하고 있다(III-3 장 디지털고고학 교육현황 참고).

디지털 기술을 효과적으로 고고학에 적용하기 위해서는 유럽과 같이 이를 전공한 고고학 연구자가 관련 기술을 숙지하고, 이를 활용하여 필요한 연구를 진행하는 것이 이상적이다. 우리도 대학의 고고학과 등 관련 학과에서 전공 학생들에 대한 기술 교육과 훈련이 필요한 시점이다. 기본적으로 국내 대학의 고고학과에서 고고학에 필요한 실측, 토탈스테이션의 사용과 측량법, 사진 촬영법 등을 교과 과정에 포함하고 있는 것처럼 이제는 다양한 디지털 장비와 프로그램, 그 활용법에 대한 커리큘럼을 강화할 필요성이 있다. 우리나라의 고고학 조사와 연구 환경에 따라 GIS, 3D 스캐닝과 모델링, 사진 측량법(Photoscan 등 프로그램 사용법), 드론 조작법, 실측도면 작성 등을 위한 AutoCAD 등은 필수적으로 포함되어야 하는 교과목이다. 특히 AutoCAD는 현재 유물·유적 실측도면에 많이 사용되는 일러스트레이터 프로그램과 달리 수치, 거리, 각도 등을 계산할 수 있고, ArcGIS 등 다른 프로그램과 호환되며, GIS 분석과 거리 산출, 용량 계산 등 다양한 고고학적 조사와 분석에 용이한 장점이 있으므로 이에 대한 활성화가 필요하다. 실제 이 기술들은 발굴조사기관이나 문화재연구원 등 일선의 발굴 기관에서 실제로 많이 사용되는 것들로 전공자가 졸업 후 현장에 투입될 시 매우 유용하게 활용될 수 있다.

그 밖에 고고학 조사와 연구 등에 필요한 프로그램과 장비 등을 개발하기 위해서는 코딩, 프로그래밍, 애플리케이션 개발법, 인공지능, 머신러닝, 데이터 마이닝 등의 고급 기술도 이해하고 다룰 수 있어야 한다. 이는 우리 생활 속에서 이미 많이 활용되고 있고, 고고학 데이터 분석과 빅데이터 활용에 유용한 기술이나 실질적으로 고고학과 커리큘럼에 포함시키기에는 교수 시간과 분량이 많은 편이다. 현시점에서는 이에 대한 개념과 원리, 실제 유럽 등에서 고고학에 적용한 사례에 대한 강의를 통해 학생들의 이해를 돕고, 실습은 컴퓨터공학과 등 IT정보 관련학과와의 협업이 필요할 것이다.

최근에는 일반인을 위한 '전시·교육' 등 활용에 대한 관심과 기대가 증가하고 있으므로, 선택적으로 가상현실, 증강현실, 디지털 이미징, 스토리텔링 등 디지털 콘텐츠 제작 등의 교과목이 필요하다. 고고학 연구자들이 학부 과정에서부터 이러한 기술을 체득하고 적절한 기술을 적용하여 관련 조사와 연구를 진행한다면 연구의 편의성을 더하고, 우리가 알지 못했던 많은 역사적 사실들을 파악할 수 있을 것이다.

아울러 대학 뿐 아니라 발굴조사기관 등 현업에서 활약하고 있는 고고학자를 위한 교육과 훈련의 확대도 필요하다. 현재 한국문화유산협회에서는 발굴조사요원 및 관련 연구자들을 대상으로 고고자료 통계 프로그램, 사진실측, 유물 3D 모델링, 방사성탄소연대 측정법과 옥스칼(Oxcal) 사용 및 모델 계산법, 매장문화재 콘텐츠 제작과 활용 등에 대한 교육을 실시하고 있다. 이와 같은 교육은 1년에 1~2회, 이론 강의 중심으로 진행되고 있는데, 이를 더욱 많은 고고학자를 대상으로 확대하고 실습 강의를 늘릴 필요가 있다. 현재 진행되고 있는 강의 외에 고고학 조사와 연구에 활용될 수 있는 다양한 기술에 대한 실무 교육을 추가적으로 개설할 필요가 있다. 국립문화재연구원에서도 물리탐사, GIS, 드론 촬영, 가상현실 콘텐츠 제작 등을 주도적으로 추진하고 있는 데 이에 대한 관계자 교육 등을 고려해 볼 필요가 있다.

유럽과 미국에서는 디지털고고학 온라인 강의도 개설하고 있는 대학이 있는데, 우리도 이와 같은 온라인 교육 콘텐츠를 개발하여 전공자들에게 교육과 훈련의 기회를 확대하여야 한다. 미시건 대학교는 디지털고고학 강의 사이트[150]를 개설하고 있고, ODATE(The Open Digital Archaeology Textbook[151]), DAACS(Digital Archaeological Archive of Comparative Slavery[152]) 등에서 디지털고고학 분야별 학습서와 튜토리얼 등을 제공하고 있다. Chilterns AONB 고고학 라이더 조사 포털에서는 고고학 유적지에 대한 라이더 적용 방법과, 데이터 해석 등에 관한 온라인

---

150) 미시건 대학교 디지털고고학 강의 사이트 http://digitalarchaeology.msu.edu/kb/

151) ODATE(The Open Digital Archaeology Textbook) https://o-date.github.io/draft/book/index.html

152) DAACS(Digital Archaeological Archive of Comparative Slavery) https://www.daacs.org/

그림 56. 디지털고고학 조사 및 기록 방법 지침서 현황
출처 히스토릭 잉글랜드 https://historicengland.org.uk/advice/technical-advice/recording-heritage/#Section2Text

강의[153]를 무료로 제공하고 있다.

영국의 히스토릭 잉글랜드에서는 '3D 레이저 스캐닝', '문화유산 사진측량법', '고고학 조사를 위한 라이더 사용법' 등 대표적인 디지털 기술을 활용한 고고학 조사 방법에 대한 지침서를 제작, 배포하고 있다. 이 지침서에는 각 조사 방법을 위한 장비, 소프트웨어, 기술 원리의 소개부터 문화재에 적용하는 방법과 절차를 단계별로 구체적으로 안내하고 있다. 또한 여러 유형의 문화재에 적용한 다양한 사례와 용어 사전, 참고 자료 등 해당 기술을 활용하는데 필요한 필수 사항들을 상세하게 수록하고 있다.

이러한 지침서는 디지털 조사 방법에 대한 표준과 가이드라인을 제시함과 동시에, 이를 배우고자 하는 고고학 전공자들에게 좋은 교재가 될 수 있다. 문화재청, 국립문화재연구원 등 공신력 있는 기관에서 이와 같은 지침서 혹은 매뉴얼을

---

153) Chilterns AONB 고고학 라이더 조사 포털 https://chilternsbeacons.org/wp/

발간하여 디지털 조사의 표준을 정립하고, 대학 및 조사기관 등에서 교육 자료로 활용하는 방안도 고려해 볼 필요가 있다. 이처럼 고고학 전공자의 디지털 기술에 대한 교육과 훈련은 앞으로 우리 문화재를 더욱 잘 보존하고, 복원하고, 연구하여 새로운 역사적 사실을 파악할 수 있는 미래 원동력이 될 수 있다.

V

디지털고고학
국내 정책 실행 방안

문화유산 분야에서 디지털 기술이 일상화되고 관련 데이터들이 기하급수적으로 증가하고 있는 현재 국가 차원의 중장기적 종합 계획 수립과 이를 통한 기본 방향성 제시가 필요하다. 영국은 2017년 문화미디어체육부(Department for Culture, Media&Sports)에 디지털부를 추가하여 디지털문화미디어체육부(Department for Digital, Cultual, Media & Sports)로 재편하였으며, '문화는 디지털이다' 등의 정책을 추진하고 있다.

유럽연합(EU)은 2000년대부터 '유럽 문화유산 통합', '디지털 도서관 i2010' 등의 정책을 추진하며 디지털 문화유산과 관련한 중장기 계획을 발표하고, 이를 위한 제도 개선과 예산 지원, 여러 프로젝트를 실행하고 있다. 이와 더불어 디지털 인프라를 확충하고 유로피아나와 같은 통합 플랫폼을 구축하는 등 해당 정책을 실행하기 위한 기반과 환경을 조성하고 있다.

문화재청에서는 '문화재 디지털 대전환 2030 계획(2021년)'을 발표하고 관련 과제 실행 계획을 수립하였는데, 급변하는 디지털시대에 맞추어 이를 더욱 구체화하고 고도화시킬 필요가 있다. 유럽의 정책 실현 과정을 통해 알 수 있듯이 정책의 시행과 더불어 제도, 예산, 인프라 구축 등이 체계적으로 뒷받침되어야 해당 정책의 성공을 불러올 수 있다. 앞서 살펴본 바와 같이 디지털 문화유산에 관한 정책은 기술, 사람, 제도, 예산, 조직 등이 모두 함께 맞물려 돌아가야 시너지를 발휘할 수 있다. 고고유산, 무형유산, 자연유산 등 문화재의 성격에 따라 그 목적과 대상이 상이함으로 이에 따른 별도의 정책과 구체적인 실행방안을 마련할 필요가 있다.

디지털 기술을 활용해 더욱 체계적이고 효과적으로 고고유산에 대한 조사, 연구, 보존, 관리, 복원 및 활용을 추진하기 위해서는 이를 전제한 범국가적 차원의 중장기 계획 수립이 필요하다. 특히 디지털고고학과 관련하여서는 매장문화재 보존과 관리, 조사, 연구 등의 업무를 관장하는 문화재청과 그 산하 국립문화재연구원의 역할이 중요하며, 발굴조사를 수행하는 조사기관과 대학, 관련 콘텐츠를 활용하는 지방자치단체 및 박물관 등과 유기적인 협력 체계가 구축되어야 한다.

한편 디지털고고학과 관련한 국내 제도로는 「문화재보호법」, 「매장문화재 보호 및 조사에 관한 법률」 등의 법령과 「발굴조사의 방법 및 절차 등에 관한 규정」, 「국가귀속 문화재의 관리 등에 관한 규정」, 「문화재 기록화 사업 관리 및 활용에 관한 규정(2007)」, 「문화재 기록화 사업 표준 데이터 제작 지침(2010)」 등의 훈령과 지침, 「문화재 3차원 레이저 스캐닝 가이드(2013)」, 「문화재 3차원 스캔 데이터 표준 제작 매뉴얼(2015)」, 「문화유산 3차원 스캔데이터 구축 가이드라인 (2018)」 등의 매뉴얼 등이 있다.

사실상 디지털고고학과 직접적으로 관련된 제도는 부재하며, 문화유산 전체를 포괄하는 법령이나 훈령과 지침 내에 정보화 관련 조항이 일부 포함되어 있다. 고고학과 관련한 법령으로 「매장문화재 보호 및 조사에 관한 법률」 등이 있으나, 전반적으로 발굴조사와 출토유물의 국가귀속 행정 절차를 운용하기 위한 전자 행정시스템과 관련된 기본적인 사항만을 다루고 있다. 문화재 기록화 지침과 가이드 등에는 텍스트, 이미지, 3D, 멀티미디어 등 문화유산 전반에 대한 기록화 절차와 파일 형식, 성과물 양식 등을 포함하고 있을 뿐 유적이나 유물 등 고고 유산에 대한 구체적인 데이터 표준 등에 관한 규정은 부재한 실정이다. 또한 현재 증가하고 있는 사진측량, 물리탐사 등 다양한 기술들에 대한 사항을 모두 포괄하고 있지는 않다. 따라서 고고분야를 비롯한 다양한 디지털 기술이 문화유산에 더욱 확대 적용되는 현재, 정책 방향에 따른 관련 제도의 개정과 마련 또한 동반되어야 한다.

이번 장에서는 앞서 살펴본 유럽의 정책 실현 사례를 바탕으로, 우리나라의 고고유산 분야 디지털 정책 적용 방안에 대해 검토하였다. 앞으로 나아가야 할 디지털고고학 관련 정책 방향을 제시하고, 이를 위해 실행하여야 하는 구체적인 정책 방안과 중점적으로 추진하여야 할 과제에 대해 제안하고자 한다.

국내 디지털고고학 활성화를 위한 정책으로, '데이터 통합과 접근성 증대', '데이터 품질 제고', '디지털고고학 및 관련 분야 활성화', '전문 인력 양성', '대중 참여 확대' 등 5가지 실행방안을 제안한다. 이를 위한 중점 추진과제로 다음 <표 13>과 같이 '고고정보 통합 아카이브 구축' 등 12가지 과제가 있다.

표 13. 국내 디지털고고학 관련 정책의 실행방안과 중점 추진 과제

연번	실행 방안	중점 추진 과제
1	데이터 통합과 접근성 증대	• 고고정보 통합 아카이브 구축 • 아카이브 표준 지침 마련
2	데이터 품질 제고	• 데이터 표준 마련 • 모니터링 및 평가 지침과 시스템 마련
3	디지털고고학 및 관련 분야 연구 활성화	• 디지털고고학 연구 및 문화유산 기술 개발 지원 • 산학 협력 장려 및 지원
4	전문 인력 양성	• 교육과 훈련 기회 제공 • 디지털고고학 관련 대학 지원
5	대중 참여 확대	• 전시·교육 콘텐츠 개발 및 공유 • 문화 소외 계층을 위한 콘텐츠 개발 • 디지털 고고유산 자원센터 건립 • 고고유산 접근성 제고를 위한 플랫폼 구축

1. 데이터 통합과 접근성 증대

　　디지털고고학과 관련하여 가장 필요하고 핵심이 되어야 할 정책은 기하급수적으로 증가하는 데이터를 통합하고 이에 대한 많은 사람들의 접근성을 높이는 것이다. 디지털 데이터는 영구 보존된다고 생각하기 쉽지만 체계적으로 관리하지 않으면 순식간에 유실되어 버리는 취약한 존재이다. 데이터의 통합은 현대의 유산이라 할 수 있는 디지털 유산을 보존하는 중요한 일이며, 이에 대한 접근성 증대는 고고학 등 관련 연구를 활성화시키고, 일반인들의 역사에 대한 관심과 문화 향유권을 증진시키는 효율적인 방안이 된다.

　　이를 위해서는 국가 차원의 통합 아카이브 구축과 이에 대한 아카이브 표준 지침의 마련이 필요하다. 이는 디지털고고학 활성화를 위한 제반 여건을 마련하는 필수적인 프로세스로, 고고학 분야 뿐 아니라 전 문화유산을 대상으로 기본적으로 선행되어야 하는 작업이다.

1) 고고정보 통합 아카이브 구축

　　데이터 통합과 접근성 증대를 위해서는 가장 우선적으로 '고고정보 통합 아카이브 플랫폼 구축'이 필요하다. 매년 평균 1,600건 이상의 발굴조사와 지표조사[154]가 실시되고 이에 대한 연구와 분석, 활용 등 수많은 데이터가 생산되고 있지만 이를 통합하는 아카이브는 부재한 상황이다. 이와 같은 고고 자료는 개

---

154) 문화재청, 2021, 앞의 책.

발로 인해 남아 있지 않은 유적과 유물을 보존하는 유일한 데이터로, 이에 대한 체계적인 관리와 보존, 활용이 필요하다. 이 아카이브 플랫폼은 발굴조사보고서, 사진, 도면, 탁본 등 기본 자료를 비롯한 3D 데이터, 가상현실 등 디지털 콘텐츠, 관련 연구논문, 탄소연대측정, 연륜연대 등 고고과학 분석결과 등 모든 고고학적 정보를 포괄할 수 있어야 한다. 또한 지리별, 시기별, 유형별 검색 기능을 탑재하여, 다양한 정보를 비교 분석할 수 있어야 한다. 이는 디지털 기술을 활용한 고고학적 조사, 기록, 활용 등에 필요한 안정적인 데이터 검색 환경을 조성함에 따라 관련 분야 연구의 활성화를 가져옴과 동시에 유적과 유물의 데이터를 영구적으로 보존하는 역할을 할 수 있다.

특히 국립문화재연구원은 고고, 미술, 건축, 보존과학 등 국내 유일의 문화재 종합 연구기관으로써, 고고학과 물리탐사 그리고 과학적 분석을 수행하는 문화재보존과학센터 등 조직과 전문 인력, 분석기기와 장비 등을 구비하고 있다.[155] 국립문화재연구원은 각 분야별로 다양한 연구 성과물이 있으나, 이는 책자 혹은 PDF 형태의 결과보고서에 한정된 경향이 많다. 앞으로는 고고학 조사, 물리탐사 결과, 고고과학 분석 데이터 등을 체계적으로 DB화하여 지역별, 시대별, 유형별 검색이 가능한 아카이브를 구축할 필요성이 있다. 연구소의 분야별 전문 연구자들이 수십 년에 걸쳐 조사한 자료들을 통합 서비스한다면, 국가 문화유산 조사·분석 데이터를 체계적으로 관리함과 동시에 관련 분야 및 학제 간 연구 활성화의 밑거름이 될 수 있다.

유럽은 데이터를 디지털로 생산하기 시작한 초기 단계에서부터 수많은 데이터를 어떻게 처리할 것인지에 대한 문제의식을 가지고, '디지털 도서관(i2010:

---

155) 이성주, 2021, 「한국 고고학의 과학적 방법론」 영남고고학회 91호.

Digital Libraries)' 전략과 같은 다양한 중장기 정책을 시행하였다. 이러한 정책적 흐름과 오랜 노력에 힘입어 2013년 유럽 고고정보 통합 사이트인 '아리아드네 (ARIADNE)' 사이트가 개설되었고, 현재 유럽 전역 2백만 개의 고고학 데이터를 서비스하고 있다. 그 밖에 영국은 '고고학 데이터 서비스(ADS)'를 구축하여 영국 전역의 관련 대학, 조사기관 등에서 자료를 저장하고, 검색하는 용도로 활용하고 있다. 최근에는 한발 나아가 데이터를 더욱 효율적으로 수집하고, 안정적으로 관리하기 위해 클라우드 시스템, 시멘틱웹, 가상연구환경(Virtual Research Environment), 데이터 마이닝, 텍스트 마이닝 등 보다 진화된 기술을 아카이브 구축에 적용하고 있다.

이처럼 고고정보 통합 아카이브는 고고유산 데이터를 통합 관리하는 기록 저장소이자 이를 보존하는 디지털 수장고이다. 아울러 이를 연구하는 많은 국내·외 학자들에게 연구 자료의 접근성을 높임으로써 관련 연구의 질을 향상 시켜줄 것이다. 이는 연구자가 수많은 고고자료를 스스로 찾아서 분석, 연구하는 것에 비해 여러 가지 자료를 한 번에 확인하고, 그중에서 원하는 자료를 추출할 수 있는 등 연구의 효율성을 극대화시켜 줄 것이다. 이를 통해 여러 문화권의 비교 연구와 문화의 흐름을 파악하는 데 큰 역할을 할 수 있을 것으로 기대된다. 이는 고고학에 관심이 있는 일반인들에게도 흥미로운 콘텐츠이자 교육 자료가 될 수 있을 것이다.

2) 아카이브 표준 지침 마련

유럽 고고학 위원회(EAC)는 2014년 '유럽 고고학 아카이브 모범 사례 표준 및 가이드'를 작성·배포하였다. 이는 고고학 조사 등에서 생산되는 단계별 데이터의 표준과 이를 아카이빙하고 관리하기 위한 기준에 대한 것이다. 아울러 이를 위한 체크리스트를 제공하여 각 단계별 데이터 생산과 수집, 아카이빙 작업 시 점검해야 할 사항을 안내하고 있다. 이는 유럽의 고고학계와 정부 및 관계 기관, 모니터링 기관 등 고고유산 관련 모든 기관을 대상으로 하며, 고고 자료의 생성과 관리의 공통 표준을 제시하고 있다. 이 지침은 고고학 관련 디지털 데이터의 일관성 있는 기록과 보존, 접근성과 호환성 향상을 목표로 한다. 유럽연합에서는 유럽 공동 문화유산 플랫폼과 디지털화 표준 지침을 개발하기 위한 '미네르바 프로젝트(MINERVA)'를 추진하여, 문화유산 기술 및 메타데이터 표준에 관한 '모범 사례 가이드'를 개발한 바 있다.

영국 또한 '고고학 아카이브: 생성, 편집, 전송 및 큐레이션을 위한 모범 사례 가이드(영국 고고학자 연구소, 2007)', '고고학 아카이브의 생성, 편집, 전송과 보관을 위한 표준 지침(영국 고고학자 연구소, 2014)', '고고학 소장품 관리에 관한 표준과 지침(2020)' 등 고고자료 아카이브를 위한 표준 지침을 제작하여 배포하였다. 이는 종이, 텍스트, 도면, 사진, 보고서, 디지털 파일 등 다양한 고고 자료의 데이터 생성과 수집, 관리 등 단계별 방법과 메타데이터 등 아카이빙을 위한 기준을 규정하고 있다. 이렇게 제작된 데이터들은 아리아드네, 고고학 데이터 서비스(ADS) 등과 같은 고고정보 통합 아카이브 구축을 위한 기초 자료가 되었다. 이 사이트들은 데이터 마이닝과 텍스트 마이닝 등의 기술을 적용하여 방대한 발굴조사보고서 및 사진 등의 정보를 자동으로 분류, 추출, 요약하고 메타데이터를 생성하는데 활용하고 있다.

우리도 점점 많아지는 데이터의 생산과 관리를 위해 국가 차원의 아카이빙 기본 지침이 필요한 상황이다. 이와 같은 표준과 지침, 모범 사례, 체크리스트 등은 고고학자와 발굴조사기관, 문화재청 등 정부 기관에서 데이터를 생성하고 관리하기 위한 효율적인 가이드가 된다. 고고정보 통합 아카이브를 구축·운용하기 위해서는 이를 위한 표준 지침을 마련하고, 데이터 생성부터 결과물의 형식, 아카이브 탑재 시 메타데이터의 기준 등을 제시하여야 한다. 현재 이와 관련한 지침으로는 「문화재 기록화 사업 표준 데이터 제작 지침(2010)」이 있으나, 이는 유형·무형·기록·자연유산 등 넓은 범주의 문화재 유형에 대한 데이터 제작 표준 지침으로, GIS, 물리탐사, 사진측량, 가상현실 등 현재 생산되는 고고정보 데이터를 모두 포괄하지 못한다. 또한 문화재청이 제작한 데이터 제작 지침이 있음에도 불구하고, 여러 기관에서는 서로 다른 형식의 메타데이터를 생성하여 관리 통합이 어려운 실정이다. 앞으로는 고고정보 통합 아카이브 플랫폼을 구축하고, 이에 부합하는 아카이브 표준 지침을 제작·배포하여 호환성을 높이고, 지속적으로 데이터를 축적, 관리하여야 한다.

2. 데이터 품질 제고

고고정보 통합 아카이브와 데이터 품질을 제고하기 위해 디지털고고학 분야별 데이터 표준을 마련하는 한편 이를 모니터링하고 평가하는 지침과 시스템 구축이 필요하다.

1) 데이터 표준 마련

영국 고고학 데이터 서비스(ADS)는 고고학 조사연구 기술별 '모범 가이드'를 작성하여 배포하였다. 이는 항공 측량, UAV(무인 항공기) 조사, 물리탐사, 해양조사, 3차원 레이저 스캐닝, 사진 측량, GIS, 3D 모델링, 연륜연대측정 등 다양한 고고학적 조사·연구에 대한 데이터 제작 표준을 제시하고 있다. 해당 지침에는 데이터 수집 및 생성, 현장 조사 적용과 데이터 분석, 시각화 등에 대한 제작 기준과 장비 활용법 등 모범 사례, 파일 포맷, 메타데이터 형식 등 구체적인 사항을 포함하고 있다. 영국의 고고학자 연구소는 '고고 물리탐사에 대한 표준 지침(2014)'을 제작하여, 물리탐사의 단계별 방법과 검토 사항, 분석 보고서 작성 방법, 사후 모니터링과 아카이브를 위한 데이터 이관 등에 대한 사항을 안내한다.

현재 이와 관련한 국내 지침으로 「문화유산 3차원 스캔데이터 구축 가이드라인(문화재청, 2018)」이 있다. 이는 영국 고고학 데이터 서비스(ADS)의 모범 가이드와 같이 문화유산 유형별로 가장 적절한 3D 기술과 절차, 방법 등을 안내하고 있다. 이 가이드라인은 문화유산 관련 분야의 고고학자, 역사학자, 보존·복원 전문가 등이 3차원 스캐닝 기술을 적절하게 활용할 수 있도록 지원하기 위해 제작했다.

앞으로는 이를 더욱 확대하여 물리탐사, GIS, 사진측량 등 점점 다양해지는 고고유산 조사연구 기술별 데이터 표준 지침을 마련하고, 이에 대한 제작 기준과 매뉴얼을 제시할 필요가 있다. 이는 관련 연구자와 기관에 세부 절차와 사례를 안내함으로써 해당 기술을 더욱 효율적으로 활용하는데 참고가 될 수 있으며, 생산되는 데이터의 품질을 제고하고, 형식을 통일하는 효과를 가져 올 수 있다.

2) 모니터링 및 평가 지침과 시스템 마련

고고학 관련 자료는 크게 발굴 조사와 연구 등을 통해 생산되는 데이터와 전시·교육 콘텐츠로 구분될 수 있다. 앞서 살펴본 고고자료 아카이브 및 데이터 표준 지침이 마련되면 이를 제대로 이행하고 있는지 관리하고 모니터링할 수 있는 시스템이 필요하다.

영국 고고학자 연구소(CIFA)는 '고고학 자료의 수집, 문서화, 보존, 연구를 위한 표준 지침', '고고학 분야 평가를 위한 표준 지침', '고고학 발굴을 위한 표준 지침', 등을 마련하고, 해당 지침에 맞추어 관련 데이터를 잘 작성하였는지, 필수적인 자료를 생성하였는지 등에 대해 모니터링하고 있다. 이는 발굴조사 및 물리탐사 등 고고학 조사의 단계별 평가를 비롯하여 생산한 데이터 기록과 분석 등의 표준을 준수하였는지, 이를 적절히 보관하고, 정기적으로 복사, 백업하였는지 등에 대해 평가하도록 하고 있다. 발굴 이후의 평가는 고고학자 연구소 정회원에 의해 이루어지며, 모니터링은 외부 고고학 연구자나 관련 기관에 의해 진행된다.

현재 우리나라는 발굴조사 현장 모니터링과 발굴조사보고서에 대한 평가 규정은 마련되어 있으나, 그 외의 사진, 3D 스캔, 도면 등 생산되는 데이터에 대한 평가나 모니터링은 이루어지지 않고 있다. 고고정보 통합 아카이브 구축과 이를 위한 데이터 표준을 마련한다면 이에 대한 모니터링 지침을 함께 두어 데이터의 통일과 관리에 일관성을 기해야 한다.

한편, 현재 많은 예산을 들여 생산된 가상현실, 증강현실 등 여러 전시·교육 콘텐츠들은 평가가 좋은 때도 있지만 부진할 때도 많다. 하지만 성공 혹은 실패 요인에 대한 객관적인 평가가 없어, 실제 담당자나 개발자들은 이에 대한 문제점을 파악하거나, 개선할 사항을 정확히 알지 못하는 경우가 많다. 따라서 전시 등 대중을 위한 활용 콘텐츠를 제작할 때, 계획 수립 단계에서부터 내용, 대상, 포맷, 관리, 활용 방안 등을 마련하도록 하여 결과물의 질을 높이고, 이를 더욱 효과적으로 운용할 수 있는 가이드라인을 제시할 필요가 있다.

이와 관련한 지침으로 영국의 '디지털 정책 및 계획 가이드라인'을 참고할 수 있다. 이는 각 기관의 문화유산 디지털 정책 수립 시 콘텐츠 기획부터 제작, 관리, 운영에 대한 체크리스트와 객관적인 평가 방법을 제공하고 있다. 이와 같은 지침을 통해 해당 기관의 디지털 정책의 대상과 방향을 비교적 명확하게 계획할 수 있는데, 이와 동시에 관련 정보의 공유 시스템을 도입한다면 중복된 콘텐츠의 개발을 방지하고, 고품질의 디지털 콘텐츠를 개발하는데 좋은 참고가 될 수 있다.

이처럼 우리도 디지털 콘텐츠 등 결과물에 대한 객관적이고 지속적인 평가를 통해 문제점을 분석하고 개선해야 한다. 문화유산 콘텐츠는 주로 일반 대중을 위해 제작되는 경우가 많은데, 현재는 이들의 니즈를 파악하기 보다는 담당자와 개발자의 주관에 의존하는 경향이 강하다. 담당자와 개발자는 좋은 반응을 얻을 것이라 기대했지만 막상 활용도가 낮은 결과물을 분석해 보면 해당 콘텐츠의 성격이 수요자 보다 제작자에게 맞춰져 있는 경우가 많다. 따라서 실제 대중이 기대하는 콘텐츠는 어떤 것인지, 어떤 점이 좋았고, 나빴는지 등의 객관적인 지표를 마련하여 냉정한 평가를 받을 필요가 있다. 이런 과정을 지속적으로 거치면서 양질의 콘텐츠가 제작되고 필요한 조사나 연구 데이터들이 생성될 수 있다.

이를 위한 방법으로 관련 평가 지침과 더불어 만족도 조사와 방문 기록, 다운로드수 등 통계 분석, 검색 및 공유 수 등 빅데이터 분석 등이 있다. 평가의 기준은 콘텐츠 제작의 목적과 이를 통한 효과 등 당초의 목적 달성도와 사용자의 만족도, 활용도, 운용의 효율성과 경제적 효과(입장료, 숙박 등 관광 연계 여부 등) 등이 될 수 있다. 한편 유럽연합은 디지털고고학 조사와 연구, 프로젝트 수행 등에 전문가 그룹(Expert Group on Digital Cultural Heritage and Europeana, DCHE)을 두고 정기적인 분석을 실시하는데, 이처럼 대중의 평가와 동시에 전문가 집단을 두어 전문적인 평가를 받는 것도 한 가지 방법이다.

3. 디지털고고학 및 관련 분야 활성화

디지털고고학 관련 연구와 기술 개발 활성화를 위하여 고고학 및 관련 기술 분야에 대한 적극적인 지원이 필요하다. 이를 위해서 고고유산 조사 및 연구를 위한 프로젝트와 문화유산 관련 기술 개발과 연구에 대한 지원, 고고학 분야와 기술 분야의 융복합 연구를 위한 산학 협력 장려 정책이 필요하다.

1) 디지털고고학 연구 및 문화유산 기술 개발 지원

영국과 유럽연합은 현재 몰입형 체험, 3D 터치, 인공지능(AI) 등 주요 전략 기술을 선정하고 이와 관련한 프로젝트에 예산을 집중적으로 투자하고 있다. 유럽연합은 호라이즌 2020 프로그램을 통해, 문화유산 첨단 디지털화 기술 및 혁신적인 문화 프로젝트를 위해 고고학 및 기술 관련 대학과 연구기관 등에 2억6천5백만 유로(약 3,504억 원)를 투자하였다. 이 프로젝트를 통해서 문화재 가상·증강현실 박물관 빔(ViMM), 유럽 수중 문화재 몰입형 기술인 아이 마레컬쳐(i-MareCulture), 유물 3D 복원을 위한 그래버테이트(GRAVITATE), 3D 스캔 및 모델링 아카이브인 인셉션(INCEPTION) 등 우수한 결과물들이 배출되었다. 이를 통해 관련 분야 연구의 품질을 높이고 새로운 기술 개발을 장려함은 물론 산학협력을 통해 일자리를 늘리고 경제 효과를 창출하는 효과를 불러 왔다.

이처럼 우리나라도 관련 기관과 대학 등에 디지털고고학 관련 프로젝트와 기술 개발과 연구 등에 전폭적인 지원이 필요하다. 앞으로는 단순히 최신 기술을 적용해 일회성 콘텐츠를 개발하는데 그치는 것이 아니라, 문화유산 조사 및 활용을 위한 지속가능한 기술과 프로그램의 개발이 절실하다. 이를 위해 유럽과 같이 관련 전문 기관과의 협력을 장려하고, 연구 프로젝트에 대한 예산을 장기적으로 지원하는 등 이를 지속적으로 추진할 수 있는 환경을 조성하여야 한다.

이와 관련하여 국립문화재연구원에서는 '문화유산 연구개발 사업(2021~2025)'을 추진하고 있는데, 1차 년도에는 문화재 재료, 분석, 손상 예측 등이 2차 년도에는 문화유산 보존·복원 기술과 제품·서비스 개발, 안전관리 및 조사 기술 신산업 등에 대한 연구개발과제가 수요조사를 통해 선정되었다. 선정된 과제는 대표적으로 '인공지능 기반 전통건축 손도면 캐드 도면화 기술(한국전자통신연구원)' '나홀로 문화재 도난 방지 지능형 기술(경북IT융합산업기술원)', '동산문화재 재해·재난 대응 응급보존처리 기술개발(한국원자력연구원)', '대면적 문화재 입체적 진단 기술 개발(한국전통문화대학교)' 등이 있다.

이는 문화유산 보존·관리·활용을 위한 다양한 미래 기술을 개발한다는 점에서 큰 의미가 있으나, 실제 관련 문화재 분야에 바로 적용할 수 있는지, 현재 도입이 시급한 기술 개발이 포함된 것인지 등에 대해 제고할 필요가 있다. 이는 문화유산을 대상으로 하지만 관련 대학이나 연구기관보다는 기술 관련 연구기관 등에 일임되는 경향이 있는데, 더욱 효과적인 결과물을 산출하기 위해서는 해당 문화재를 잘 이해하고 필요한 기술을 적용할 수 있는 문화재 전공 연구자 혹은 기관과 기술 분야 기관의 컨소시엄이 수반되어야 할 것이다. 이와 같은 과정을 통해 실제 문화재에 필요한 기술을 개발, 문화유산 보존·관리·활용에 기여하고, 산·학·연 연구자와 기관들이 유기적으로 협력·상생할 수 있는 여건을 조성하여야 할 것이다.

2) 산학 협력 장려 및 지원

디지털고고학은 기술과 고고학의 협업이 불가피한 분야이다. 앞서 살펴본 바와 같이 문화유산 관련 기술을 개발하기 위해서는 고고학 관련 대학과 기술 분야 기업 등의 협업을 장려할 필요성이 있다. 문화재 관련 대학은 전공자와 다양한 문화유산 연구 지식과 아이디어를 겸비하고 있는 반면 기업은 최신의 기술과 장비, 운용 능력을 보유하고 있다. 최근 구글 아트앤컬쳐, 네이버 등 여러 기업들이 문화유산과 관련한 콘텐츠를 제작, 실험적인 프로젝트를 진행하거나 아카이브를 구축하고 있다. 이를 위해 산학 협력을 장려하는 정책을 함께 추진한다면 고고 분야와 기술 분야 간 시너지 효과를 발휘하여 더욱 수준 높은 결과물이 도출될 수 있다.

한편, 한국전통문화대학 등 일부 대학에서는 교육부의 「대학생 현장실습학기제 운영규정」에 따라 전문기관(공공기관, 기업)에 학생들이 현장실습에 참여하고 이를 학점으로 인정받는 '현장실습 교육 프로그램'을 운영하고 있다. 영국 문화유산청에서도 이와 유사하게 학부생들이 발굴조사기관 등에서 인턴쉽을 할 수 있는 기회를 제공하고 있는데, 이와 같이 기술 분야 기업 등에 고고학 전공학생들의 현장실습(인턴십) 제도 등을 활성화한다면 산학 협력을 장려함과 동시에 학생들의 실무 능력 배양, 일자리 창출에도 크게 기여할 수 있다.

아울러 영국에서는 뮤지엄 헤리티지 쇼(Museum Heritage Show)라는 우리나라 국제문화재산업전과 유사한 행사가 있다. 이는 매년 한번 유럽 전역의 관련 기술을 보유한 업체와 박물관 등 문화재 관련 기관이 참여하여 각자 진행한 프로젝트와 장비, 기술을 소개하는 박람회이다. 이는 크게 전시 부스와 세미나로 구성되는데, 매년 심사와 투표를 통해 그 해의 전시, 혁신, 복원 및 보존, 교육, 마케팅 부문의 상을 수상한다. 최근에는 디지털 등 각종 최신 기술을 적용한 사례가 주를 이루며, 이 박람회에서는 영국과 유럽의 문화유산 전시 및 콘텐츠 활용의 트렌드를 한자리에서 확인할 수 있다. 이와 같은 행사는 업체와 기관, 전문가들의 파트너십 기회를 제공할 수 있는데, 이는 관련 연구와 콘텐츠 개발을 장려할 수 있는 발판이 될 수 있다.

이처럼 디지털고고학 분야 활성화를 위해서는 고고-기술 분야 프로젝트 지원, 고고학 전공학생 인턴십 프로그램, 문화유산기술박람회 등 다각도의 산학협력 장려와 지원 정책 마련이 필요하다.

4. 전문 인력 양성

디지털고고학 활성화를 위해서는 고고학 전공자의 관련 기술 능력의 함양이 필요하다. 현재 우리나라는 고고학 전공자들이 3D 스캔 등의 기술을 습득하고 직접 조사나 연구에 활용하는 것이 아니라, 대부분 기술을 보유한 회사에 일임하여 결과물을 제출받고 있다. 고고학 조사나 분석에 필요한 연구를 내실 있게 진행하기 위해서는 해당 유적이나 유물을 제대로 이해하고 있는 전공자들이 해당 조사의 성격에 맞게 적합한 장비와 기술을 운용하는 능력이 필요하다. 이를 위해 고고학 전공자들에게 관련 기술 교육과 훈련을 장려하는 등 전문 인력을 양성하기 위한 적극적인 정책을 요구한다.

1) 교육과 훈련 기회 제공

유럽의 디지털 문화유산 정책에는 대부분 문화유산 기술에 대한 교육과 훈련에 관한 사항이 포함되어 있다. 유럽연합에서 추진한 에포크 프로젝트에도 문화유산 디지털 기술 관련 교육과 훈련 프로그램이 포함되어 있으며, 2018년 발표한 '문화를 위한 유럽의 새로운 아젠다'의 10대 중점과제 중 하나가 '전통과 새로운 전문직을 위한 더 나은 교육과 훈련'이었다. 또한 유럽 대학의 관련 학과에서는 ArcGIS, QGis, AutoCAD 등 기본적인 프로그램과 3D 스캔 및 모델링, 물리탐사, 라이더 등 고고학 조사와 연구, 분석을 위한 강의를 개설하고 고고학 전공자들에게 필요한 기술을 훈련하고 있다.

일부 대학이나 조사 기관 등에서 디지털고고학 관련 주제에 대한 온라인 강의 사이트를 개발하여 전공자들에 대한 교육을 실시하고 있다. 온라인 강의 사이트에는 미시건 대학교 디지털고고학 강의 사이트, ODATE(The Open Digital Archaeology Textbook), DAACS(Digital Archaeological Archive of Comparative Slavery) 등이 있는데, 이들은 디지털고고학 분야별 학습서와 튜토리얼 등을 상세하게 제공하고 있다. 칠턴(Chilterns AONB) 고고학 라이더 조사 포털에서는 '고고학 유적지에 대한 라이더 적용 방법'과 데이터 해석에 관한 온라인 강의를 무료로 제공하고 있다.

한편 영국의 문화청에서는 '3D 레이저 스캐닝', '문화유산 사진측량법' 등 고고학 조사에 필요한 대표적인 디지털 기술에 대한 지침서를 제작, 배포하고 있다. 이 지침서에는 각 조사 방법을 위한 장비, 소프트웨어, 기술 원리, 용어의 소개부터 문화재에 적용하는 절차, 관련 사례 등을 상세하게 안내하고 있어 해당 기술을 배우기 위한 고고학 전공자들에게 좋은 교재가 된다.

이와 같이 고고학 전공자의 기술 능력을 제고하기 위해 대학의 전문 강의 개설, 온라인 강의 개발, 교육 교재의 제작과 배포 등 다양한 교육과 훈련의 기회를 제공할 필요가 있다. 특히 문화재청 등 공신력 있는 기관에서 영국 문화청의 지침서와 같은 매뉴얼을 발간하여 대학 및 발굴조사기관 등에서 교육 자료로 활용할 수 있는 방안을 검토해야 한다. 현재 한국문화유산협회에서는 사진실측, 유물 3D 모델링, 방사성 탄소연대 측정법과 옥스칼 사용법 등에 대한 발굴조사요원 실무 교육을 실시하고 있는데, 최근 다양한 기술이 발굴 현장 등에 적용되고 있으므로 이에 부합하는 교육 훈련 프로그램을 다양화 할 필요가 있다. 고고학 전공자들에 대한 디지털 기술의 교육과 훈련은 비단 현장에서 활용할 수 있는 기술을 가르치는 것뿐만 아니라, 이를 고고학 조사, 기록, 분석, 활용 등에 적합하게 적용하여 고고유산 연구의 품질을 높이는 결과를 가져올 수 있다.

2) 디지털고고학 관련 대학 지원

영국의 '문화는 디지털이다' 정책에는 정부 차원의 전문 인력 양성에 대한 구체적인 내용이 명시되어 있다. 디지털 부분 고품질 프로젝트 유치를 위해 연 1,000만 파운드(약 159억) 캠페인 기금 지원과 디지털 기술 관련 숙련된 기술자 양성을 지원하고 있다. 유럽은 대학의 고고학과 등에서 디지털고고학 관련 커리큘럼을 개설하고 전공자들에 대한 교육과 훈련을 실시하고 있다. 이를 위한 온라인 강의 플랫폼과 강의 교재를 비롯하여 관련 장비와 시설, 소프트웨어 등 교육용 프로그램을 배포하고, 현장과 강의실에 실습을 진행하고 있다. 유럽연합 등에서는 디지털고고학과 관련한 다양한 프로젝트의 연구비를 대학에 지원하여 전공 학생과 연구자들이 관련 연구를 진행하면서 경험을 축적하고 있다.

이처럼 우리도 디지털고고학 관련 인재 양성을 위해 관련 학과와 교육 프로그램에 대한 장려와 지원 정책이 필요하다. 학과 내 디지털고고학 관련 여러 분야에 대한 교육 과정 개설을 독려하고, 이를 위한 장학 제도, 장비 및 소프트웨어 지원, 실습 및 연구비 지원 등의 정책이 필요하다. 이러한 기술 훈련과 관련 시스템 지원은 고고학 전공자들의 역량을 강화하고, 디지털고고학 분야의 새로운 정보를 취득하고 연구할 수 있는 발판을 마련할 수 있다.

한편 「문화재보호법」 제16조와 동법 시행규칙 4조에 문화재 전문 인력의 양성과 이를 위한 장학금 지급 근거를 마련해 놓고 있다. 이를 통해 고고학을 공부하는 학생들에게 필요한 기술을 숙련하고, 디지털고고학 전문가를 배양하는 근거로 활용할 수 있을 것이다.

5. 대중 참여 확대

발굴 유적 혹은 유물 등 고고학에 대한 사람들의 호기심과 관심이 점점 증가하고 있다. 이와 같은 사회적 관심에 따라 문화재청과 발굴조사기관이 청소년을 위한 '고고학 체험프로그램'을 운영하고 있고, 박물관과 지방자치단체 등에서 전시 및 애플리케이션을 개발하는 등 대중을 위한 많은 노력을 기울이고 있다. 2017년에는 한국대중고고학회가 설립되는 등 고고학계에서도 대중을 위한 고고학의 중요성이 점점 높아지고 있다. 이제 더 이상 고고학은 연구자들만의 전

유물이 아닌 고고학자가 나서서 대중과 함께 하는 학문이 되어야 한다.[156]

또한 디지털 기술은 대중 참여 확대를 위한 매우 효과적이고 효율적인 수단이 된다. 디지털 기술은 문화유산에 대한 일반인의 이해를 돕고, 문화 소외 계층에게도 문화 향유의 기회를 제공할 수 있다. 디지털 기술을 활용한 대중고고학 활성화와 대중 참여 확대에 대한 몇 가지 방안을 검토해 보면 다음과 같다.

1) 전시·교육 콘텐츠 개발 및 공유

유럽의 디지털고고학 정책과 CAA 등 관련 학회의 행동 강령 등에는 '고고학 정보의 대중에 대한 전달과 참여 확대'가 포함되어 있다. 이를 위해 디지털 기술을 활용한 여러 전시·교육 콘텐츠와 프로그램, 행사를 개발하는 등 영국과 유럽의 고고학자와 관련 기관들은 다방면의 노력을 기울이고 있다.

현재 우리나라에서도 국립중앙박물관을 비롯한 전국 박물관 등지에서 디지털 기술을 적용한 다양한 전시를 기획하고 이를 일반 대중이 체험할 수 있는 콘텐츠를 개발하고 있다. 앞으로는 가상현실 혹은 증강현실 등에 국한된 콘텐츠가 아닌 문화재 성격에 맞는 기술을 적용한 전시 콘텐츠를 개발할 필요성이 있다. 영국의 배넉번 전투 방문자 센터의 중세 전투 전략 게임 몰입형 인터랙티브 체험 전시나 노르웨이 망자의 박물관(Dead Man's Corner Museum)의 세계 2차 대전 4D 비행 체험과 같이 역사에 대한 스토리텔링과 대중에게 새로운 경험을 제공할 수 있는 흥미로운 전시 콘텐츠에 대한 고민이 필요하다. 이와 더불어 온라인으로 접

---

156) 이창희, 2021, 「유물로부터 시간을 읽어내는 방법 : 대중고고학의 실천(Ⅰ)」, 『코키토』 제93호.

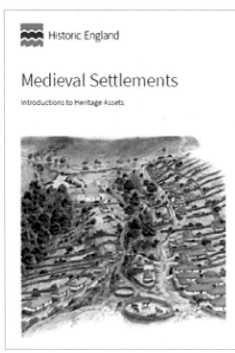

Teacher's Kit(교육 자료)

문화유산 가이드북   이러닝 서비스

그림 58. 영국 문화유산청 디지털 교육 콘텐츠 l 출처 English Heritage

할 수 있는 다양한 전시 콘텐츠들을 개발하고 이를 적극적으로 공유할 필요성이 있다. 이는 더욱 많은 사람이 해당 콘텐츠를 접하고 누릴 수 있는 기회를 제공함과 동시에 다양한 콘텐츠를 한 곳에 모으고 보존·관리할 수 있는 장점도 있다.

일반인이나 초·중·고등학생 등을 대상으로 한 교육 콘텐츠의 개발도 필요하다. 영국 문화청을 비롯한 다수의 유럽 박물관이나 유적 등에서는 이들을 대상으로 문화유산 교육 자료를 제작하여 홈페이지 등을 통해 배포하고 있다. 영국 문화청 등 국외 기관은 이를 애니메이션, 웹툰, 동영상 등으로 제작하여 소셜 네트워크를 통해 공유하고, 전 세계 많은 사람들이 해당 문화재에 대한 역사적 사실을 쉽고 또 재미있게 접할 수 있도록 노력하고 있다. 잉글리시 헤리티지 유튜브 채널에는 빅토리아 시대 '드레스 입는 법', '팬케익 굽는 법', '가죽공예 장인의 하루' 등 단순히 유물과 설명만 전달하는 것이 아니라, 이를 동영상으로 제작하여 해당 유물의 실제 사용법과 당시 사람들의 생활상을 알기 쉽게 스토리텔링하고 있다. 영국 문화청에서는 청소년 교육을 위한 '교사용 교재(Teacher's Kit[157])', '문화유산 주제별 가이드북', 세계유산 등에 대한 '이러닝' 강의 등의 콘텐츠를 홈페이지를 통해 무료로 제공하고 있다. 그 밖에 영국의 필드 스쿨 디지벤처(DigiVenture)[158]는 일반인을 위한 온라인 고고학 강의, 발굴현장 참여 등의 콘텐츠를 개발하여 유료로 서비스하고 있다.

우리도 이와 같이 대중을 위한 교육 콘텐츠를 적극적으로 발굴, 개발하여야 한다. 박물관 등 관련 기관에서는 고고유산 혹은 조사 연구 결과에 대한 단순 정보 제공에만 그치지 않고, 디지털 복원과 시각화 등의 기술을 활용해서 이를 더욱 효과적으로 대중에게 알리는 방안을 고민하여야 한다. 이를 위해 관련 교육 콘텐츠를 국가 차원에서 생산, 보급하고 이를 전용 플랫폼을 통해 서비스할 필요가 있다. 콘텐츠는 디지털고고학 관련 온라인용 교육 교재(e-book), 유적·유물 등에 관한 이러닝(e-learning) 등이 있으며, 이를 통해 많은 사람들이 고고학 정보를 쉽게 접할 수 있는 기회를 제공할 수 있다.

「문화재보호법」 제22조의5에는 문화재 교육의 지원에 대한 규정이 있는데, 국가 및 지방자치단체는 국민들의 문화재에 대한 이해와 관심을 높이기 위하여 문화재 교육 내용의 연구·개발 및 문화재교육 활동을 위한 시설·장비를 지원할 수 있다는 내용이다. 동법 제22조의6(문화재교육 프로그램의 개발·보급 및 인증 등)에는

---

157) Teacher's Kit https://www.english-heritage.org.uk/learn/teaching-resources/
158) 디지벤처 https://digventures.com/projects/digital-archives/

① 문화재청장 및 지방자치단체는 모든 국민에게 다양한 문화재 교육의 기회를 제공하기 위하여 문화재교육 프로그램을 개발·보급할 수 있다고 규정되어 있으므로 문화재청과 관련 지방자치단체는 이에 근거하여 다양한 디지털 교육 콘텐츠와 프로그램을 개발할 수 있다.

앞으로 박물관, 문화재청, 조사기관 등 고고학 관련 기관에서는 일반인, 청소년, 대학생 등 대상의 눈높이에 맞는 다양한 디지털 교육 콘텐츠를 개발하고 보급하는 노력을 기울여야 한다. 이는 대중에게 고고학 관련 정보를 쉽고 재미있게 전달하고, 고고유산에 대한 새로운 가치와 경험을 제공하는 기회가 될 수 있다.

2) 문화 소외 계층을 위한 콘텐츠 개발

앞으로는 대중을 위한 여러 고고학 콘텐츠를 개발할 때, 일반인 뿐 아니라 문화 약자인 장애인, 노령층, 빈곤층 등 소외 계층을 고려하여 제작할 필요성이 있다. 디지털 기술은 기존에 불가능 했던 많은 것을 가능하게 한다. 디지털 기술을 활용하면 더욱 많은 사람들이 차별 없이 우리 문화유산을 접할 수 있는 기회를 제공할 수 있다.

유럽 연합은 '문화유산 생태계의 접근 가능한 자원'이라는 ARCHES(Accessible Resources for Cultural Heritage EcoSystems)프로젝트를 시행하여, 문화 약자를 위한 다양한 콘텐츠와 기술을 개발하였다. 이 프로젝트를 통해 빈미술사 박물관 등지에서 시청각 장애인을 위한 문화유산 3D 복제품, 수어 아바타, 촉각 전시와 시청각을 모두 활용한 인터랙티브 멀티미디어 가이드 등의 새로운 기술과 콘텐츠가 개발되어 좋은 평가를 받았다.

우리나라도 이제 일반인 뿐 아니라 장애인 등 문화 소외 계층을 위한 콘텐츠 개발 노력과 적극적인 예산 투자가 필요하다. 가령 시각 장애인을 위한 점자책, 만질 수 있는 '유물 복제품(3D 프린팅)', '문화유산 촉각 및 청각 전시', '오디오 가이드' 등을 제작할 수 있고, 청각 장애인들을 위한 '수어 동영상 안내' 등을 추가할 수 있다. 또한 가상현실 등 온라인 콘텐츠를 이용하여, 거동이 불편한 사람들이나 경제적 이유로 박물관 등을 직접 방문하지 못하는 많은 사람들에게 문화 향유의 기회를 제공할 수도 있다. 이처럼 디지털 기술을 활용하면 그동안 소외되었던 문화 약자들에게 우리 문화유산을 알리고 그 가치를 전달하는 소중한 경험을 제공할 수 있을 것으로 기대된다.

3) 디지털 고고유산 자원센터 건립

고고학과 관련한 다양한 콘텐츠와 조사, 연구 결과물과 데이터들이 증가하고 있는 현재, 이를 한 곳에 모으고 또 효율적으로 활용할 수 있는 방안을 모색할 필요가 있다. 이를 위해 '디지털 고고유산 자원 센터(가칭)'의 건립이 필요하다.

영국은 고고학 자원 센터(Archaeological Resource Centre)를 지역마다 건립하고, 유적이나 유물을 비롯하여 생산된 데이터의 아카이브와 장기적 보관, 이에 대한 전시, 교육, 연구 등 대중과 연구자를 위한 다양한 프로그램을 운영하고 있다. '디지털 고고유산 자원 센터'는 이처럼 발굴조사 등에서 수집되는 이미지, 동영상, 레이저 스캔 등의 결과물 뿐 아니라, 이탈리아의 가상고고학박물관(Museo Archeologico Virtuale, MAV)이나 프랑스의 님 박물관과 같이 고고학 유적과 유물에 대한 가상현실, 증강현실, 3D 모델링, 3D 프린팅 등 전시 콘텐츠도 모두 통합·보관할 수 있다. 영국은 요크, 런던, 켄트, 헤리퍼드 등지에 복권 기금(Heritage Lottery Fund)의 지원을 받아 각 지역별 고고학 자원 센터를 건립하였고, 지속적으로 추가 건립을 계획하고 있다.[159]

현재 문화재청에서는 국립디지털문화유산센터를 건립 계획(2026년 예정) 중에 있으나, 이는 문화유산 전반에 대한 전시관으로서의 역할이 크다. 고고학 자료는 출토되는 유물부터 보고서 발간, 과학적 분석 결과까지, 생산되는 아날로그 및 디지털 원천 데이터의 양이 다른 문화유산 분야에 비해 많고 다양하다. 발굴조사 기관 등에서 보관하고 있는 참고 유물과 박물관과 연구소 등에 귀속되는 국가귀속 유물 등이 점점 포화 상태에 이르고, 이와 관련한 데이터들은 뿔뿔이 흩어져 제대로 된 보관·관리가 이루어 지지 않고 있는데 거점별 역사문화센터 등이 이에 대한 대안이 될 수 있다.

디지털 고고 자원센터는 고고정보 온·오프라인 통합 아카이브 센터로써, 전국 발굴조사 현장 및 기관에서 생산된 데이터와 콘텐츠를 통합하고, 이를 활용하여 대중을 위한 더욱 폭넓은 전시, 교육을 제공할 수 있다. 통합된 고고자료는 연구자들에게 발굴 보고서, 논문, 이미지 등의 종합적 접근을 제공하여 더욱 효율적인 연구 환경을 조성하고 양질의 연구 성과를 이끌어낼 수 있을 것이다. 이를 위해 디지털 고고유산 자원센터와 같은 고고정보 전문 조직의 설립이 필요하며, 이에 대한 운영을 위해 고고학 전공자와 관련 기술 숙련가 등의 전문 인력이 요구된다.

---

159) Archaeological Archives Forum, 2010 Developing an Archaeological Resource Centre Guidance for Sustainable Storage and Access to Museum Collections.
[https://archives.archaeologyuk.org/aaf_arc_guidance_2010.pdf]

한편 현 체제에서는 전담부서의 설치도 고려되어야 한다. 국립중앙박물관은 '디지털박물관과'를 신설하였고, 문화재청은 정보화담당관실을 개편하여 '디지털문화유산팀'을 신설(2021.11.)하였다. 국립문화재연구원은 아직까지 이와 같은 전담팀이 없는데, 각 부서에서 개별적으로 디지털 관련 사업들을 추진하고, 연구기획과에서 문화유산 연구개발사업 R&D 업무를 수행하고 있다. 향후 국립문화재연구원도 디지털 전담부서를 설치하여, 고고, 미술, 건축, 과학 등 각 분야의 디지털 콘텐츠의 개발과 활용, 생산된 연구 데이터 및 활용 콘텐츠의 체계적인 관리와 공유 등의 노력을 기울여야 한다.

4) 문화유산 플랫폼 구축

현재 고고유산과 관련한 대중을 위한 사이트는 국립문화재연구원의 '360 VR로 보는 우리 문화재'와 '고고학저널', '고고학사전' 등이 있다. 그 밖에 유적, 유물 등 고고자료를 포함한 문화유산 플랫폼으로는 문화재청 '국가문화유산포털', 국립문화재연구원의 '문화유산연구지식포털', 국립중앙박물관의 'e-뮤지엄' 서비스가 있으며, 그 밖에 여러 박물관이나 지방자치단체의 홈페이지, 모바일 애플리케이션 등이 있다.

사실상 국민들이 쉽게 접할 수 있는 고고유산 '종합' 사이트는 부재하여 관련 정보들이 여러 곳에 흩어져 있어 일반인들이 이를 일일이 검색해야 하는 어려움이 있다. 대중이 고고학 관련 정보를 쉽게 접근할 수 있는 방안 마련이 필요한데, 이를 위해 유럽의 유로피아나와 같은 온라인 플랫폼이나 대화형 메신저 챗봇 등을 고려해 볼 수 있다.

챗봇(채팅봇)은 카카오톡과 같은 메신저를 많이 사용하는 현대사회에 매우 적합한 기술로, 우리가 흔히 특정 회사에 문의(상담)를 하거나, 핸드폰의 시리(Siri)와 같은 음성인식 기능으로 주로 사용하고 있다. 문화유산에 이러한 기술을 도입한 사례는 IBM 왓슨과 브라질 피나코테카 데 상파울루 박물관(Pinacoteca de São Paulo Museum)이 협력하여 개발한 인공지능 기반 대화형 오디오 가이드 '보이스 오브 아트'가 있다.

'고고유산 안내 대화형 메신저 챗봇'은 휴대폰을 활용한 대화형 메신저로, 문화유산의 역사, 고고학적 정보, 관련 기관 등 기본 정보를 안내하고 해당 링크를 전달할 수 있는 시스템이다. 이를 통해 문화유산 안내 뿐 아니라 발굴 등과 관련한 문화재 행정절차, 관계 부서, FAQ 등의 검색도 가능하다. 음성인식 혹은 음성 안내서비스 기능을 추가하면 시각 장애인 등 음성안내가 필요한 사람에게도 유용하게 쓰일 수 있다.

챗봇은 다양한 장점과 활용 가능성이 있는데, 먼저 카카오톡 등 기존의 메신저를 활용하여 별도의 애플리케이션을 제작하거나 사용자가 다운받을 필요가 없다. 둘째, 챗봇은 사용자가 필요한 정보를 입력하여 그에 상응하는 피드백을 주는 것이기 때문에, 홈페이지에 들어와서 복잡하게 여러 카테고리를 찾아보는 수고로움을 피할 수 있다. 세 번째로 콘텐츠를 쉽게 공유할 수 있는 장점이 있다. 가령 문화재청에는 문화재 관련 기본정보, 사진, 3D, 도면 등 이미 다양한 문화유산 데이터를 확보하고 있다. 하지만 사용자는 그 정보가 어느 웹사이트, 어느 카테고리에 있는지 정확히 알지 못해 잘 활용하지 못하는 경우가 많다. 챗봇은 사용자가 찾는 검색어에 해당 '링크'를 함께 안내하는 방식으로, 더욱 쉽고 간편하게 관련 콘텐츠를 찾을 수 있도록 도와준다. 네 번째로, 챗봇을 문화유적 현장에서 사용하면 오디오 가이드로 활용할 수 있다. 문화유적에 가면 오디오 가이드를 빌려서 사용해야 하는 번거로움이 있지만, 챗봇에 음성안내 기능이 있다면 얼마든지 개인의 휴대폰을 통해 가이드를 받을 수 있다. 마지막으로 챗봇은 기본적인 엔진과 플랫폼이 개발되어 있어 비교적 제작이 용이하다. 대상 콘텐츠는 문화재청 등 각 기관의 홈페이지에 탑재되어 있는 데이터를 활용하면 된다. 이렇듯 '고고유산 안내 대화형 메신저 챗봇'은 문화재청과 박물관, 조사기관, 대학 등에서 보유한 여러 고고정보들을 효율적으로 연계시켜 주어, 대중이 문화유산 정보를 더욱 쉽고 편리하게 접근할 수 있는 플랫폼이 될 수 있다.

아울러 박물관 등에서는 디지털고고학의 대중 참여를 확대하기 위해 빅데이터를 분석할 필요가 있다. 그 중 데이터마이닝은 방대한 데이터를 분석하여 그 속의 정보와 관계 등 통계학적 정보를 찾아 낼 수 있는데, 우리 생활 속에서 마케팅, 고객 분류, 소비 패턴 예측 등 여러 분야에서 활용되고 있다. 이러한 데이터 마이닝을 활용하면 일반인들이 문화유산에 접근하는 방식에 대한 통계를 추출하고 이를 통한 다양한 분석이 가능하다. 가령, '문화재 검색 현황'을 분석하여 국민들이 포털 사이트에서 어떤 콘텐츠를 가장 많이 찾아보았는지 확인할 수 있다. '문화재 전승공예품 및 기념품 판매 현황'을 분석하여 소비자의 소비 패턴을 파악, 유통과 판매를 촉진하는 자료로 활용 가능하다. '문화재 방문 횟수 및 시기'를 분석하여 방문 패턴을 파악하고 홍보에 활용하거나 미흡한 부분을 보완할 수도 있다. '국내외 소셜 미디어 공유 현황'을 파악하여 어떤 콘텐츠가 많이 공유되었고, 홍보 효과가 컸는지 분석할 수 있다. 이처럼 고고유산과 정보에 대한 대중의 접근성을 높이기 위해서는 빅데이터 기술을 활용하여 대중의 성향을 파악하고, 챗봇 등 현재 상황에서 간편하게 제작하여 보급할 수 있는 효율적인 플랫폼을 구축하는 등의 노력이 필요할 것이다.

VI

맺음말

디지털고고학은 여러 가지 기술을 고고학 조사, 연구, 기록, 보존, 복원 등에 적용하는 것으로, 유럽 등 국외에서는 이미 고고학의 한 분야로 간주된다. 본 책자는 디지털고고학을 활발하게 연구하고 있는 유럽의 최신 연구 동향, 정책과 제도, 전시와 교육 현황 등을 살펴보고, 이를 효과적으로 국내에 적용할 수 있는 방안을 다각도로 소개하였다.

국외에서 디지털고고학은 분야별로 1) 야외 조사(Field Survey), 2) 데이터 기록(Data Collection), 3) 데이터 구축과 분석(Archive & Data Analysis), 4) 디지털 복원과 시각화(Modelling & Visualisation) 전시와 교육(Outreach) 등으로 나뉜다. 현재 유럽 등에서 활발하게 적용되고 있는 주요 기술은 다음 16가지로, 1) 야외 조사를 위한 물리탐사, 라이더, 머신러닝, 딥러닝 등 인공지능 기술, 모바일 애플리케이션, 2) 데이터 기록을 위한 3D 스캔·사진 측량 기법(Photogrammetry), 3) 디지털 구축과 분석을 위한 데이터 및 텍스트 마이닝 등 빅데이터, 시멘틱웹, GIS, 4) 디지털 복원과 시각화에는 3D 모델링·프린팅과 시뮬레이션이, 5) 전시와 교육에는 증강현실(VR), 가상현실(AR), 혼합현실(MR), 프로젝션 맵핑 등 멀티미디어(홀로그램, 페퍼스 고스트(플로팅 홀로그램), 몰입형 실감 환경 등) 가 있다.

국외에서 디지털고고학은 고고학자 등 학계를 중심으로 체계적인 연구와 기술 개발이 활성화되어 있는 점이 특징이다. 고고학 전공자가 필요한 기술을 직접 습득하고 조사와 연구 등에 적용함에 따라 라이더, 머신러닝, 딥러닝, 데이터마이닝 등 다양한 기술을 활용하고 있었으며, 연구 성과물 역시 국내에 비해 다채롭게 도출되고 있다. 아울러 영국과 유럽연합은 2000년대 초반부터 디지털고고학과 관련된 정책과 제도를 시행하고, 대규모 예산을 투입하여 여러 가지 프로젝트를 추진하였다. 이를 통해 유럽 통합 고고정보 아카이브 플랫폼 등 디지털고고학이 발전할 수 있는 환경을 구축하고, 고고학 조사, 연구, 전시 등 여러 콘텐츠와 기술을 개발하는 성과를 거두었다. 디지털고고학 교육과 훈련은 유럽의 주요 대학 고고학과 등에서 활발히 진행되고 있으며, 관련 기술 강의와 디지털고고학 학위 과정을 개설하여 고고학 전공자들의 기본 소양을 함양하고 있다.

이처럼 유럽은 학계와 정부, 대학 등에서 체계적으로 디지털기술을 고고학에 적용하기 위한 다각도의 노력을 기울이고 있으며, 이는 고고학 연구와 대중의 접근성 향상, 학제 간 융·복합 연구와 산학 협력 장려, 일자리 창출과 경제 성장으로 이어지는 긍정적인 결과를 불러왔다. 이에 비해 우리는 디지털고고학이란 용어조차 생소한 상태로, 디지털 기술을 고고학 분야에 많이 적용하고 있지만 단순히 기록 혹은 전시 등을 위한 보조적 수단으로만 국한되어 활용되고 있는 현실이다. 우리나라가 IT 기술 강국임과 동시에 새로운 기술에 대한 연구자와 일반인의 기대가 높음에도 불구하고, 그 기술을 문화재 조사, 연구, 활용에 충분히 적용하지 못하고 있는 아이러니한 상황이다.

디지털고고학의 강점과 기회는 전통 고고학을 지원하고 연구의 스펙트럼을 넓히는 무한한 잠재능력을 가지고 있다. 디지털고고학은 데이터 수집, 분석, 해석 및 기록 등에 있어 전통적인 고고학을 지원할 수 있다. 디지털 기술을 활용하여 더욱 신속하고, 정확한 고고학적 조사와 기록이 가능하고, 시간이 지남에 따라 손실될 수 있는 유적과 유물들을 더욱 효과적으로 보존하거나 복원할 수 있다. 방대한 데이터의 분석과 처리가 가능함에 따라 과거에 비해 넓은 범위의 연구와 많은 양의 정보를 해석하는데 도움이 될 것이다. 또한 온라인으로 세계 어디서든 공유가 가능해 진 것과 문화유산과 디지털 콘텐츠에 대한 대중의 관심과 기대가 한층 높아진 것 또한 좋은 기회로 해석해야 할 것이다. 이는 결과적으로 고고분야와 기술 분야의 학제 간 연구를 활성화시키고, 관련 분야의 산업과 관광업 등 일자리 창출과 경제적 효과를 가져 올 수 있을 것이다.

디지털고고학의 활성화를 위해 다양한 국외 사례를 소개하고 국내 문화유산에 적용 가능한 방안을 제시하였다. 본 책자가 관련 연구자들과 기관에 유익한 참고 자료가 되어 문화유산과 기술 분야의 협업과 상생을 도모하고, 한국 디지털고고학의 새로운 패러다임을 열 수 있는 계기가 되기를 바란다.

참고문헌

보고서 및 단행본

문화재청·한국문화재정책연구원, 2018,『4차 산업혁명 대응 문화재 정책방향 설정 연구』.

문화재청, 2020,「주요업무계획」.

문화재청·한국전통문화대학교 산학협력단, 2020,『디지털 문화유산 정책 미래비전 연구』.

문화재청, 2021,『통계로 보는 문화유산』.

문화재청·한국문화재정책연구원, 2021.4,『포스트 코로나 시대 문화유산 미래 정책 방안 연구용역』.

DCMS(Department for Digital, Cultual, Media & Sports), 2018,『DCMS Statistical Reports』.

Historic England, 2018,『Heritage and the Economy』.

Cebr, 2018.10,『The Heritage sector in England and its impact on the Economy』.

학술논문

강동석, 2011,「GIS를 활용한 지석묘 공간분포패턴의 사회경제적 배경 이해-고창분지 일대를 중심으로-」,『중앙고고연구』8.

강동석, 2014,「GIS 공간보간법을 이용한 도성유적의 지형복원-풍납토성, 신라 왕경을 중심으로-」,『야외고고학』19.

권영무, 2001,「3차원 디지털 문화재 기술의 최근 동향」,『한국방송공학회지』6권 1호.

권지혁, 2003, 「GPS를 이용한 수치표고모델의 정확도 향상에 관한 연구: 성곽 문화
　　　재 디지털 3D 구현」, 『경희대학교』.

구자봉, 2015, 「사진스캐닝 기술에 의한 매장문화재 기록방법에 대한 연구」, 『디지털
　　　콘텐츠학회지』 16권 5호.

구자봉, 2015, 「디지털 기술을 이용한 유물의 문양표현 방법에 대한 연구」, 『한국디지
　　　털콘텐츠학회논문지』 16(1).

김민영·박경신, 2008, 「디지털 문화유산 여행가이드」, 『KIPS Review』 15권 3호.

김범철, 2005, 「금강하류역 송국리형 취락의 형성과 도작집약화-취락체계와 토광분
　　　석의 공간적 상관관계에 대한 GIS 분석을 중심으로」, 『송국리문화를 통해 본
　　　농경사회의 문화체계』, 고려대학교 고고환경연구소 학술총서 제1집, 고려대
　　　학교 한국고고환경연구소.

김범철·안형기·송한경, 2007, 「무문토기의 용량 분석 시론-충남지역 청동기시대 취
　　　락 출토품을 중심으로-」, 『야외고고학』 2.

김범철, 2010, 「호서지역 지석묘의 시·공간적 특징」, 『야외고고학』 2.

김종일, 2006, 「경관고고학의 이론적 특징과 적용 가능성」, 『한국고고학보』 58권 58호.

김주용·이헌종, 2004, 「특집 2 : 구석기 연구의 새로운 방향 : GIS 기법을 이용한 한
　　　국 영산강 하류 구석기 유적 분포특성 연구」, 『선사와 고대』.

김진숙, 2018, 「가상현실(VR)과 증강현실(AR)을 통한 불교문화재의 재구성」, 『한국
　　　불교학』 85권 85호.

김충식·이재용·김영모, 2011, 「누적가시도 분석을 이용한 신라시대 산성 입지와 감시
　　　체계에 관한 연구」, 『한국전통조경학회지』 29.

김태훈, 2010, 「가상현실을 이용한 유적지 복원 상호작용 기술」, 『한국산학기술학회
　　　학술대회논문집 』.

김희순, 이명희, 송현숙, 정희선, 2013, 「문화유산정보의 온톨로지 기반 코퍼스 생성을 통한 디지털 콘텐츠화 방안: 구 한성부의 종교건축유산을 사례로」, 『한국도시지리학회지』 16권 1호.

나애리, 2013, 「유럽 문화유산과 디지털 기술」, 『유럽문화예술학논집』 8권 2호.

노선희, 2007, 「유물 없는 박물관 : 가상박물관 전시에 관한 소고」, 『국립민속박물관』.

문호석, 2009, 「문화원형 디지털 복원기술 : 컴퓨터 그래픽스 및 영상처리를 활용한 시스템의 통합 기능을 중심으로」, 『한국IT서비스학회지』 8권 5호.

박경신, 2006, 「협동적 문화체험을 위한 탠저블 가상 문화유산 환경 디자인에 관한 연구」, 『한국정보통신학회논문지』 10권 10호.

박민서, 최연화, 임순범, 2009년, 「EPOCH 프로젝트를 바탕으로 한 국내 디지털 문화유산 발전방향의 제안」, 『한국디지털콘텐츠학회지』 10권 2호.

박선희, 2019, 「유네스코 무형문화유산 시맨틱 디지털 아카이브 구축 : 이용자 중심 관계형 패싯 네비게이션을 중심으로」, 『한국기록학회지』 19권 4호.

박소연, 2003, 「CAVE기반의 석굴암의 디지털 복원에 관한 연구」, 『기초조형학연구』 4권 2호.

박소연, 양종열, 2003, 「가상현실 기술을 이용한 문화재의 디지털 복원」, 『디자인연구』 제51호 Vol.16.

박소연, 2010, 「햅틱 디바이스를 활용한 문화유산 가상현실 콘텐츠 개발 : 금산사 콘텐츠 중심으로」, 『한국디자인포럼』 26권 26호.

박소연, 2005, 「문화재 디지털 복원을 통한 디지털 문화 컨텐츠 개발에 관한 연구 : 전주 경기전(慶基殿)을 중심으로」, 『기초조형학연구』 6권 1호.

박종선, 2015, 「단양 수양개 유적 활용을 위한 디지털 복원 방안 연구」, 『안동대학교』.

박진한, 남상욱, 이호상, 2016, 「인천학의 현황과 지역학 연구의 새로운 방향 모색 : 공간정보기술의 활용과 디지털 인문지도의 구축」, 원광대학교인문학연구소 논문집 17권 3호.

박진호, 정보과학회지, 2019, 「국보 제 24호 석굴암 사례로 살펴본 디지털헤리티지 발전 단계 연구」, 『한국정보과학회』 36권 10호.

   , 2004, 「아프가니스탄 바미안 석불의 디지털 복원」, 『전자불전』 6권.

   , 2010, 「과거로의 여행을 가능케 하는 디지털 복원」, 국가기록원.

   , 2013, 「신라도성(新羅都城)의 디지털 복원」, 『토지와 기술』.

   , 2021, 「인공지능형 디지털 휴먼 개발: 전곡선사박물관 ICEMAN 외찌 콘텐츠 개발 및 가상융합 체험관 구축」, 『글로벌문화콘텐츠』 46권 1호.

박진호, 이용규, 이지성, 안형기, 2021, 「석굴암 콘텐츠 발전과정에 따른 인공지능 XR 메타버스 콘텐츠 제안」, 『한국영상학회 논문집』 19권 4호.

박희진, 2019, 「문화유산 아카이브 통합 서비스에 관한 연구」, 『한국기록관리학회지』 19권 1호.

송병준, 2020, 「유럽연합(EU)의 디지털 문화유산 정책: 정책의 내용과 함의」, 『한국이탈리아어문학회』 61권 61호.

심상민, 2016, 「문화유산마케팅 유형과 산업화 전략」, 『문화경제연구』 19권 2호.

신용주, 2020, 「문화재돌보미 번와교육용 가상현실기술 활용성에 관한 연구」, 『문화재방재학회 논문집』 5권 2호.

안아영, 2019, 「문화유산 3차원(3D) 디지털 기록의 보존에 관한 연구」, 부산대학교 석사학위논문.

오정은, 2020, 「문화유산 3D 스캔 데이터 자동 형상 시스템연구」, 한국전통문화대학교 석사학위논문.

오승환, 2015, 「가상현실을 통한 문화재복원 융합 확장성 연구」, 『디지털융복합연구』 13권 8호.

안형기, 2010, 「고고학연구에 있어 GIS 활용」, 『문화재』 43(4).

안형기, 2017. 「고고학과 융합활용 연구」, 고려대학교 박사학위논문.

오현덕, 2021, 「고해상도 GPR 탐사를 이용한 경주 신라왕경에서의 대규모 고고학적 탐사」, 부산대학교 박사학위논문.

오현덕·신종우, 2010, 「GPR 탐사를 통해 본 경주 월성의 유적 분포 현황 연구」, 『문화재』 43(3).

유동환, 2006, 「불교문화유산의 디지털콘텐츠화 현황과 전략 연구 : 디지털복원과정에서 디지털스토리텔링의 역할」, 『전자불전』 8권 8호.

유아평, 2019, 「전통문화원형의 디지털콘텐츠화 연구 : '왕희지 생가' 문화역사체험 VR 애니메이션을 중심으로」, 『신라대학교』 박사학위논문.

이계동, 이재기, 정성혁, 2007, 3차원 영상취득에 의한 매장문화재의 효율적 측정기법」, 『한국측량학회지』 25권 2호.

이기정, 황보택근, 2008, 「해외 디지털 문화재 구축 현황」, 『KIPS Review』 15권 3호.

이명진, 원도연, 2017, 「익산 백제문화유산의 디지털콘텐츠 활용 연구」, 『원광대학교 인문학연구소』 18권 3호.

이성주, 손철, 2005, 「GIS를 이용한 신라고분군 공간조영의 분포」, 『한국고고학보』 55.

이성주, 2019, 「최근 이론 고고학의 反-人間中心主義 」, 『영남고고학회』 85호.

이성주, 2021, 「한국 고고학의 과학적 방법론」, 『영남고고학회』 91호.

이성호, 2012, 「백제 사비도성의 지형복원 연구」, 『선사와 고대』 37.

이용이, 2019, 「프로젝션 맵핑을 이용한 디지털 문화재 전시 시스템」, 『광주과학기술원』.

이정범, 2010, 「경기북부지역 보루의 가시권역 분석 연구」, 고려대학교 석사학위논문.

이정희, 2019, 「증강현실의 현재와 이를 이용한 건축 문화유산의 활용 방안 연구」, 한국전통문화대학교 석사학위논문.

이주완, 오정현, 김사덕, 2011, 「고흥 안동고분 출토 금동관모의 3차원 디지털 복원연구」, 『한국문화재보존과학회』 27권 2호.

이지혜, 김정화, 2018, 「디지털 문화유산 교육 현황 분석 및 방향 제언」, 『한국콘텐츠학회』 18권 3호.

이진우, 2016, 「박물관의 사회적 역할 증대를 위한 디지털 문화유산 활용 방안」, 『박물관학보』 31권 0호.

이창순, 2010, 「문화원형의 디지털복원」, 『한국산업정보학회논문지』 15권 1호.

이창희, 2019, 「유적조사와 연대측정-방사성탄소연대측정 지침」, 『고고광장』 24.

이창희, 2021, 「유물로부터 시간을 읽어내는 방법 : 대중고고학의 실천(Ⅰ), 『코키토』 제93호.

이판석, 2007, 「고대 산성의 분포와 교통로」, 충남대학교 석사학위논문.

이홍종, 허의행, 2010, 「청동기시대 전기취락의 입지와 생업환경」, 『한국고고학보』 74권 74호.

이해순, 위광철, 2015, 「3D 프린팅을 이용한 토기·자기 문화재 복원 연구」, 『보존과학회지』 31권 2호.

이황종 등 5명, 2011, 『풍납토성 및 주변 지역 고지형 환경분석 학술용역 보고서』한국고고환경연구소.

이혜림, 2018, 「국가 고고학 데이터 디지털 아카이브 개발을 위한 연구」, 『한국기록관리학회』 18권, 2호.

정미영, 유석호, 2017, 「증강현실 활용 전시를 위한 문화 유물 디지털 3D복원」, 『디지털융복합연구』 15권 12호.

정지아, 2019, 「부여의 관광 활성화를 위한 디지털 헤리티지 보급의 활용 방안」, 남서울대학교.

장호식, 서동주, 이종출, 2003, 「비측량용 디지털 비디오 카메라를 이용한 문화재 3차원 해석」, 『한국지형공간정보학회지』 11권 4호.

최원호, 2004, 「3차원 스캐닝 시스템을 이용한 디지털 문화재 구축연구 : 3D Scanning System을 중심으로」, 『상명대학교』 석사학위논문.

최인화, 2020, 「VR 등 첨단기술을 활용한 콘텐츠 자원화 연구」, 국외장기훈련 결과보고서, 문화재청·인사혁신처.

최인화, 2022, 「디지털고고학 활성화 방안 연구 -유럽 사례를 중심으로-」, 부산대학교 박사학위논문.

최정은, 김면, 2019, 「디지털시대의 문화예술콘텐츠 플랫폼에 관한 연구 : 구글 아트 앤컬처를 중심으로」, 『기초조형학연구』 20권 3호.

한정란, 2008, 「문화유산의 디지털화 기술 및 문화재 복원 현황」, 『KIPS Review』 15권 3호.

한희정, 오효정, 김태영, 김용, 2016, 「국내 무형문화유산 디지털 아카이브 구축 및 활용을 위한 연구」, 『한국비블리아학회』 27권 2호.

허의행·안형기, 2008, 야외조사에 있어 사진실측의 적용과 활용방안」, 『야외고고학』 4.

허의행, 2016, 「유구실측의 3D 도면화 적용과 활용방안연구」, 『야외고고학』 27.

허의행, 2017, 「발굴조사 유적지의 복원과 활용 연구 : 자연환경의 디지털 복원을 중심으로」, 영남고고학 77호.

홍현기, 2011, 「3차원 문화재의 사실적 표면 재질 표현을 위한 texture mapping 시스템의 설계 및 구현」, 가천대학교 석사학위논문.

Adrian Olivier and Paul Van Lindt, 2013, Valletta Convention perspectives: an

EAC survey, The Valletta Convention: Twenty Years After -. Benefits, Problems, Challenges, EAC Occasional Paper No. 9.

Anna S. Agbe-Davies, Jillian E. Galle, Mark W. Hauser & Fraser D. Neiman, 2014, Teaching with Digital Archaeological Data: A Research Archive in the University Classroom, Journal of Archaeological Method and Theory 21.

Cannell, R.J.S., Gustavsen, L., Kristiansen, M. and Nau, E., 2018. Delineating an Unmarked Graveyard by High-Resolution GPR and pXRF Prospection: The Medieval Church Site of Furulund in Norway. Journal of Computer Applications in Archaeology, 1(1), pp.1–18.

Christmas, J. and Pitts, M.E.J. 2018, Classifying and Visualising Roman Pottery using Computer-scanned Typologies, Internet Archaeology 50.

Dana Dannells, Mariana Damova, Ramona ′Enache, and Milen Chechev. 2011. 「A Framework for Improved Access to Museum Databases in the Semantic Web」. In Recent Advances in Natural Language Processing (RANLP). Language Technologies for Digital Humanities and Cultural Heritage (LaTeCH).

Denard, Hugh "A New Introduction to the London Charter" in A. Bentkowska-Kafel, D. Baker & H. Denard (eds.) Paradata and Transparency in Virtual Heritage Digital Research in the Arts and Humanities Series (Ashgate, 2012) 57-71.

Daly, P. T., and T.L. Evans. 2006. "Introduction: Archaeological Theory and Digital Pasts." In, edited by TL Evans and PT Daly, 2–7. New York:

Routledge.

E.B.W. Zubrow, 2006. "Digital Archaeology. A Historical Context." In Digital Archaeology. Bridging Method and Theory, edited by T.L. Evans, and P.T. Daly, 8-26. London et al. Routledge.

Ethan Watrall. 2017. "Archaeology, the Digital Humanities, and the 'Big Tent'." In Debates in the Digital Humanities, 2016th ed. Accessed February 23.

Eve, S. 2017, The Embodied GIS. Using Mixed Reality to explore multi-sensory archaeological landscapes, Internet Archaeology 44.

Field, S., Heitman, C. and Richards-Rissetto, H., 2019. A Least Cost Analysis: Correlative Modeling of the Chaco Regional Road System. Journal of Computer Applications in Archaeology, 2(1), pp.136-150.

Huffer, D. and Graham, S., 2018. Fleshing Out the Bones: Studying the Human Remains Trade with Tensorflow and Inception. Journal of Computer Applications in Archaeology, 1(1), pp.55-63.

Kvamme, K., 2018. Getting Around the Black Box: Teaching (Geophysical) Data Processing through GIS. Journal of Computer Applications in Archaeology, 1(1), pp.74-87.

Ljungar-Chapelon, M. 2017, Virtual Bodies in Ritual Procession — Digital co-production for actors and interpreters of the past, Internet Archaeology 46.

Marc N. Levine and Alex E Badilo, 2021, Why Digital Archaeology? A Case Study from Monte Alban Oaxaca, SAA Archaeological Record.

May, K. 2017 Digital Archaeological Heritage: an introduction, Internet Archaeology 43.

Nevio Danelon (Department of Classical Studies, Duke University, USA) and Maurizio Forte (Department of Classical Studies, Duke University, USA). 2021, Teaching Archaeology in VR: An Academic Perspective.

Payne A. 2006. Stonehenge Riverside Project, West Amesbury and Greater Cursus, Wiltshire: Report on Geophysical Surveys, Research Department Report Series No. 41/2007, English Heritage: London.

Papmehl-Dufay, L. and Söderström, U. ,2017, Creating Ambassadors Through Digital Media: reflections from the Sandby borg project, Internet Archaeology 46.

Reilly,P., 1990, "Towards a virtual archaeology". Computer Applications in Archaeology 1990, Edited by K. Lockyear and S. Rahtz. oxford: British Archaeological reports (Int. Series 565), 133-139.

Richardson, L 2013 A Digital Public Archaeology?. Papers from the Institute of Archaeology, 23(1): 10, pp.1-12.

Richardson, L.-J., 2018. Ethical Challenges in Digital Public Archaeology. Journal of Computer Applications in Archaeology, 1(1), pp.64-73.

Rocks-Macqueen, D., 2016. Digital Public Engagement through Social Media in Archaeology - How to Choose. Present Pasts, 7(1), p.1.

Ronald Visser, Wilko van Zijverden,, Pim Alders, 2016, Teaching digital archaeology digitally, 43rd annual Conference on CAA.

Ross, S. (2004) Reflections on the impact of the lund principles on european approaches to digitisation. In: van der Laan, M.J. (ed.) Strategies for a European Area of Digital Cultural Resources: Towards a Continuum of Digital Heritage. Ministry of Education, Culture and Science: The Netherlands.

Rothenberg, M. 2017, Review of Cadw Mobile App [application], Internet Archaeology 44. [애플리케이션 다운로드 https://cadw.gov.wales/app]

Saponaro, A.; Dipierro, G.; Cannella, E.; Panarese, A.; Galiano, A.M.; Massaro, A. A UAV-GPR Fusion Approach for the Characterization of a Quarry Excavation Area in Falconara Albanese, Southern Italy. Drones 2021, 5, 40.

Sloane, B. 2021 Making the Case for the Public Benefits of Development-led Archaeology, Internet Archaeology 57.

Taylor, J.S., Issavi, J., Berggren, Å., Lukas, D., Mazzucato, C., Tung, B. and Dell'Unto, N. 2018, 'The Rise of the Machine': the impact of digital tablet recording in the field at Çatalhöyük, Internet Archaeology 47.

Tuncali Yaman, T., 2019. A Model-Based Statistical Classification Analysis for Karamattepe Arrowheads. Journal of Computer Applications in Archaeology, 2(1), pp.12–20.

Tyukin, I., Sofeikov, K., Levesley, J., Gorban, A.N., Allison, P. and Cooper, N.J. 2018, Exploring Automated Pottery Identification [Arch-I-Scan], Internet Archaeology 50.

Uildriks, M. 2016, iDig-Recording Archaeology: a review, Internet Archaeology 42.

Verschoof-van der Vaart, W.B. and Lambers, K., 2019. Learning to Look at LiDAR: The Use of R-CNN in the Automated Detection of Archaeological Objects in LiDAR Data from the Netherlands. Journal of Computer Applications in Archaeology, 2(1), pp.31–40.

Walsh, K., Mocci, F., Defrasne, C., Dumas, V. and Masinton, A. 2016, 「Interpreting the Rock Paintings of Abri Faravel: laser and white-light scanning at 2,133m in the southern French Alps」, 『Internet Archaeology 42』.

Welham, K., Shaw, L., Dover, M., Manley, H., Parker Pearson, M., Pollard, J., Richards, C., Thomas, J. and Tilley, C. 2015 Google Under-the-Earth: Seeing Beneath Stonehenge using Google Earth-a Tool for Public Engagement and the Dissemination of Archaeological Data, Internet Archaeology 40.

정책

Council of European, 1954, European Cultural Convention, the Paris Convention, European Treaty Series no.18.

Council of European, 1969, European Convention on the Protection of the Archaeological Heritage, the London Convention, European Treaty Series no.66.

Council of European, 1992, Convention for the Protection of the Archaeological Heritage of Europe, Valetta, European Treaty Series no.143. Department for Digital, Culture, Media & Sport, 2018, Culture is Digital.

London Charter, 2009, The London Charter for the Computer-based Visualisation of Cultural Heritage.

National Library of Australia, 2003, Guideline for the preservation of Digital Heritage.

Sloane, B. 2021 Making the Case for the Public Benefits of Development-led

Archaeology, Internet Archaeology 57.

European Parliament, the Council, the European Economic and Social Committee and the Committee of the Regions, 2005, Communication "i2010: Digital Libraries

European Commission, 2014, COMMUNICATION FROM THE COMMISSION TO THE EUROPEAN PARLIAMENT, THE COUNCIL, THE EUROPEAN ECONOMIC AND SOCIAL COMMITTEE AND THE COMMITTEE OF THE REGIONS-Towards an integrated approach to cultural heritage for Europe. European Commission, 2018, A New European Agenda for Culture.

THE COMMISSION OF THE EUROPEAN COMMUNITIES, 2006, Recommendation on the digitisation and online accessibility of cultural material and digital preservation.

The International Forum of Virtual Archaeology, 2011, INTERNATIONAL PRINCIPLES OF VIRTUAL ARCHAEOLOGY: The Principles of Seville.

UNESCO/UBC, 2012, The Memory of the World in the Digital Age : Digitization and Preservation(Vancouver Declaration).United Nations Educational, Scientific and Cultural Organization, 2009, The UNESCO Draft Charter on the preservation of Digital Heritage.

법률 · 규정 · 지침

문화재청, 2007, 「문화재 기록화 사업 관리 및 활용에 관한 규정(훈령 제109호)」.
문화재청, 2010, 「문화재 기록화 사업 표준 데이터 제작 지침」.

문화재청, 2014, 「국가귀속 문화재의 관리 등에 관한 규정(문화재청 예규 제144호)」.

문화재청, 2018, 「문화유산 3차원 스캔데이터 구축 가이드라인」.

문화재청, 문화재보호법 [법률 제18157호, 2021. 5. 18., 일부개정].

문화재청, 매장문화재 보호 및 조사에 관한 법률 [법률 제17582호, 2020. 12. 8., 일부
개정].

문화재청, 발굴조사의 방법 및 절차 등에 관한 규정[문화재청 고시 제2020-153호,
2020. 12. 28. 일부개정].

Archaeological Archives Forum, 2010 Developing an Archaeological Resource
Centre Guidance for Sustainable Storage and Access to Museum
Collections. Archeology Data Service, Digital Antiquity, 2011, Guides to
Good Practice

Chartered Institute for Archaeologists, 2014, Standard and guidance for
the creation, compilation, transfer and deposition of archaeological
archives.

Charted Institute for Archaeologists, 2014, Standard and guidance for
archaeological geophysical survey.

Computer Applications & Quantitative Methods in Archaeology, 2016, The
Guidelines and Social Media Policies of Computer Applications and
Quantitative Methods in Archaeology.

Computer Applications & Quantitative Methods in Archaeology, 2021, Ethics
Policy.

Council of European, 1992, Convention for the Protection of the Archaeological
Heritage of Europe, Valetta, European Treaty Series no.143.

Duncan H. Brown, 2011, Archaeological Archives: a guide to best practice in creation, compilation, transfer and curation, Archaeological Archives Forum.

Minerva Working group 6, 2003.11, 『Good Practice Handbook』.

MTM, The Space, 2016, DIGITAL POLICY AND PLAN Guidelines. Kathy PERRIN, Duncan H. BROWN, Guus LANGE, David BIBBY, Annika CARLSSON, Ann DEGRAEVE, Martin KUNA, Ylva LARSSON, Sólborg Una PÁLSDÓTTIR, Bettina STOLL-TUCKER, Cynthia DUNNING, Aurélie ROGALLA VON BIEBERSTEI, 2014, A STANDARD AND GUIDE TO BEST PRACTICE FOR ARCHAEOLOGICAL ARCHIVING.

Copyright, Designs and Patents Act. 1988.

Exceptions to copyright: Libraries, archives and museums. 2014.

Digital Economy Act. 2017.

Data Protection Act. 2018.

웹사이트

국가문화유산포털 http://www.heritage.go.kr

국립문화재연구원 360 VR로 보는 우리 문화재 https://vrnrich.kr

국립중앙박물관 e-Museum https://www.emuseum.go.kr/main

VR 체험관 https://www.museum.go.kr/site/main/exhiSpecialTheme/list/vr

국가법령정보센터 http://www.law.go.kr

문화재청 https://www.cha.go.kr/

문화콘텐츠진흥원 www.culturecontent.com

한국문화유산협회 http://www.kaah.kr/

최진홍, "엉망인 문화재청 앱, 정부ICT 접근법 바꿔야", 이코노믹리뷰, 2017.10.16.

> http://www.econovill.com/news/articleView.html?idxno=324413

Aerial Archeology Mapping Explorer

> https://www.arcgis.com/apps/webappviewer/index.html?id=d45dabecef5541f1
>
> 8255e12e5cd5f85a

CAA Ethics Policy

> https://caa-international.org/about/ethics-policy/

고스트 프로젝트(Ghost Project)

> https://www.youtube.com/watch?v=oBdqkkZLymQ

구글 아트앤컬쳐(Google Art & Culture)

> https://artsandculture.google.com/

구글 어스(Google Earth)

> https://www.google.co.kr/intl/ko/earth/

노르웨이 망자의 박물관

    https://dday-experience.com/en/dead-mans-corner-museum/

    https://youtu.be/xrlql3b5k1s

누나렉: 우리 조상들의 마을 이야기

    Nunalleq 2020, https://nunalleq.wordpress.com/

독일 디지털 도서관(German Digital Library)

    https://www.deutsche-digitale-bibliothek.de/

독일 BigRep사 3D 프린터

    https://3dprintingindustry.com/news/3d-printer-bigrep-24745/

덴마크 모스가드 박물관(Moesgaard Museum)

    https://www.moesgaardmuseum.dk/en/

디지벤처

    https://digventures.com/projects/digital-archives/

샌비보그 프로젝트 발굴현장 가상현실

    https://youtu.be/BW_7nkEzBfQ

수중 드론

    https://sketchfab.com/blogs/community/capturing-3d-photogrammetry-

    using-underwater-drones/

스톤헨지 아래를 보다(Seeing Under the Stonehenge) 프로젝트

    https://microsites.bournemouth.ac.uk/seeing-beneath-stonehenge/

유럽 고고학자 학회 EAA CODE and PRACTICES

    https://www.e-a-a.org/EAA/About/EAA_Codes/EAA/Navigation_About/EAA_

    Codes.aspx?hkey=714e8747-495c-4298-ad5d-4c60c2bcbda9

유물키트(ARtefactKit) 혼합현실

    https://www.dead-mens-eyes.org/the-artefactkit-heritage-jam-2017-winner/

영국 고고정보 데이터 서비스 ADS(Archaeology Data Service)

    https://archaeologydataservice.ac.uk/

마나코르 박물관 3D 프린트 터치 전시

    https://sketchfab.com/blogs/community/the-museum-where-touching-

    heritage-is-recommended/

몽생미셸 혼합현실

    https://www.microsoft.com/inculture/arts/le-mont-saint-michel-mixed-

    reality/

    https://www.holoforge.io/work/history-and-culture-through-mixed-reality

    https://youtu.be/MGtpe0ni_nl(2018.11.12)

미국 고고학자 학회 SAA Principles of Archaeological Ethics

    https://www.saa.org/career-practice/ethics-in-professional-archaeology

    http://www.saa.org/AbouttheSociety/PrinciplesofArchaeologicalEthics/

    tabid/203/Default.aspx

미국 tDar(Digital Archaeological Record)

    https://www.tdar.org/

미국 스미스소니언 자연사 박물관

    VR http://naturalhistory.si.edu/vt3/

미니애폴리스 유물 사진측량

    https://sketchfab.com/blogs/community/robot-photogrammetry-minneapolis/

미시건 대학교 디지털고고학 강의 사이트

>http://digitalarchaeology.msu.edu/kb/

민제이(Mingei)

>http://www.mingei-project.eu/

보이스 오브 아트(The Voice of Art)

>https://youtu.be/ogpv984_60A

배녁번 전투(Battle Bannockburn)

>https://www.nts.org.uk/stories/banish-boredom-at-bannockburn

>https://youtu.be/tt-1bNnJ-u4

베를린 장벽 탈출 가상현실

>https://youtu.be/7MjY5KwxtxQ

빔(ViMM)

>https://www.vi-mm.eu/

사이아크(CyArk)

>https://cyark.org/explore/

설형문자 디지털 도서관

>https://cdli.ucla.edu/?q=about

세멕(CEMEC) 프로젝트

>https://www.cemec-eu.net/

스웨덴 오스터리우스 박물관 인터랙티브 가상현실

>https://youtu.be/bVFOdH8a6tg

스캔포레코 프로젝트(Scan4Reco Project)

>https://scan4reco.iti.gr/

스톤헨지 웹 VR

    https://www.english-heritage.org.uk/visit/places/stonehenge/history-and-stories/stonehenge360/

시리아 팔미라(Palmyra) 로마 조각상 3D 프린트 복원

    https://www.dailymail.co.uk/news/article-4231386/Italian-teams-restore-damaged-busts-ancient-Syrian-city.html

아리아드네(Ariadne) 사이트

    http://ariadne2.isti.cnr.it/

    http://portal.ariadne-infrastructure.eu

오큘러스 기어

    https://www.oculus.com/experiences/rift/1177199742298383/

영국 국가 문화유산 리스트 지식 공유 방법

    https://historicengland.org.uk/listing/enrich-the-list/

영국 문화청(Historic England)

    https://historicengland.org.uk/

영국박물관 VR 투어

    https://www.youtube.com/watch?v=pWmGbpOqrNM&t=26s

영국 자연사 박물관 VR

    https://sketchfab.com/models/b2f3e84112d04bf1844e7ac2c4423566

옥스퍼드 디지털고고학 연구소

    http://digitalarchaeology.org.uk/

옥스퍼드 대학 HEIR 사이트

    http://heir.arch.ox.ac.uk/pages/home.php

유로피아나(Europeana)

  https://www.europeana.eu/en

유로피아나 3D 콘텐츠

  https://pro.europeana.eu/project/3d-content-in-europeana

유럽 디지털고고학 강의(Catching the Vibe-Teaching 'Digital Archaeology' at European

  Universities)

  https://www.academia.edu/52493536/Catching_the_Vibe_Teaching_Digital_

  Archaeology_at_European_Universities

이탈리아 산 마티노 성당 조각상 3D 복원

  https://www.digitalmeetsculture.net/article/3d-printing-applied-to-cultural-

  heritage/

인셉션(INCEPTION)

  https://www.inception-project.eu/en

잉글리시 헤리티지

  https://www.english-heritage.org.uk/

클라로스(CLAROS)

  www.clarosnet.org

타임머신(Time Machine)

  https://www.timemachine.eu/

팔미라 3D 모델링 뉴욕 타임즈

  https://www.nytimes.com/2016/12/31/world/europe/destroyed-by-isis-syrias-

  cultural-sites-rise-again-in-france.html

폴란드 국립유산 GIS 시스템

https://mapy.zabytek.gov.pl/nid/

프랑스 루브르 박물관

VR http://www.youvisit.com/tour/louvremuseum

하늘에서 본 영국(Britain from Above)

https://www.britainfromabove.org.uk/en

ArchAide

http://www.archaide.eu/

ARCHES 프로젝트

https://www.arches-project.eu/

Chilterns AONB 고고학 라이더 조사 포털

https://chilternsbeacons.org/wp/

CIDOC CRM

http://www.cidoc-crm.org/

DAACS(Digital Archaeological Archive of Comparative Slavery)

https://www.daacs.org/

ODATE(The Open Digital Archaeology Textbook)

https://o-date.github.io/draft/book/index.html

Sketchfab

https://sketchfab.com/store/3d-models/cultural-heritage-history

SYSCO Story Engineering

https://www.syscoproductions.com/case-studies/short-view/the-roman-

baths-tepidarium The Difficult Knowledge Project

https://blogs.ubc.ca/difficultknowledge/rephotography/

3DHOP

http://vcg.isti.cnr.it/3dhop/index.php

3D ICONS Ireland

http://www.3dicons.ie/

3D Warehouse

https://3dwarehouse.sketchup.com/

VR Museum of Fine Art 웹사이트

http://store.steampowered.com/app/515020/The_VR_Museum_of_Fine_Art/

부록

유럽 현지조사 사례

1. 영국

  1) 스톤헨지 유적

  2) 카디프 국립박물관

  3) 런던 박물관

  4) 로만 바쓰 유적

  5) 런던 육군 박물관

  6) 코벤트리 교통 박물관

  7) 국립 해양 박물관

  8) 런던 전쟁 박물관

  9) 런던 로마 신전 미쓰라움 박물관

  10) 요르빅 바이킹 센터

  11) 메리로즈 박물관

  12) D-day 스토리 박물관

2. 독일

  1) 페르가몬 박물관 다스 파노라마

  2) 베를린 자연사 박물관

  3) 독일 스파이 박물관

3. 스페인

  1) 카사 바트요

4. 폴란드

  1) 포드지미아 린쿠(중앙 광장)

    박물관

5. 아이슬란드

  1) 레이캬비크시 정착 박물관

6. 노르웨이

  1)스타방거 시립 박물관

7. 프랑스

  1) 로만 박물관

1. 영국

1) 스톤헨지 유적

유 적 명 (박물관명)	스톤헨지 Stonehenge
관리기관	English Heritage
주　　소	Salisbury SP4 7DE, UK
개요(현황)	스톤헨지와 그 주변 유적은 유네스코 세계유산으로 「Stonehenge and Avebury World Heritage Site Management Plan(2015)」을 바탕으로 관리·활용 중 스톤헨지는 해당 유적 및 방문자 센터(Visitor Centre)와 야외 전시(복원된 주거지, 스톤헨지 석재 및 운반 체험장 등)로 구성되어 있음
적용 기술	3D, 몰입형 전시, 멀티미디어, 오디오 가이드, 터치스크린
콘텐츠 사례	3D모델링 복원, 프로젝터, 비디오, 오디오
주요 내용	• 스톤헨지 방문자 센터 내에 다양한 디지털 콘텐츠를 전시 중임 　- 내부 전시관에는 원형 벽면 패널을 설치, 스톤헨지 변천사에 대한 3D 모델링 프로젝터 영상(약 3분)을 상영, 원형의 스톤헨지 속에서 수천 년 역사의 변화를 체험하는 몰입형 전시 기법 구현(그림 4) 　- 스톤헨지와 주변 지형을 알 수 있는 디오라마와 유물 등을 함께 전시하고 있으며, 디지털 영상물을 터치스크린을 통해 제공, 유적과 유물에 대한 정보를 쉽게 검색해 볼 수 있음 　- 특히 3D 모델링 작업을 통한 스톤헨지와 주변 유적의 입체감 있는 복원 영상은 유적과 주변 지형의 관계를 쉽게 이해할 수 있는 좋은 콘텐츠라 할 수 있음(그림 6) • 스톤헨지 유적 관람 시에는 모든 관람객에게 '오디오 가이드'를 제공하여, 번호가 적힌 곳에서 해당 번호를 플레이하여 관련 설명을 듣는 방식(한국어는 지원하지 않음) • 스톤헨지는 잉글리시 헤리티지 회원의 멤버십 회원료와 입장료, 각종 기부금을 통해 관리, 운영됨에 따라 멤버와 방문객들에게 문화유산을 내 손으로 보존하고 후세들에게 전한다는 주인의식을 심어줌 • 하지 행사, 연극, 음악 축제, 단서 찾기 게임 등 다양한 이벤트를 개최하여, 대중의 관심과 참여 지속 장려
홈페이지	https://www.english-heritage.org.uk/visit/places/stonehenge/

그림 1. 스톤헨지 전경

그림 2. 스톤헨지 근경

Landscape of ancestors

All around Stonehenge, on ridges overlooking the monument, are early Bronze Age burial mounds, or round barrows. It was important for people to bury their dead within sight of Stonehenge.

Round barrows were built between about 2300 and 1600 BC, after Stonehenge was constructed. On the horizon to your left, among the trees, is a line of barrows on the King Barrow Ridge. Close to Stonehenge is a large barrow which was opened in the early 19th century, when a cremation burial was found beneath an upturned pottery urn.

On the other side of the road is the Normanton Down barrow cemetery. Many of these barrows were excavated in the early 19th century. They are famous for containing some of the richest known burials, called 'Wessex burials', dating from about 2000 to 1700 BC.

A woman being buried on Normanton Down, before a round barrow is constructed over her grave. She is one of two women buried close to Bush Barrow whose graves contained necklaces and jewellery made of amber and gold, as well as miniature pottery cups. The finds from these barrows are on display in the Visitor Centre.

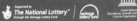

그림 3. 스톤헨지 설치 안내판

그림 4. 스톤헨지 방문자 센터 몰입형 전시

그림 5. 스톤헨지 방문자 센터 내부 현황

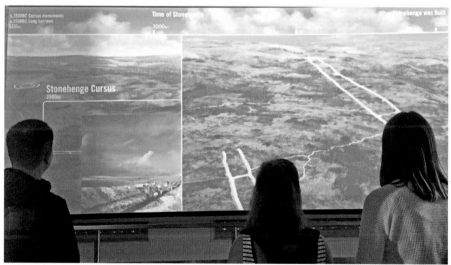

그림 6. 방문자 센터 내 3D 모델링 프로젝션

2) 카디프 국립박물관

유 적 명 (박물관명)	카디프 국립박물관 National Museum Cardiff
관리기관	웨일즈 국립박물관(National Museum Wales)
주　소	Cathays Park, Cardiff, CF10 3NP
개요(현황)	카디프 박물관은 웨일즈를 대표하는 국립 박물관으로, 웨일즈 국립박물관 7곳 중 하나 카디프의 역사, 지질과 자연사, 미술 작품을 전시한 갤러리로 구성
적용 기술	증강현실(AR), 프로젝션 등 멀티미디어
콘텐츠 사례	공룡 및 미술작품 그래픽 복원, 오디오, 비디오
주요 내용	• 카디프 국립박물관은 프로젝션, 대형 모니터 등 다양한 멀티미디어와 증강현실 기기를 활용한 전시로 구성 • 증강현실은 전시실 내 오브제와 연동되는데, 전용 AR 디바이스를 대여하여 (시간당 £10) 생동감 있는 증강현실 콘텐츠를 관람할 수 있음(2018년 8월~) 　- 자연사 전시실에서는 전시중인 공룡 뼈대에 증강현실 디바이스를 비추면, 해당 공룡의 그래픽 이미지가 살아 움직이는 것처럼 재현됨 　- 갤러리에서는 미술 작품의 풍경이나 주인공이 전시실 내부에 움직이는 그래픽이 재현되며, 미술작품의 설명을 함께 안내 　→ 디바이스가 게임기 형태로 되어 있고, 그렇게 크거나 작지 않아 사용하기 편리하며, 메뉴의 간단한 구성으로 누구나 조작이 용이한 장점이 있음(그림 9) 　→ 일반적으로 증강현실 콘텐츠를 이용하기 위해서 태블릿이나 핸드폰을 활용하는 경우가 많은데, 이는 잡기가 불편하고 애플리케이션을 다운 받아야 하는 번거로움이 있지만, 카디프 박물관의 AR 디바이스는 사용이 간편하고 콘텐츠의 구성이 재미있어 벤치마킹하기에 좋은 사례
홈페이지	https://museum.wales/cardiff/

그림 7. 카디프 국립박물관 전경

그림 8. 증강현실(AR) 적용 전시실 현황

그림 9. 증강현실(AR) 디바이스

그림 10. 전시실 멀티미디어 활용 현황

그림 11. 프로젝션 활용 전시 현황

그림 12. 자연사 전시실 전경

3) 런던 박물관

유 적 명 (박물관명)	런던 박물관 Museum of London
관리기관	런던 박물관(Museum of London)
주 소	150 London Wall, EC2Y 5HN
개요(현황)	선사 시대부터 현대까지 런던의 역사를 전시한 박물관 영국 여러 박물관 중 디지털 콘텐츠를 가장 많이 또 다양하게 활용한 사례
적용 기술	VR, 멀티미디어, 프로젝션 맵핑, DID, 터치스크린, 음향 시스템
콘텐츠 사례	스토리텔링, 체험, 역사적 사건 비디오, 오디오
주요 내용	런던에서 일어난 여러 역사적인 사건들을 디지털 콘텐츠를 통해 스토리텔링함으로써 런던의 역사를 재밌게 보고, 듣고, 체험할 수 있는 전시 기법 • 디오라마 재현 : 일반적인 선사 주거지 복원 등 시각적 요소에 그치지 않고, 불 떼는 소리, 새소리, 바람 소리 등 해당 전시물에 맞는 사운드를 함께 들려주어, 더욱 생생한 경험 제공 • 영상물과 디오라마 : 영국의 블랙데쓰(14세기 흑사병에 의해 런던 인구의 절반 이상이 죽은 사건)나 그레잇 파이어(1666년 대화재)에 대해 런던의 당시 풍경을 재현한 디오라마에 프로젝션 맵핑하여 화재 상황을 생동감 넘치게 재현 • 디지털 모션 디스플레이(Digital Motion Display Device)를 통해 유물과 이를 사용한 사람들을 매칭하는 게임 등 다양한 체험형 인터랙티브 전시 제공 • 박물관 야외에 보존되어 있는 런던 성벽(London wall)을 창문을 통해 관람하며 전시실 벽면에 프로젝션으로 관련 영상이 함께 상영되어, 성벽의 과거와 현재의 모습을 비교할 수 있음(그림 16) • 그 밖에 각종 DID(Digital Information Display) 장비, 터치스크린, 파노라마 빔프로젝터 영상 장비 등을 통해 런던 각 지역의 고지도를 열어 보거나, 유물의 3D 모델링, 각 지역의 역사적 사진들을 전시(그림 17, 18)
홈페이지	https://www.museumoflondon.org.uk/

그림 13. 런던 박물관 전경

그림 14. 전시실 현황

그림 15. 전시실 멀티미디어 현황

그림 16. 런던 월(Wall) 야외 전시(하단 유리)와 프로젝션

그림 17. 모션감지 프로젝션 사용 현황

그림 18. 전시 유물과 DID 재현 영상 현황

그림 19. 런던박물관 전시실 내부

4) 로만 바쓰

유 적 명 (박물관명)	로만 바쓰 the Roman Bath
관리기관	헤리티지 부서, 바쓰 앤 북동 서머셋 카운슬 (Bath & North East Somerset Council)
주 소	Stall St, Bath BA1 1LZ
개요(현황)	로만 바쓰 유적은 로마 시대 신전 및 목욕탕 유적으로, 사원(the Roman Temple), 목욕탕(the Roman Bath House), 성스러운 샘(the Sacred Spring) 등으로 구성되어 있음. 건물 내에는 목욕탕(Tepidarium, Warm Room)과 탈의실(Apodyterium, Changing Room), 수영장(Natatio, Swimming Pool), 사우나실(Caldarium, Hot Room) 등이 있으며, 건물 내부의 공간이나 통로 등을 활용하여 여러 유물과 영상물을 전시하고 있음
적용 기술	프로젝터, 프로젝션 맵핑, 홀로그램, 사운드 시스템, 오디오 가이드 등
콘텐츠 사례	스토리텔링, 역사 영상 재현 비디오, 유적 영상 복원
주요 내용	• 로만 바쓰 유적은 2011년 7년 중장기 계획으로 550만 파운드(한화 약 82억)를 투자하여 지금의 모습으로 현대화하였음 • 일부만 잔존해 있는 신전 박공(Pediment)에 프로젝션 맵핑 기술을 활용하여 박공의 원래 모습과 변천 과정을 디지털 영상으로 복원(그림 20) • 로만 바쓰 내 각 장소의 기능에 따라 목욕하는 장면, 탈의하는 모습, 마사지 받는 모습 등 당시의 모습을 영상물로 제작하여 홀로그램 또는 프로젝터로 재현(그림 23) ※ 홀로그램 예시 : https://youtu.be/Xb62Ejx5aEQ • 관람객 전원에게 오디오 가이드를 제공, 각각의 장소와 유물에 대해 안내하고, 전시실 곳곳에 로마시대를 재현한 짧은 영상을 통해 당시 역사를 쉽고 재미있게 전달(그림 21, 22) • 전시실 내부에는 물 떨어지는 소리, 사람 목소리 등을 재생, 마치 목욕탕에 있는 듯한 생생한 사운드 재현 • 홈페이지에 오디오가이드(영어), 영상 등 다양한 콘텐츠를 제공하고 있으며 3D로 로만 바쓰 유적을 둘러보는 코너도 마련되어 있음 ※ https://www.romanbaths.co.uk/videos, 3D- https://www.romanbaths.co.uk/3d-model-roman-baths-and-pump-room)
홈페이지	https://www.romanbaths.co.uk/

그림 20. 신전 박공 디지털 영상 복원

그림 21. 프로젝션 영상 활용 현황

그림 22. 프로젝션 영상 활용예

그림 23. 홀로그램 프로젝션 활용예

5) 국립 육군박물관

유 적 명 (박물관명)	국립 육군박물관 National Army Museum
관리기관	국립 육군박물관위원회 The Council of the National Army Museum
주 소	Royal Hospital Road, London, SW3 4HT
개요(현황)	박물관은 총 3층, 5개의 전시관으로 구성되어 있으며, 17세기부터 현재까지 영국 전쟁사와 그와 관련된 유물(군수용품 등), 참여한 사람들, 이에 대한 의의와 가치에 대해 전시
적용 기술	디지털 스크린, 터치스크린, 모션감지 프로젝터(몰입형 인터랙티브 체험), 증강현실(AR) 등
콘텐츠 사례	스토리텔링(영상), 체험형 콘텐츠(행군, 조립, 퍼즐 등)

주요 내용	• 전쟁과 육군에 대해 다양한 디지털 시청각 자료들을 함께 활용하여 전시
	  - 군복과 함께 터치스크린을 함께 전시하여, 언제, 누가 입었던 군복인지 관련 정보를 함께 검색해 볼 수 있음(그림 25)
	
	• 모형 총기를 조립해 보거나, 군장을 퍼즐(전자) 식으로 맞춰보고, 터치스크린으로 관련 정보를 검색하는 등 인터랙티브(쌍방향) 전시 다양
	  - 군대 음식을 직접 터치스크린을 통해 만들어 보고 필요한 재료와 레시피를 배울 수 있는 게임
	  - 모션감지 프로젝터를 활용하여 군대에서 행군하는 것을 직접 경험해 볼 수 있는 인터랙티브 체험(그림 27)
	
	• 워털루 전쟁에 대한 증강현실(AR) 전시가 있는데, 당시 현장을 축소하여 복원해 놓은 디오라마에 증강현실 모니터를 비추면 실제 전쟁 상황을 그래픽으로 재현하여 보여줌(그림 28)
	
	• 그 밖에 군인들의 인터뷰, 전쟁 상황 등을 알 수 있는 영상을 관련 전시품과 함께 전시, 당시 역사에 대한 스토리텔링
	  → 전반적으로 대중이 1, 2차 세계대전 등 무거운 주제에 대해 더욱 쉽게 이해할 수 있도록 디지털 영상 및 다양한 체험형 인터랙티브 콘텐츠를 활용한 전시 사례

홈페이지	https://www.nam.ac.uk/

그림 24. 국립육군박물관 전시실 내부

그림 25. 군복 디지털 터치스크린   그림 26. 총기 관련 디지털 스크린

그림 27. 행군 인터랙티브 체험 게임

그림28. 워털루 전쟁 증강현실(AR) 전시

그림 29. 국립육군박물관 전경

6) 코벤트리 교통 박물관

유적명 (박물관명)	코벤트리 교통 박물관 Coventry Transport Museum
관리기관	Culture Coventry charitable trust
주　소	Millennium Place, Hales Street, Coventry CV1 1JD
개요(현황)	코벤트리 교통 박물관은 1868년 시작된 자전거부터 오토바이, 자동차, 비행기 등 영국의 각종 교통수단의 발전과 생산에 대한 역사를 전시하고 있는 일종의 산업박물관임 코벤트리는 영국 교통의 발상지이자 생산 도시로, 전시실 내에는 약 550대 이상의 자동차와 25,000개의 오토바이 및 자전거, 비행기 등이 7개의 세션에 걸쳐 시대 순으로 전시되어 있음
적용 기술	프로젝터, 디지털 스크린, DID, 사운드 시스템, 4D 시뮬레이터
콘텐츠 사례	스토리텔링(자동차의 역사), 체험(자동차 4D, 항공기 게임 등)
주요 내용	• 전시실 내의 전시물과 함께 디지털 스크린, 프로젝터 영상 등을 적극 활용하였으며, 게임과 체험 등 인터랙티브 전시로 구성 • 프로젝터는 벽면, 천장, 평면 등 다양한 위치에 활용하였으며, 대부분 모션감지 센서를 사용하여 자동으로 재생되는 방식 채택(그림 31, 33) 　- 거울 형태의 DID 디스플레이, 사운드 등 관람객이 지나갈 때 자동 재생되어 생동감 있는 전시 효과 연출(그림 32) • 적군과 아군의 비행기를 맞추는 게임(그림 34), 4D 시뮬레이터로 세상에서 가장 빠른 자동차(그림 35)를 직접 조정해 보는 체험 게임 등 다양한 체험 콘텐츠 제공 • 코벤트리 교통 박물관의 가장 큰 특징은 서라운드 '음향 시스템'(자동차, 비행기 소리 등)을 많이 활용한 것으로, 이를 통해 관람객은 해당 유물에 대한 정보를 얻고 더욱 생동감 있게 전시를 관람할 수 있음 　→ 시각자료 뿐 아니라 청각 자료를 적극 활용하면 더 생동감 있고 효과적인 전시가 될 수 있음을 보여주는 대표 사례
홈페이지	https://www.transport-museum.com

그림 30. 코벤트리 교통박물관 전경

그림 31. 프로젝터 디스플레이(벽면+하단)

그림 32. 거울 형태 디지털 스크린(왼쪽)

그림 33. 프로젝터 활용 현황

그림 34. 천장을 향한 프로젝터

그림 35. 4D 시뮬레이션 체험실

7) 국립 해양 박물관

유 적 명 (박물관명)	국립 해양 박물관 National Maritime Museum
관리기관	National Maritime Museum
주 소	Romney Road, Greenwich, London SE10 9NF
개요(현황)	국립 해양 박물관은 영국 해상 왕국 시대와 관련한 유물과 배 등을 전시한 박물관으로, 총 3층 23개의 전시관으로 구성, 해상무역, 신대륙 진출 역사, 전쟁, 천문 등 관련 유물을 디지털 스크린과 함께 전시 인근의 천문대(Royal Obsevertory), 커티샥(Cutty Sark)호, 여왕의 집(Queen's House) 또한 국립 해양 박물관 관리
적용 기술	멀티미디어(디지털 디스플레이, 터치스크린, 프로젝터)
콘텐츠 사례	스토리텔링, 체험(천문 관찰 등), 유물 정보와 사용법 등 시각화

주요 내용	• 국립 해양 박물관에는 전시 유물 등과 함께 디지털 디스플레이와 터치스크린을 주로 활용하여, 방문객이 필요한 정보를 직접 검색해 보는 인터랙티브 전시가 중심
	  - 천문 관찰의 경우, 실제 망원경을 통해 관측이 어려움으로 이를 디지털 스크린으로 대체하여 방문객이 망원경을 통해 실제 하늘을 보는 것처럼 재현하였음(그림 40)
	
	• 유물의 레플리카 전시와 함께 터치 스크린을 비치하여 전시품의 실제 유물 사진과 용도 등의 기본 정보 제공 (그림 38, 39)
	  - 스크린을 바닥에 설치하여 백사장과 바다를 디지털 방식으로 표현
	  - 터치스크린에서 유물을 선택하면 실제 유물의 사진과 역사, 사용 방법이 간단히 표시되는데, 관람객들에게 일방적으로 전달하는 안내판이 아니라 직접 검색할 수 있는 인터랙티브 방식
	
	• 유물의 복원된 원형과 이들이 현재 사용되고 있는 인류학적 증거 사진, 사용될 당시의 복원 시각화 일러스트레이션 등 다양한 콘텐츠를 활용
	  → 일반적인 멀티미디어와 시각화 기법을 사용하더라도 이를 어떻게 사용하느냐에 따라 효과가 달라질 수 있으며, 이를 전달하는 기획자의 의도와 아이디어가 중요함을 보여주는 대표 사례

홈페이지	https://www.rmg.co.uk/national-maritime-museum

그림 36. 전시실 터치스크린 현황

그림 37. 전시실 현황

그림 38. 전시품+디지털 터치 스크린 활용예

그림 39. 터치스크린(그림 38의 확대)

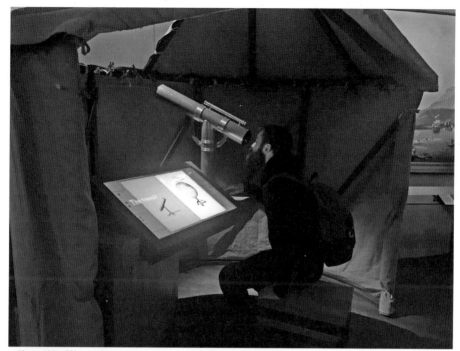

그림 40. 천문 관찰 스크린

그림 41. 향신료 무역에 대한 스토리텔링

8) 런던 전쟁박물관

유 적 명 (박물관명)	런던 전쟁박물관 War Memorial Museum, London
관리기관	War Memorial Museum
주　소	IWM London Lambeth Road London, 영국
개요(현황)	전쟁박물관은 런던, 맨체스터, 덕스포드, 벨파스트 등지에 총 5개 박물관이 있으며, 세계대전 등 전쟁의 역사에 대한 전시로 구성 런던 전쟁박물관은 총 5개의 층으로, 1차·2차 세계대전과 홀로코스트, 전쟁 영웅들의 이야기 등에 대해 다양한 디지털 디스플레이와 스토리텔링 기법을 활용하여 전시
적용 기술	3D 모델링, 터치스크린, 프로젝터, 모니터, 비디오 및 오디오
콘텐츠 사례	스토리텔링(전쟁 영웅), 체험형 콘텐츠(벙커 재현) 등
주요 내용	• 전시실에는 전쟁 당시 사용하던 군수용품, 홀로코스터 유품부터 군용 자동차와 탱크, 비행기까지 다양한 전시품이 전시되고 있으며, 이에 대한 단순한 정보보다는 그것의 역사적 배경과 사건을 다양한 디지털 디스플레이를 활용하여 전달하고 있음 • 기본적으로 빔프로젝터와 대형 모니터 등을 천정형 스피커 등 음향효과와 함께 활용하고 있으며, 이들은 모션 감지 센서를 통해 자동으로 작동되거나, 터치스크린으로 관람객이 직접 조작할 수 있도록 함 (그림 44, 45) • 전시는 스토리텔링 구성에 따라 동선이 자연스럽게 유도되며, 관람객이 전쟁을 생생하게 느낄 수 있는 벙커를 통과하도록 함 　- 단순한 벙커 모형만 전시한 것이 아니라 디지털 기술을 활용하여 실제 전쟁 중 벙커 속에 있는 것 같은 실감 콘텐츠 구현 　- 모니터를 통해 벙커 속 군인들의 모습을 재현하고, 프로젝터로 벙커 밖 군인들이 이동하는 모습을 서라운드 음향 효과(포탄과 총소리)와 함께 재현하여 생생한 경험을 제공(그림 50) 　→ 벙커라는 한정된 공간과 간단한 디지털 기술을 활용하여 몰입감을 극대화한 좋은 사례라 할 수 있음 • 전쟁 영웅관에는 군인들의 사진과 그들의 유품(훈장 등)을 함께 전시하고 있으며, 사진은 모니터로, 그들의 이야기는 육성 파일을 직접 재생하여 들을 수 있는 쌍방향 전시(그림 51)
홈페이지	https://www.iwm.org.uk/

그림 42. 전쟁 박물관 전경

그림 43. 전쟁 박물관 메인홀 전시 현황

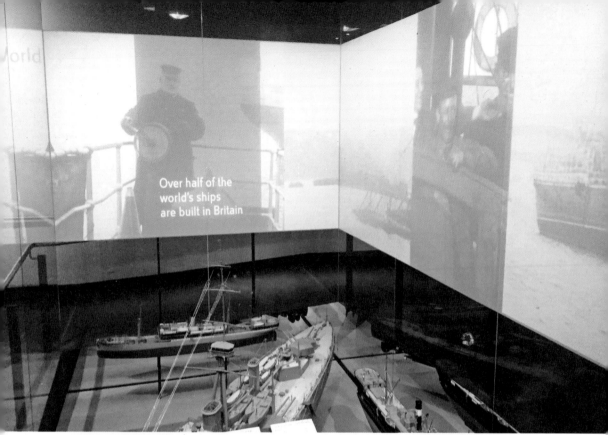
그림 44. 프로젝터 활용 현황

그림 45. 터치스크린 활용 현황

그림 46. 멀티미디어 활용 현황

그림 47. 3D 스캔 및 모델링 영상

그림 48. 디지털 모니터 활용 현황

그림 49. 천장형 프로젝터 활용 현황

그림 50. 벙커 재현 실감형 콘텐츠 현황

그림 51. 전쟁 영웅관 스토리텔링 멀티미디어 활용 현황

9) 런던 로마신전 미쓰라움 박물관

유 적 명 (박물관명)	런던 로마 신전 미쓰라움 박물관 London Mithraeum Bloomberg Space
관리기관	Bloomberg Company
주　소	12 Walbrook London, EC4N 8AA
개요(현황)	런던 미쓰라움 박물관은 AD 300년경 로마인들이 세운 '미쓰라'신의 신전 유구를 건물 내로 이전 복원한 전시관 박물관은 총 3개 층으로 구성, 1층에는 설치 미술과 유물이, 지하 1층에는 미쓰라신의 두상 등 발굴된 유물 레플리카 및 터치스크린, 지하 2층에는 이전 복원한 신전 유구가 전시되어 있음
적용 기술	터치스크린, 태블릿, 오디오, 조명 및 음향 기술 등 활용 몰입형 전시
콘텐츠 사례	영상, 신전 재현 초실감형 몰입형 전시
주요 내용	• 신전 유구는 1954년 발굴되어 인근의 퀸 빅토리아 거리(Queen Victoria Street)로 이전 복원되었으나, 2010년 블룸버그사가 해당 건물을 재건축하면서 원래 위치로 재이전함(그림 54, 55) • 새로 개관한 전시관은 '역사'와 '혁신'이라는 두 가지 테마를 목표로, 발굴 유적에 디지털 기술을 적절히 활용하고자 노력함 • 처음 이전 복원할 당시 사용된 재료 등에 대한 논란이 있어 당시 발굴했던 사람들의 고증을 통해 최대한 원형과 가깝게 복원하려 노력하였으며, 이들의 이야기를 영상 콘텐츠로 만들어 발굴보고서 등과 함께 홈페이지에 서비스 • 전시관 1층에는 한쪽 벽면 전체를 유리 쇼케이스를 제작하여 유물을 모두 함께 진열하였고, 각각의 설명은 태블릿으로 관람객이 직접 찾아보도록 함(그림 53) • 지하 1층은 발굴 당시 출토되었던 미쓰라 두상의 조각과 그 역사에 대한 정보를 터치스크린을 통해 검색할 수 있으며, 의자가 있는 휴식공간에서는 천정형 스피커를 통해 관련 설명을 전달 • 메인 전시관은 지하 2층으로, 신전 유구가 이전 복원되어 있으며, 15분마다 조명과 음향, 드라이아이스 연기 등으로 신전의 모습을 재현하는 퍼포먼스 구현(그림 59) 　- 특히 신전 유구는 기둥은 없고 기둥 자리만 남아 있는데, 해당 위치에 조명과 그림자, 연기를 이용하여 기둥과 벽체를 재현함 　→ 이와 같은 방식은 기둥을 물리적으로 복원하지 않아 유구 훼손이 없으며, 로마 신전을 신비로운 공간으로 재현한 초몰입형 실감 전시의 좋은 사례
홈페이지	https://www.londonmithraeum.com/

그림 52. 런던 미쓰라움 박물관 전경

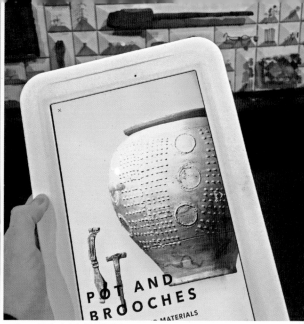

그림 53. 유물 전시와 태블릿 활용

그림 54. 박물관 이전 복원 전의 모습
(Queen Victoria Street 위치) 출처 위키피디아

그림 55. 지하 2층 미쓰라 신전 유구 전시실 현황(정면)

그림 56. 지하 1층 터치스크린 전시

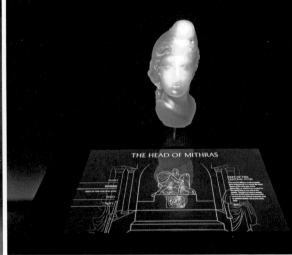

그림 57. 미쓰라신 두상 복제품과 터치스크린

그림 59. 미쓰라 신전 조명과 연기 활용 기둥 재현 현황(측면에서)

10) 요르빅 바이킹 센터

유 적 명 (박물관명)	요르빅 바이킹 센터 Jorvik Viking Centre
관리기관	Jorvik Viking Centre
주 소	Coppergate Shopping Centre, 19 Coppergate, York YO1 9WT
개요(현황)	1976~1981년 요크 고고학 트러스트(York Archaeological Trust)에서는 요크 지역에서 바이킹 주거지 등을 발굴하였으며, 바이킹 센터는 해당 유적과 유물의 고증을 바탕으로 1984년 세워짐 이후 2006년 홀로그램 추가, 2010년 및 2017년 전체 리모델링을 거쳤으며, 유구(바닥 유리 아래 전시), 유물 전시관 및 타임라이드(관람차)를 타고 바이킹의 생활상을 볼 수 있는 체험형 전시로 개편
적용 기술	혼합현실(비디오 및 오디오, 후각), 라이드, 터치스크린, 홀로그램
콘텐츠 사례	스토리텔링(바이킹의 생활상 영상 등), 비디오, 오디오, 체험
주요 내용	• 바이킹 센터는 2015년 홍수 피해를 입은 후 2017년 관람 라이드, 혼합현실 등 여러 가지 새로운 기법을 도입하여 리모델링하였으며, 현재 연간 50만 명의 방문객을 유치하는 명소가 되었음 • 바이킹센터는 크게 유구와 유물 전시실과 바이킹 재현 마을로 구성되며, 바이킹 마을은 관람차(타임 라이드)를 타고 터치스크린과 오디오 가이드 설명을 보고, 들으며 관람하는 것이 특징 　- 바이킹 마을은 가죽 세공, 사냥꾼, 낚시꾼 등 바이킹의 생활상과 생애을 재현한 디오라마와 마네킹으로 구성(그림 62, 63) 　- 이는 모두 발굴한 유물과 역사적 기록 등을 고증하여 제작한 것으로, 바이킹과 가축 등은 매우 사실적으로 움직이며, 간단한 대화를 주고받으며 관람객들에게 정보를 전달 　- 아울러 바다 냄새 등을 분사하여 시각, 청각, 후각 등의 혼합현실(MR)를 구현하고 있음(하지만 실제 경험해 본 결과, 플라스틱 냄새에 묻혀 후각 부분은 크게 실감나지 않음) • 전시관 곳곳에 바이킹 복장을 한 사람들이 바이킹이 사용하던 생활용품을 만드는 것을 보거나 직접 체험할 수 있는 기회 제공 • 한편 증강현실(AR) 애플리케이션을 다운받아 위치 기반으로 요크시 곳곳의 역사적 장소에서 관련 정보와 사건에 대한 바이킹의 해설을 들을 수 있음
홈페이지	https://www.jorvikvikingcentre.co.uk/

그림 60. 요르빅 바이킹 센터 전경

그림 61. 전시실 유구 이전 복원 전경

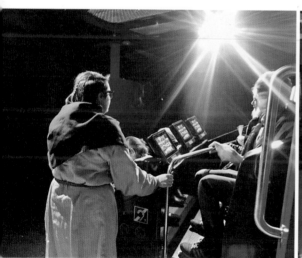

그림 62. 관람차(타임라이드) 탑승 모습

그림 63. 관람차의 터치스크린과 전시현황

11) 메리로즈 박물관

박물관명	메리로즈 박물관 Mary Rose Museum
관리기관	Mary Rose Trust
주　소	Main Rd, H M Naval Base, Portsmouth PO1 3PY
개요(현황)	헨리 8세 대의 군함인 메리 로즈호는 1545년 난파되었으나, 1971년 발견하여 수년 간의 발굴(1979~ 1982년)후 현재의 박물관을 건립하여 전시 메리로즈 박물관은 2014년 Museum Heritage Show 보존 및 전시상, 2015년 유럽 올해의 박물관상 등 다수 수상
적용 기술	애플리케이션, 프로젝션 맵핑, 멀티미디어, 음향 시스템, 터치스크린
콘텐츠 사례	3D 모델링(복원), 스토리텔링, 영상, 오디오
주요 내용	• 박물관은 반파된 메리로즈호를 중심으로 총 3개 층으로 구성되어 있으며, 전시실 등을 배 내부 모습으로 복원하고 다양한 멀티미디어를 활용하여 당시의 역사를 재현하고 있음 • 전시실에는 프로젝터, 모니터, DID, 터치스크린 등을 활용하여 메리로즈호의 역사와 이 배에 탔던 사람, 사용했던 물품(유물) 등에 대한 스토리텔링 중심으로 구성 • 메리로즈호 단면에 프로젝션 맵핑을 활용하여, 배 안에서 음식을 준비하는 모습, 포탄을 나르는 모습, 선상의 돛을 올리는 모습 등 당시 배 안의 모습을 영상과 음향으로 재현(그림 66) • 메리로즈호 역사와 침몰 순간을 체험할 수 있는 실감콘텐츠실(그림 67) • 전시실에서는 메리로즈호에 탔던 선원, 의사, 상인, 환전상 등 다양한 사람들의 이야기와 전시 유물을 혼합현실(AR, 후각, 청각)로 즐길 수 있음(그림 69, 70) • 유물의 사용법을 재현한 영상을 터치스크린, DID 장비 등을 통해 관람객이 검색할 수 있는 인터랙티브 전시(그림 71, 72) • 메리로즈호 박물관 애플리케이션을 통해 박물관과 전시 유물 등에 대한 정보를 검색할 수 있으며, 이를 오디오 가이드로도 활용이 가능함 • 메리로즈호 웹사이트에는 난파선 및 발견된 여러 유물의 3D 모델링 콘텐츠를 간단한 설명과 함께 서비스하고 있으며, 이를 스케치팝 등 3D 콘텐츠 오픈 플랫폼에 함께 공유 ※ https://maryrose.org/3d-artefacts/
홈페이지	https://maryrose.org/the-history-of-the-mary-rose/

그림 64. 메리 로즈 박물관 전경

그림 65. 전시실 멀티미디어 현황

그림 66. 메리로즈호 프로젝션 활용 현황
출처 The MaryRoseMuseum

그림 67. 몰입형 실감콘텐츠
출처 Andrew Mathews PA wire

그림 68. 메리로즈호 전시 현황

그림 69. 혼합현실(시각 AR)
출처 The Mary Rose Museum

그림 70. 혼합현실(후각 백팩) ㅣ 출처 The Mary Rose Museum

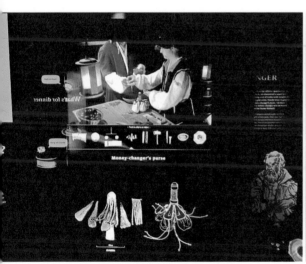

그림 71. 유물 사용법에 관한 DID(환전상)

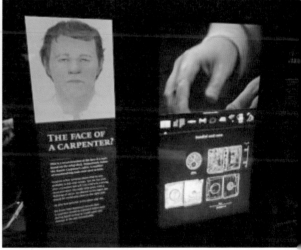

그림 72. 유물 사용법에 관한 DID(목수)

12) D-Day 스토리 박물관

유 적 명 (박물관명)	D-Day 스토리 박물관 The D-Day Story
관리기관	Portsmouth city council
주 소	Clarence Esplanade, Southsea, Portsmouth PO5 3NT
개요(현황)	D-Day 스토리 박물관은 2차 세계대전을 종식시킨 노르망디 상륙작전 (1944.6.6., 영국, 캐나다, 미국 등 156,000명의 연합군이 프랑스 노르망디 5개 해변에 상륙한 작전)에 대한 전시로 구성 박물관은 2018년 500만 파운드의 복권기금을 투입하여 멀티미디어 기반 전시 관으로 리모델링되었으며, 2018년 영국 AV AWARD를 수상함
적용 기술	페퍼의 유령(플로팅 홀로그램), 터치스크린, 모션감지, 프로젝션 맵핑
콘텐츠 사례	스토리텔링(영상), 3D 모델링, 비디오, 오디오
주요 내용	• 디데이 스토리 박물관은 기존의 디데이 박물관(D-Day museum)을 리모델링 한 것으로, 멀티미디어를 활용한 스토리텔링 중심 전시로 구성, 노르망디 상륙 작전에 대한 역사, 참여한 군인들의 이야기, 생존자들의 이야기 등을 관련 유물 과 함께 전달 • 상륙작전 배(상륙용 주정, Landing craft 7074)에 페퍼의 유령(Pepper's Ghost) 기법을 활용하여, 배안에서 상륙을 초조하게 기다리는 군인들의 모습 을 음향 효과와 함께 전시 - 이는 일종의 플로팅 홀로그램 기법으로 대상물을 유리에 반사시켜 마치 허 공에 떠 있는 것처럼 보이게 하는 착시현상 기술 • 모션감지 프로젝터를 활용하여, 관람객이 입장하면 자동으로 영상이 재생되며 관람객에게 군인이 직접 당시의 이야기를 들려주는 것과 같은 효과를 연출함 (그림 74) • 막사를 몰입형 공간으로 구성, 군인들을 그래픽으로 재현하여 본인들의 이야 기를 스토리텔링하고 있으며 음향 효과를 함께 활용하여 적막한 전쟁터의 밤 을 사실적으로 전달(그림 75) • 그 밖에 대화형 터치스크린, 미디어 월 등 다양한 멀티미디어를 활용하여 3D 모델링 콘텐츠, 영상물 등 세계 2차 대전에 대한 스토리를 전하고 있음
홈페이지	https://theddaystory.com/

그림 73. D-Day 스토리 박물관 전경

그림 74. 모션감지 프로젝션 현황

그림 75. 프로젝션 맵핑(막사 몰입형 공간)

그림 76. 미디어월 등 전시관 내부 전경

2. 독일

1) 페르가몬 박물관 다스 파노라마

유 적 명 (박물관명)	페르가몬 박물관 다스 파노라마 Pergamon museum. Das Panorama
관리기관	Staatliche Museen zu Berlin, Antikensammlung (Collection of Classical Antiquities)
주 소	Am Kupfergraben 210117 Berlin, Germany
개요(현황)	페르가몬 파노라마 전시관은 페르가몬 박물관의 특별 전시관으로, AD 129년의 고대 로마 페르가몬 도시(현재의 터키) 유적을 원통형 전시관 내에 실사로 복원하여 파노라마로 재현(2018~2024년 예정) 전시실 내에는 페르가몬 박물관의 연혁과 제작 과정, 페르가몬 유적 3D복원 영상, 관련 유물 80여 점 등의 전시로 구성
적용 기술	몰입형 체험, 스크린, 프로젝터, 오디오 가이드, 기타 조명 및 음향 등
콘텐츠 사례	3D 모델링, 프로젝션 맵핑, 영상(제작과정, 역사), 체험(전망대)

주요 내용	• 전시관은 원통형의 몰입형 공간을 활용하여 고대 페르가몬 도시 실사본(길이 104m×높이 30m)을 벽면에 설치, 관람객들이 가설 전망대(3층)에 올라가 관람하도록 설계(그림 79~81)
	  - 파노라마 실사본에는 고대 페르가몬 도시와 신전, 주변 경관, 로마 사람들의 모습을 조명과 음향 효과와 함께 재현, 실제로 유적을 보고 있는 것과 같은 몰입감을 선사
	  - 이는 파노라마 아트로 유명한 예드가 아씨씨(Yadegar Asisi, 오스트리아 건축가/예술가)에 의해 제작되었는데, 이를 위해 페르가몬 도시에서 30만장 이상 사진을 촬영하였으며, 수백 명의 사람들이 동원되어 당시 옷을 입고 관련 역할을 재현함
	  - 실사는 사진, 3D 애니메이션, 스케치 등을 바탕으로 최신 기술을 적용하여 컴퓨터 그래픽으로 복원, 특수 직물에 프린트함
	• 전시실 내에는 모니터 및 스크린 등 다양한 디지털 디스플레이를 통해 로마 도시의 역사와 발굴, 복원 3D 모델링, 전시관 제작 과정 등을 전시하고 있으며(그림 84), 오디오 가이드를 통해 설명을 들을 수 있음(사진 78)
	• 프로젝션 맵핑을 통해 고대 조각상의 의복 재현(사진 82, 83)
	  - 고대 로마 조각상은 흰색이 아니라 당시 옷 색깔의 안료를 입혔는데, 이를 천장에 설치한 프로젝터 조명(빨간색)을 활용하여 복원, 전·후 모습을 비교할 수 있음

홈페이지	https://www.smb.museum/en/museums-institutions/pergamonmuseum-das-panorama/home.html

그림 77. 다스 파노라마 박물관 전경

그림 78. 오디오 가이드 및 전시실 현황

그림 79. 파노라마 전시실 전경(원통형 몰입 전시와 3층 규모 전망대)

그림 80. 파노라마 전시관 현황

그림 81. 3층에서 바라본 로마 유적 현황

그림 82. 조각상 의복색 복원(전면)　　　　　그림 83. 조각상 의복색 복원(후면)

그림 84. 페르가몬 신전 3D 복원 영상

2) 베를린 자연사 박물관

유적명 (박물관명)	베를린 자연사 박물관 Museum für Naturkunde
관리기관	Leibniz Association 박물관·연구소
주 소	Invalidenstraße 43, 10115 Berlin, 독일
개요(현황)	베를린 자연사 박물관은 총 3개 층으로 구성, 공룡, 지구, 우주와 태양계, 생물과 동물, 곤충, 지질 등에 대한 전시, 연구, 교육 기능 수행 박물관은 2007~2018년 리노베이션을 통하여 다양한 디지털 기기와 기술들을 전시 기법으로 도입
적용 기술	AR, VR, 터치스크린, 프로젝터, 디지털 디스플레이, 모니터
콘텐츠 사례	3D 모델링(공룡 영상 재현), 체험형 콘텐츠(우주, 지구환경 등)

주요 내용	• 박물관 내에는 증강현실 망원경, 터치스크린 등 다양한 디지털 디스플레이를 활용한 인터랙티브 전시 중심으로 구성
	
	  - 메인홀에는 디플로도쿠스(Diplodocus) 등 공룡뼈가 전시되어 있는데, 주라스코프(Jurascopes)라고 하는 증강현실 망원경과 모니터를 통해 공룡이 원래의 모습으로 복원되어 움직이는 애니메이션을 볼 수 있음(그림 86~90)
	  https://youtu.be/0AgitrNAF_4
	
	  - 디지털 디스플레이(프로젝터, 모니터 등)를 전시물 성격에 따라 지구본, 세탁기, 우주선 내부 등 다양한 위치에 설치하여 다채롭고 흥미로운 전시 구현(그림 91~94)
	
	  - 터치스크린 또한 지구, 우주 등 주제별로 다양한 형태의 기기를 활용함으로써 관람객들에게 여러 가지 경험을 제공하는 등 대화형 전시의 좋은 사례로 볼 수 있음
	
	• 유튜브 등을 통해 3D 모델링 온라인 전시와 가상현실 콘텐츠 등을 서비스하고 있음
	  - 360도 가상현실(VR) 콘텐츠
	    • 공룡 https://youtu.be/p86gh2HEsp0
	    • 지구의 생태계 시스템 https://youtu.be/ATBKji8WxmY
	
	• 온라인 3D 디지털 전시 특별전(ARTEFACTS)
	  - https://ec.europa.eu/jrc/en/artefacts/digital-exhibition

홈페이지	https://www.museumfuernaturkunde.berlin/en

그림 85 . 베를린 자연사 박물관 전경

그림 86. 공룡 전시관 증강현실 망원경

그림 87. 공룡 전시관 AR 망원경(세부 1)

그림 88. 공룡 전시관 AR 망원경(세부 2)

그림 89. 공룡 전시관 AR 모니터 조정모습

그림 90. 공룡 전시관 AR모니터

그림 91. 다양한 디지털 디스플레이(과학)

그림 92. 디지털 모니터 비디오(우주)

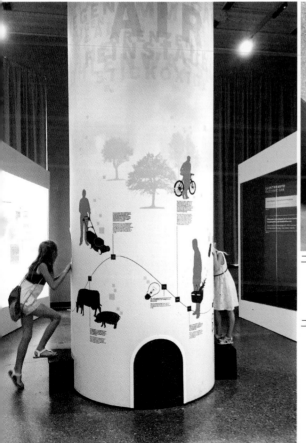

그림 93. 원통 내부 천장모습(영상과 스피커 내장)

그림 94. 원통형 디스플레이

3) 독일 스파이 박물관

유 적 명 (박물관명)	독일 스파이 박물관 The German Spy Museum Berlin
관리기관	The German Spy Museum Berlin
주 소	Leipziger Platz 910117 Berlin-Mitte
개요(현황)	스파이 박물관은 프란츠 마이클(Franz-Michael Günther)이라는 개인수집가가 2015년 개관한 박물관으로, 세계의 스파이 역사와 당시 실제 사용된 간첩 도구들을 전시 박물관은 베를린 한국 문화원 인근에 위치하며, 세기의 스파이들, 스파이의 역사, 동독과 서독의 스파이와 각종 사건, 그에 연관된 장소에 대한 스토리텔링과 체험 중심으로 구성
적용 기술	디지털 디스플레이, 터치스크린, 멀티미디어, 오디오, 레이저 게임
콘텐츠 사례	스토리텔링, 체험(레이저 미로 탈출, 암호해독, 모스, 퀴즈 등)
주요 내용	• 스파이 박물관은 총 3개 층으로, 200개 이상의 고해상도 모니터 등 다양한 디지털 디스플레이와 터치스크린을 통해 다양한 정보를 제공하고 체험할 수 있는 인터랙티브 전시 중심으로 구성 • 관람객들은 디지털 기기를 직접 조작하여, 암호해독, 모스 신호 보내기, 스파이 맞추기, 탈출하기 등 실제 스파이와 관련한 여러 가지 활동을 게임 형식으로 체험 　- 그 중 레이저 미로 탈출 체험(그림 104)은 가장 인기가 많은 코너로, 관람객이 체험한 탈출 게임 동영상은 자동으로 녹화되어 홈페이지에서 다운받을 수 있음 • 스파이 용품 전시에는 쇼케이스 전면 유리 패널 스크린를 통해 관련 동영상과 360도 유물 현황을 보여 주거나(그림 101, 102), 터치스크린으로 관람객이 직접 유물의 용도와 역사 등을 검색하도록 유도 • 스파이와 관련한 영화에 대한 전시실에는 관련 영상과 당시 촬영했던 옷, 스파이 용품들을 함께 전시하고, 옷을 입어볼 수 있는 체험 기회를 제공하는 등 관람객들의 자발적인 참여를 적극적으로 유도하는 쌍방향 전시 환경이 해당 박물관의 특징
홈페이지	https://www.deutsches-spionagemuseum.de/en/

그림 95. 독일 스파이 박물관 외부

그림 96. 스파이 박물관 내부 전경

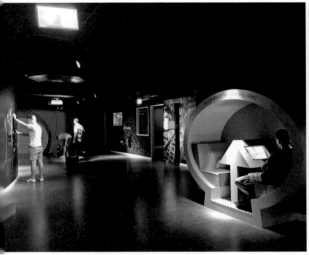

그림 97. 전시실 멀티미디어 활용현황

그림 98. 소장품과 터치스크린 1

그림 99. 암호 해독 터치스크린

그림 100. 소장품과 터치스크린 2

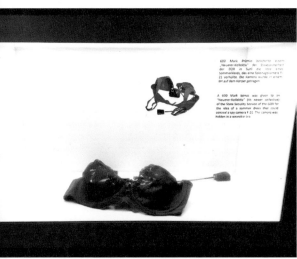

그림 101. 소장품과 유리패널 스크린 1

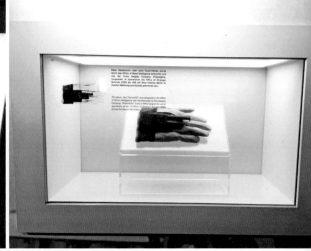

그림 102. 소장품과 유리패널 스크린 2

그림 103. 레이저 미로 체험관

그림 104. 레이저 미로 체험 현황
출처 스파이박물관 홈페이지
http://www.deutsches-spionagemuseum.de/en/

3. 스페인

1) 카사 바트요

유 적 명 (박물관명)	카사 바트요 CASA BATLLO
관리기관	Casa Batlló S.L.U.
주 소	Passeig de Gràcia, 4308007 Barcelona
개요(현황)	카사 바트요는 유네스코 세계유산으로, 1877년 건설, 이후 이 건물을 구입한 조셉 바트요가 1903년 가우디에게 리모델링(1904~1906년)을 맡기면서 현재의 모습이 되었음 이후 지속적으로 변형되며 현재에 이르게 되었는데, 1995년 건물 내·외부 복원을 통해 개방하여 연간 100만 명이 찾는 세계적인 명소가 되었음
적용 기술	증강현실(현장), 가상현실(웹사이트), 미디어 파사드(현장)
콘텐츠 사례	3D 모델링(복원), 가상현실 콘텐츠, 영상, 오디오
주요 내용	• 카사바트요는 가우디의 유명한 건축물 중 하나, 현재는 버넷(Bernet) 가족의 소유, 1995년 1차적인 복원은 되었지만 내부 인테리어나 가구 등은 현재까지도 복원이 진행 중 • 주 관람 대상은 카사바트요 건물 내부와 옥상으로, 증강현실(AR)기기를 통해 가우디 건축 당시의 모습을 3D 모델링으로 재현한 이미지를 보며 오디오 가이드를 듣는 방식(한국어 설명 있음) - 증강현실 기기는 위치 기반으로 작동, 계단, 창문, 가구, 문고리와 타일 하나하나까지 섬세하게 고증하여 사실적인 이미지를 전달, 당시 가우디가 이를 제작한 철학과 역사에 대한 설명을 들을 수 있음 → 문화재 외부 뿐 아니라 내부에도 증강현실 기술의 적용이 효과적임을 보여주는 좋은 사례로 세세하게 복원하기 어려운 내부 인테리어와 당시의 생활상을 재현하는데 유용 • 저녁 시간에는 미디어 파사드를 이용하여 건물 외벽에 다양한 영상과 음향 효과 연출 • 웹사이트에서 가상현실 투어를 제공
홈페이지	https://www.casabatllo.es/en

그림 105. 카사바트요 전경

그림 106. 카사바트요 내부

그림 107. 증강현실(AR) 디바이스

그림 108. 관람객 AR 기기 활용 현황

그림 109. 건물 내부 복원 가상현실

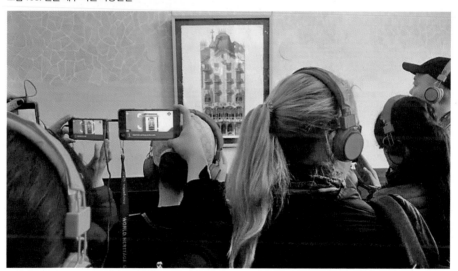

그림 110. 전시물 인식 가상현실(AR) 현황

4. 폴란드

1) 포드지미아 린쿠(중앙 광장) 박물관

유 적 명 (박물관명)	포드지미아 린쿠(중앙 광장) 박물관 Podziemia Rynku Museum
관리기관	Museum Krakow
주 소	Rynek Gtowny 131-042 Krakow, Poland
개요(현황)	린쿠 박물관은 2005년 크라코우 중앙광장 발굴 후 해당 유적을 보존한 전시관으로, 유구 및 출토 유물을 다양한 디지털 기기들과 함께 전시(2010년 9월 24일 개관) 발굴조사는 총 5년에 걸쳐 이루어졌으며, 중세(11~14C) 중앙시장 건물과 유물이 발굴됨
적용 기술	터치스크린, 홀로그램, 프로젝터, 디지털 디스플레이
콘텐츠 사례	스토리텔링(영상 재현), 체험형 콘텐츠(중세 생활, 발굴 체험)
주요 내용	• 크라코우는 중세 유럽 교역의 중심 도시로, 소금, 금속 생산 등을 주산업으로 하였으며, 박물관은 이러한 당시 역사에 대한 스토리텔링과 유물 전시를 중심으로 구성 • 박물관은 대형 스크린과 프로젝터, 터치스크린 등 다양한 디지털 디스플레이를 통해 당시 역사적 상황, 거리 풍경, 경관 등을 재현 　- 프로젝터를 분사되는 안개에 영사하는 등 다채롭게 활용(그림 112) 　- 해당 유적(중앙광장시장)은 화재로 소실되었는데, 이를 표현하기 위해 불탄 유구 뒤로 불이 나는 장면을 대형 스크린으로 재현(그림 114) 　- 전시 유물과 유구에 따라 터치스크린을 두어 여러 가지 정보를 관람객이 검색할 수 있는 인터랙티브 전시(그림 113, 115) • 발굴을 체험해 볼 수 있는 터치스크린 게임(그림 116) • 시장이라는 유적의 성격상 상점들이 위치했던 방들이 많은데, 이를 영상관으로 재현하여, 발굴 당시의 영상, 복원 영상, 크라코우의 역사 등 다양한 주제의 영상물 상영(그림 118) → 유물이나 유구의 단순한 정보 전달보다는 다양한 디지털 기기를 활용하여 당시의 역사를 스토리텔링하고, 관람객들의 참여와 체험을 유도하는 인터랙티브 전시의 좋은 사례
홈페이지 주소	http://www.podziemiarynku.com/index.php?lang=eng

그림 111. 박물관이 위치한 중앙광장 건물

그림 112. 입구 안개분사 프로젝션 영사 현황

그림 113. 전시실 현황

그림 114. 대형스크린을 이용한 유적 화재 재현

그림 115. 프로젝터와 터치스크린 활용 현황

그림 116. 발굴 체험 터치스크린

그림 117. 유적 보존 현황

그림 118. 영상관 현황

그림 119. 전시관 유구 보존 전경

그림 120. 보물상자 모니터 활용현황

5. 아이슬란드

1) 레이캬비크시 정착 박물관

유 적 명 (박물관명)	레이캬비크시 정착 박물관 Reykabik City Museum, the Settlement Exibition
관리기관	Reykabik City Museum
주 소	Aðalstræti 16 101 Reykjavík, 아이슬란드
개요(현황)	정착박물관은 아이슬란드 수도 레이캬비크시 5개 박물관 중 하나로, 871±2년 아이슬란드에 최초로 정착한 바이킹의 주거지를 발굴 후 보존한 전시관임(사진 박물관, 해양 박물관, 야외 전시관 등이 있음)
적용 기술	터치스크린, 모션감지 프로젝터, 모니터, 비디오 및 오디오
콘텐츠 사례	스토리텔링(바이킹의 생활상), 영상
주요 내용	• 아이슬란드는 9C 말, 노르웨이에서 건너온 바이킹이 정착하여 개척하였다고 하는데, 관련 유적을 발굴하여 당시 주거지를 지하에 보존하고 있음 - 지상의 행인들이 유리를 통해 일부를 볼 수 있게 해 놓았음 • 전시관은 타원형의 전시실 내에 주거지를 가운데 보존하고, 그 주변으로 모니터와 터치스크린, 모션감지 프로젝터 등으로 구성 - 보존된 주거지의 세부 설명 버튼을 누르면 핀조명으로 해당 위치와 유구의 설명을 확인할 수 있음 • 전시관을 둘러싼 파노라마 패널은 당시 주변 환경(바다, 산, 정착지 등)을 재현해 놓은 사진인데, 사이사이에 작은 모니터를 통해 바이킹들의 영상과 관련 사운드가 재생(그림 123) - 이 모니터는 사진의 일부처럼 보이지만 배를 타는 장면, 사냥을 하는 장면, 도구를 만드는 장면 등 당시 바이킹의 생활상을 재현한 영상 • 모션감지 터치형 프로젝터를 이용, 유적 주변의 경관과 지리적 환경을 전달하고, 원하는 부분을 터치하여 해당 유구에 대한 상세 설명과 사진들을 확인할 수 있음(그림 124) - 반응 속도가 시중 터치스크린과 거의 유사하며, 사진의 해상도도 매우 높음 → 간단한 디지털 기술로 당시 바이킹들의 생활상과 역사를 쉽고 직관적으로 전시한 좋은 사례
홈페이지 주소	http://borgarsogusafn.is/en/the-settlement-exhibition

그림 121. 정착박물관 전경

그림 122. 바이킹 주거지 전시 현황

그림 123. 파노라마 패널 영상 현황
출처 정착박물관 홈페이지

그림 124. 모션감지 터치형 테이블 프로젝터

6. 노르웨이

1) 스타방거 시립 박물관

유 적 명 (박물관명)	스타방거 시립 박물관 Stavanger Museum
관리기관	Stavanger Museum
주 소	Muségt. 16 4010 Stavanger Front desk: 51 84 27 00
개요(현황)	스타방거 박물관은 총 2개 층으로 노르웨이 자연사, 문화사 및 어린이 박물관으로 구성되어 있으며, 1층에는 어린이 박물관과 스타방거 도시의 역사에 대해, 2층에는 자연 및 노르웨이 가구 등 문화에 대한 전시실
적용 기술	홀로그램, 프로젝션, 게임, 비디오 및 오디오 시스템
콘텐츠 사례	게임(체험), 스토리텔링(역사), 유구 복원
주요 내용	• 스타방거 박물관은 홀로그램과 프로젝션을 적절히 활용하여 유물에 대한 설명보다는 당시의 역사에 대한 스토리텔링 중심 전시 - 노르웨이 스타방거에서 개발된 심폐소생술(CPR) 인형 애니, 주요 산업이었던 장난감과 화장품 등에 대한 전시와 더불어 이에 대한 게임 등을 체험할 수 있는 인터랙티브 전시(그림 127) • 어린이 박물관에는 중세~1900년대 시대 순으로 스타방거 사람들이 어떻게 살았는지에 대해 홀로그램 영상을 상영하고 그 주변에 관련 유물과 레플리카를 전시 - 홀로그램 영상은 어린이 2명이 당시 역사에 대한 이야기를 주고 받는 형식으로, 음성은 수화기를 통해 들을 수 있고 자막(영어, 노르웨이어)으로 볼 수도 있어 시청각 장애인에게도 유익(그림 126) → 유물에 대한 홀로그램이 아닌 대화형 홀로그램 전시 기법을 참고할 수 있는 좋은 사례 • 바이킹 무덤 출토 유물 전시 쇼케이스 앞에는 모션감지 천장형 프로젝션을 이용해 바이킹 무덤을 시간 순으로 재현한 영상이 바닥에 보여짐(그림 128) - 무덤의 축조과정과 부장된 유물을 이해하기 쉬운 그래픽으로 재현한 좋은 사례
홈페이지	http://stavangermuseum.no/

그림 125. 스타방거 박물관 전경

그림 126. 어린이 박물관 홀로그램 영상 현황

그림 127. 심폐소생술 인형 '애니'

그림 128. 바이킹 무덤 그래픽 재현

7. 프랑스

1) 로만 박물관

유 적 명 (박물관명)	로만 박물관 Musee de la Romanite
관리기관	Musee de la Romanite, Nimes City
주 소	16 Boulevard des Arènes, 30900 Nîmes, 프랑스
개요(현황)	프랑스 님에 위치한 로만 박물관은 2018년 완공되었으며, 유명한 프랑스 현대 건축물 중 하나로, 님에서 발굴된 유적과 유물, 로마시대 생활상에 대해 다양한 디지털 기술을 활용한 전시로 구성 야외 유적 공원, 루프탑 테라스에서는 로마 원형경기장 등 도시 전경을 감상할 수 있음
적용 기술	몰입형 체험, 증강현실, 가상현실, 터치스크린 등 멀티미디어, 모션감지, 프로젝션 맵핑, 미디어 테이블, 터치스크린 유리 패널 쇼케이스
콘텐츠 사례	3D 모델링(복원), 스토리텔링(영상), 체험(레플리카 등)
주요 내용	• 유럽 각지의 로마 원형 경기장을 3D 모델링으로 복원한 영상을 초대형 스크린을 활용하여 몰입형 실감 콘텐츠 구현(그림 130) • 로마시대 당시 생활 모습을 유물, 레플리카와 함께 터치스크린, 증강현실(AR), 가상현실(VR) 등 다양한 기술을 활용하여 전시관 곳곳에 비치한 인터랙티브 전시 • 로마 건물 등은 축소 모형과 함께 360° 회전해 볼 수 있는 3D 모델링 그래픽을 함께 제시(그림 134) • 고대 지형, 비석의 비문 등은 디오라마나 비석에 프로젝션 맵핑을 활용하여 복원(그림 137) • 모션감지 프로젝션을 활용한 미디어 테이블을 통해 원하는 테마에 대해 터치하여, 관련 콘텐츠들의 정보를 검색(그림 138) • 유물 쇼케이스에 유리 패널 터치스크린을 장착하여 해당 유물(동전)을 관람하며 관련 정보를 동시에 검색(그림 139) • 전시관 곳곳에 유물 레플리카를 전시, 일반인이나 시각장애인들이 직접 만져 보며 체험해 볼 수 있는 기회 제공(그림 140) → 최근에 개관한 박물관인 만큼 다양한 디지털 기술을 유물 등 전시 오브제에 맞게 적절하게 구현한 좋은 사례
홈페이지	https://museedelaromanite.fr/en/

그림 129. 님 로만 박물관 전경

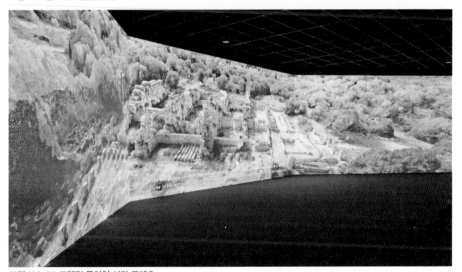
그림 130. 3D 모델링 몰입형 실감 콘텐츠

그림 131. 주거지 복원과 터치스크린

그림 132. 증강현실(AR) 모니터

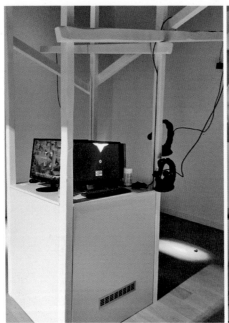

그림 133. 가상현실(VR) 체험

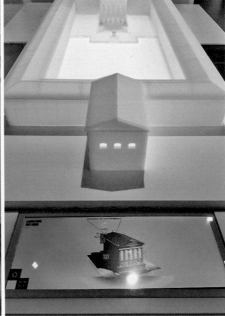

그림 134. 로마 신전 모형과 3D모델링

그림 135. 전시실 현황(터치스크린)

그림 136. 전시실 전경(대형 스크린)

그림 137. 입체 디오라마 프로젝션 맵핑

그림 138. 모션감지 프로젝터 미디어 테이블

그림 139. 유리패널 터치스크린 쇼케이스

그림 140. 만질 수 있는 유물 레플리카 전시

지은이 | 최인화

펴낸이 | 최병식

펴낸날 | 2023년 6월 20일

펴낸곳 | 주류성출판사

주소 | 서울특별시 서초구 강남대로 435 주류성빌딩 15층

전화 | 02-3481-1024(대표전화)   팩스 | 02-3482-0656

홈페이지 | www.juluesung.co.kr

값 25,000원

ISBN 978-89-6246-506-8 93900